读懂青少年成长
与发展系列丛书

总主编　陈如平

校长之问

如何读懂教师

主编　郑瑞芳

中国人民大学出版社
· 北京 ·

本系列丛书由腾讯公益慈善基金会资助

不代表腾讯公益慈善基金会立场

总序 一

生命不保，何谈教育？生命安全对于教育的重要性不言而喻。对人类来说，生命安全与健康是生存、发展的基本需求和永恒的追求。就教育而言，生命安全与健康既是青少年健康成长、全面发展的前提条件和基本内容，也是基础教育高质量发展的重要保障和核心标志，更是高质量基础教育赋能经济社会可持续发展的有力支撑和应有之义。"孩子们成长得更好，是我们最大的心愿。"教育部门特别是基础教育学校应该以"时时放心不下"的责任感，时刻关注青少年的生命安全与健康问题，为他们提供一个安全、健康、和谐的学习生活环境，全力呵护他们安全健康成长，直至他们成为担当民族复兴大任的时代新人。这正是教育的主要目的和意义所在。

党的十八大以来，以习近平同志为核心的党中央站在党和国家事业发展薪火相传、后继有人的战略高度，高度重视青少年学生的生命安全和健康成长，大力推动健康教育。2016 年 10 月，中共中央、国务院印发的《"健康中国 2030"规划纲要》明确提出："将健康教育纳入国民教育体系，把健康教育作为所有教育阶段素质教育的重要内容。"2021 年，教育部制定的《生命安全与健康教育进中小学课程教材指南》（以下简称《指南》）则强调："良好的学校生命安全与健康教育有助于学生树立正确生命观、健康观、安全观，养成健康文明行为习惯和生活方式，自觉采纳和保持健康行为，为终身健康奠定坚实基础。"《指南》旨在将生命安全与健康教育全面融入中小学课程教材，实现生命安全与健康教育系列化、常态化、长效化。这一重要举措无疑对落实立德树人根本任务、实施素质教育、培养高素质时代新人具有现实意义。

《指南》规定，中小学生命安全与健康教育包括健康行为与生活方式、生长发育与青春期保健、心理健康、传染病预防与突发公共卫生事件应对、安全应急与避险等 5 大领域以及相应的 30 个核心要点。不仅如此，不同学段体现不同要求：小学阶段侧重基本知识介绍、具体技能训练和个人卫生习惯培养；初中阶段注重讲解原理和机制，深化学生认识，强化健康行为养成的主动性和自觉性；高中阶段主要强调学生的生命责任和意义，以及发现问题和积极解决问题的能力。在具体实施时，生命安全与健康教育要"进教材、进课堂、进学生头脑"，注重趣味性、互动性、体验性、生成性，提升教育实效性。这些规定不仅构成了生命安全与健康教育的整体性框架，也给生命安全与健康教育的实施提供了系统性目标。

受以上政策指引，北京盈德未来教育测评研究院从2014年起启动实施中小学生命健康教育工程项目，邀请相关高校和研究机构专家组成项目组，连续十年开展生命健康素养测评，覆盖全国29个地市、52个区县。2022年，受北京读懂中国经济与社会发展基金会和腾讯基金会的资助，以"读懂新时代青少年成长与发展——青少年生命健康素养提升计划"为主题，项目组以公益方式将项目推广到四川、广东、山西、江西等省13个区县366所学校。整个项目始终抱持"用爱与尊重读懂学生，用责任与担当办好教育"的理念，通过开展健康素养测评、编写学生读本、提供数字化教学资源、组织校长教师研修、开设家长讲座等方式，促进师生身体健康、心理健康、关系健康，提升生命安全意识和技能，取得了良好的实践效果，产生了较为广泛的社会影响。

出人意料的是，生命健康教育项目在推广中产生了大量的区域案例、教育故事、优秀课例。它们都来自实际的教育教学活动过程，本身具有典型性、代表性，是具有较高价值的立德树人载体。每项内容主题鲜明、特色突出，且呈现的问题带有一定的普遍性，解决问题的经验和技巧方法便具有可推广交流的价值。项目组经过全盘慎重考虑，作出大胆设想：收集优秀案例，邀请专家编写，出版"读懂青少年成长与发展系列丛书"。

这一设想今天终于得以实现。系列丛书全套5册，分别是：《唤醒成长：合作对话的艺术》《重塑课堂：合作对话的艺术》《校长之问：如何读懂教师》《体验式教育实践：中小学健康教育教师手册》《中小学健康素养评估与洞察》。

"合作对话"是"读懂青少年成长与发展"的重要途径。"合作对话"教育教学理念打破学校、家庭和社会的传统教育思维，以新的人性观为基础，形成教育哲学理论体系。《唤醒成长：合作对话的艺术》筛选48篇实践探索文章，以爱、尊重、责任、担当为主题分为四章，内容涵盖"合作对话"在习惯养成、班级建设、家校合作、心理健康、思维发展等方面的应用。《重塑课堂：合作对话的艺术》筛选57篇实践探索文章，聚焦课堂教学，促进教师及管理者从唤醒成长、尊重成长、责任为先、勇于担当四个维度践行合作对话理论。

在"合作对话"教学范式下，教师着眼于学生精神内化需求，实现学生行为外化。学生呈现出放松、真诚、自信、包容、理解，专注于倾听、思考与合作的精神状态，形成由内而外的成长动力，增强可持续发展的内驱力，逐渐掌握独立、追求、养控、审美的生长方法论。教师带着学生走向知识，与学生建立"成长共同体"的新型师生关系，建立或完善共同体成员认知体系和价值体系，教师的角色类似编导、导游、记者与合伙人。这两本书汇集了一线教师的优秀案例故事，弘扬了"爱、尊重、责任、担当"的教育理念。

《校长之问：如何读懂教师》是一本实操型校长管理手册。以"读懂教师，赋能发展"为主线，项目组通过问卷和访谈，收集一线校长的困惑和挑战。针对一线校长的实际问题，邀请全国"名校长"支招，通过 72 个案例故事，萃取解决方案，讲解校长应该如何应对学校管理中遇到的各种难题。该书针对校长在学校建设、教师管理、教学指导、家校共育四个方面遇到的难题，逐一回答"校长之问"，提升校长在这四个方面的能力。每一"校长之问"均包含挑战描述、案例分享、方法萃取、读懂教师四部分。

《体验式教育实践：中小学健康教育教师手册》以"读懂学生，赋能成长"为主线，以"体验式教育"为特色，以生命健康教育为内容主体，分设七大主题：情绪管理与行为调控、有效沟通、自我认知、生命教育、生涯教育、拓展活动、校园活动。每一章包含 5～8 个体验式教育活动设计方案，对标义务教育阶段相关课本话题。

《中小学健康素养评估与洞察》旨在通过介绍中小学健康素养测评，揭示当前国内中小学生生命健康素养现状，指出青少年健康素养测评与心理健康筛查的本质区别。通过分析生命健康教育的本质与内涵，该书探讨了生命健康教育与社会情感教育、学校道德教育和素质教育的关联，强调中小学生命健康教育在推动基础教育高质量发展中的基石作用。

丛书汇聚各方智慧，以更高远的历史站位、更宽广的国际视野、更生动的教育故事，重塑对青少年成长与发展规律的认知，读懂青少年成长与发展。我们充分相信，该系列丛书的出版将有利于促进全社会打造青少年健康成长的良好环境，有助于推动社会各界高度关注和重视新时代青少年健康成长与发展，有益于唤醒广大教师和家长深入地了解孩子的成长规律和发展需求，并扮演好自己应有的角色，积极践行"爱、尊重、责任、担当"的青少年教育理念，共同赋能基础教育高质量发展。

陈如平

中国教育科学研究院副院长、研究员
2024 年 9 月 10 日，中国第 40 个教师节

总序 二

用爱、尊重、责任、担当
照亮下一代的成长道路

> 我们所需要的很多东西都可以等待，但孩子需要的东西不能等待。他的骨骼正在成形，他的血液正在生成，他的心灵正在发展。我们不能对他说明天，他的名字叫今天。
>
> ——加夫列拉·米斯特拉尔

首先感谢北京读懂中国经济与社会发展基金会和腾讯公益慈善基金会，没有它们的爱心支持和资金支持，就没有读懂新时代青少年成长与发展项目！

发起读懂新时代青少年成长与发展这一公益项目，有三重目的。

一是呼吁家、校、社、政联手打造富有爱、尊重、责任、担当，让孩子们可以自由呼吸、自主探索的成长环境：父母有正确的育儿观，爱有边界，既不"生而不养""养而不育"，又不溺爱；学校践行科学的育人宗旨，坚持科学育人，德育、智育不分家；社会塑造尊师重教的风气，不对学校和老师妄加非议；政府不被社会舆论所绑架，管教育的人懂教育，遵循学生的成长规律。

二是呼吁基础教育工作者俯下身，满怀爱与尊重、责任与担当，认真研究当今青少年的成长规律与发展需要，这是我们制定教育政策、落实学校发展计划、研究中小学课程标准的基础，是必须完成的功课！教育界同人已深刻意识到，我们不能继续用过去的传统方法教育未来的一代，具体该如何做，还须认真思考，深入探究。特别是处在多元社会中的学校道德教育，应向何处去？刘慧和朱小蔓先生指出："多元社会的特征和品质与一元社会相比有着根本性的不同，如由封闭走向开放，由绝对性趋于相对性，由追求共性转向个性的共在、单一性与多样性并存等。在多元社会中，与一元社会相适应的道德原则、规范和道德教育范式，可以说从根基上逐渐失去它存在的条件。面对这样的社会转型，学校道德教育可能会怎样和应该是怎样的呢？"[①]这是每一位教育理论与实践工作者必须直面的问题。

三是提升中小学生的健康素养，首先要读懂新时代青少年成长与发展。读懂新时代青少年成长与发展，就是读懂青少年的成长环境，就是读懂青少年的心智发展与情感成长历程，就是读懂青少年的发展需要，走进孩子的内心世界，这样才能辩证地看待当代中小学生成长中出现的问题。只有这样，教育管理者才能制定可执行、可见效的教育政策，教育工作者才能有针对性地适时顺势做好铺垫和引领工作，让中小学生在适宜的环境中健康成长。

当代青少年的成长环境与二三十年前相比，发生了巨大变化。信息技术、人工智能迅猛发展和国际环境的多变与不可预测，让人们进入易变、不确定、复杂且模糊的乌卡时代。孩子们一出生，接触到的信息量和认知世界的方式与前人相比就有质的不同。现在大多数孩子从小见多识广、衣食无忧，部分孩子沉迷于动漫和网络游戏，生活在虚拟世界。步入学校，特别是步入中学后，课堂教学活动多以提升学业成绩为目标。提升学业成绩本无可厚非，但是，如果初高中课堂充斥着频繁的做题讲题，教师不能引导学生感受学科学习的乐趣与意义，一切教与学都是为了分数与排名，这样的教育只能"生产"出人情上冷漠、对现实社会没兴趣、找不到人生目标的下一代，非常危险！

青少年的心智发展与情感成长，需要家、校、社、政共同呵护。朱小蔓先生20世纪末指出：情感是人类精神生命中的主体力量，因为情感真正属于个体，是人类真实意向的表达；关注人的情感发展是教育中的本源性、根基性的问题。她特别强调：

> 21世纪的教育只有一个选择，即促使人们学会生存、学会学习、学会选择、学会合作、学会发展。这样的教育必然是主体性的和情感化的，即必然要使受教育者有强烈的学习欲望、探求动机和合作共事的愿望。积极的感受和体验是"生命的维生素"，消极的情绪是"生命的癌细胞"。创造完美的人生，必须从情感发展入手，素质教育的实施需要从情感发展契入。[②]

朱小蔓先生在探究情感与人才的关系时，提出以情绪、情感作为衡量人的发展的一种维度[③]，这是因为现代认知科学研究发现，感情系统处于认知系统和行为

---

① 刘慧，朱小蔓.多元社会中学校道德教育：关注学生个体的生命世界.教育研究，2001（9）.

② 朱小蔓.朱小蔓文集：第2卷.北京：北京师范大学出版社，2023：16.

③ 朱小蔓.关注心灵成长的教育.北京：北京师范大学出版社，2012.

控制系统的中间领域，认知系统从上一个层次支配人类行为，感情系统从下一个层次支配人类行为。要使行为控制系统呈现有效的活动状态，必须以有感情的唤起为前提。当前教育中较多强调逻辑 – 认知的作用，忽视了感情唤起。

此外，朱小蔓先生在《人的情感发展与教育》一文的开头，引用苏联教育家阿扎罗夫的观点："在情感世界里，任何东西都不会自然地产生，因为这是与学习或者其他工作一样复杂和费力的心、脑、精神工作。人的情感发展过程绝不是自然成熟的过程，而是教育促其发展、成熟的过程。"①

所以，无论是为人师，还是为人父母，对青少年情感发展的关注、了解与正确培育都是第一位的。积极的情感体验对于青少年的身体与心智发展都会起到良好的促进作用。要引导孩子勇敢地面对充满不确定性的未来，教育工作者须在读懂孩子的前提下，以恰当的方式引导孩子认识和体验生活中的美好、学习的意义与乐趣，关注和尊重孩子的个体差异，唤醒孩子的社会责任感，帮助他们从自我认知过渡到自我发现、自我体验，最终实现自我成就。

我们说，读懂新时代青少年成长与发展这一公益项目意义深远。这是因为，当前出现各种心理健康问题的青少年的占比已经达到两位数，读懂青少年的成长规律与发展需要，是解决他们身心健康与社交健康问题的前提；如果我们不能用心用时走进青少年的内心世界，我们就不可能提供适合的教育解决方案。读懂青少年成长与发展，就是呼吁家庭与学校关注学生个体，承认并尊重个体差异，不可急功近利。

读懂青少年成长与发展，就是关注青少年的社会性成长，鼓励他们在家、校、社环境中学习处理好各种关系，包括但不限于对社会关系的认知、择友、成长方式等（社会交往，social interactions）。

读懂青少年成长与发展，就是在信息技术与人工智能快速更新迭代的环境下，引导青少年学会自律、学会适应、学会憧憬与创造，而不是躲闪或沉迷、难以自拔（技术适应，technology embracing）。

读懂青少年成长与发展，就是引导青少年认知和理解自己的情感历程，学会悦纳自己、包容他人，以积极的情感面对学习和生活中出现的问题（情绪管理，emotion management）。

读懂青少年成长与发展，才能更加有效地引导学生认识学习和生活的目的与意义，激发其成长的内在动力以及对人生未来发展方向的感知（内驱力，motivation）。

① 朱小蔓. 朱小蔓文集：第 2 卷. 北京：北京师范大学出版社，2023：17.

上述对青少年社会交往（S）、技术适应（T）和情绪管理（E）的关注与落实，就是为了实现教育的终极目标——激发其成长内驱力（M）。STEM育人工程是育人之根本，是培养创新人才之前提。只要教育界同人能够齐心协力地用爱与尊重、责任与担当去浇灌，敢于纠正教育和教育管理过程中不科学、违背教育规律的做法，我们相信，在不久的将来我们必将看到创新人才辈出的景象。

心远而立长志，久而弥坚；达人厚重知命，负重行远。期待我们的下一代心怀远大志向，期待他们在成长与发展的路上更加坚强。豁达的人能够承担沉重的使命，即便困难重重，依然可以坚强地走下去。乔布斯留给大家这样一段话，与教育界同人共享："你必须去找你热爱的东西，对工作如此，对你的爱人也是这样的。工作会占据你生命中很大的一部分，你只有相信自己做的是伟大的工作，你才能怡然自得。如果你还没有找到，那么就继续找，不要停。全心全意地找，当你找到时，你会知道的。就像任何真诚的关系，随着时间的流逝，只会越来越紧密。所以继续找，不要停。"是的，我们要尽心尽力，助力青少年找到他们生命中的热爱，支持他们，鼓励他们，成就他们。这就是读懂新时代青少年成长与发展的真实意义！

中国国家创新与发展战略研究会 教育发展与评价研究院执行院长

前　言

　　本书旨在为一线校长提供可操作的学校管理手册，提升一线校长在学校建设、教师管理、教学指导、家校共育四个方面的能力。

　　陶行知说："校长是一个学校的灵魂，要想评论一个学校，先要评论它的校长。"一位好校长，就是一所好学校。校长对学校的发展起到至关重要的作用。一批校长的成长，将对其所在区域的教育生态带来积极推动。"读懂新时代青少年成长与发展"公益项目在实施中，尤其关注项目学校校长的成长。在项目实施初期，项目组通过调研问卷和实地走访座谈的方式，对一线校长的困惑和面临的挑战进行了深入的了解。尽管校长们来自不同的区域，所处的教育环境不同，但是面临的管理挑战有很多的共性。通过回收百余份问卷，走访 13 个区县 70 余所学校，与校长们进行访谈交流，项目组汇总了一线校长的 72 个 "校长之问"，主要涵盖四个方面的问题：学校建设、教师管理、教学指导、家校共育。

　　一所优秀学校的背后，往往有一位充满智慧的校长。本书特别邀请了来自北京、重庆、河北、辽宁、四川、浙江、广东等地的 30 余位 "有故事" 的一线校长，通过 72 个真实的案例故事将他们的管理智慧生动地展现出来，为 "校长之问" 支招献策，形象地展示了智慧校长如何应对学校管理中的挑战。每个案例故事都分为 "挑战描述" "案例分享" "方法萃取" "读懂教师" 四个部分展开，从校长们在实践中遇到的具有普遍性的挑战开始，分享实践案例，萃取解决方法，并从 "读懂教师" 的角度进行方法背后的理念解读，这些解决方法均为可复制、可操作的方法。

　　田家炳先生说："中国的希望在教育，教育的希望在教师。"因此，校长的管理理念的实施，要靠教师去完成。

　　叶澜教授表示，教育转型性变革，必须读懂教师。读不懂教师，一切都是空话！只有真正读懂了教师，才能真正知道该如何更好地帮助教师、促进教师成长。只有教师发生变化，真正把学生看作主动发展的主人，才能促进学生成长，教师也由此获得智慧上的成长：因为教师不是为学生燃尽生命的 "蜡烛"，而是点亮学生心灯的"启蒙者"；因为教师不是放任学生自发生长的"牧羊人"，而是用人类文明使学生成人的"养正者"；因为教师不是学生成长路线与模式的"规定者"，而是学生才情、智慧、人格发展不可替代的"助成者"；因为教师不是学科知识的简单传递者，而是学科知识的重要激活者；因为教师不是学科技能的机械训练者，而是学科育人价值的开发者；因为教师不是学科能力的反复宣讲者，而是教育教学实践的个性化创造者。

对于校长而言，读懂教师是根本。本书的一个重要特点就是以"读懂教师"为主线，贯穿了 72 个案例故事。读懂教师，不仅要读懂教师的行为和语言，而且要读懂教师的情绪和想法，如此才能更好地引导教师。积极乐观、健康幸福的教师，才能更好地建设健康幸福的校园。

2024 年 7 月

目　录

第一章

学校建设

校长之问 1

如何提高班主任的幸福感，校长有什么妙招？

▶ **挑战描述** 🖊

班主任每天工作千头万绪，非常辛苦。常常看到有的老师在耐心地处理孩子间的"小纠纷"，有的老师在课后甚至周末还在真诚地和家长沟通，有的老师全天和孩子们在一起，把教室当成办公室……如何缓解班主任的辛苦感，提高他们的幸福感？校长能为他们做点什么呢？

▶ **案例分享** 🖊

2012 年的一天，德育主任跟我说："校长，春季开学以来，我和班主任一起处理了一些班级问题，有的是家校矛盾，有的是孩子意外受伤的善后处理。有一些'90 后'班主任，缺乏工作经验，有点焦头烂额，得想办法对他们多加鼓励和安抚。班主任工作非常辛苦，他们非常了不起，都在努力带好班级。我们真的要为他们点赞。"听着德育主任的工作汇报，我的脑海里浮现出很多班主任工作的感人画面……

窗外已是万紫千红的春天了，淙淙的流水，摇曳的垂柳，烂漫的春花，但辛勤的班主任没有时间欣赏这春天里的美景。作为校长，我能用什么去关爱校园中可亲可敬的班主任？如何体现班主任的价值，为他们创造幸福感呢？我看着办公室中摆放的我到老师们家里拜年的照片中一张张幸福的笑脸，突然产生了灵感——给附小班主任设立一个节日。

班主任节设立在哪一天呢？当时正值网络用语"5·20（我爱你）"流行，那就设在 5 月 20 日吧，把每年的这一天作为附小班主任节。由于 2012 年 5 月 20

日是星期天，因此将首届班主任节进行了顺延，5 月 22 日（"我爱爱"）这天人大附小迎来了首届班主任节。

作为校长，一大早我就来到了学校，想要亲自问候每一位班主任。少先队大队已经做好了充分的准备，校门口架设了彩虹门，孩子们手拿大红花站成两排，一条长长的红地毯铺在了孩子们欢迎夹道的中间，迎接可敬的班主任。

当天，每一位班主任走进彩虹门时都流露出惊喜的表情，他们走在红地毯上，孩子们争相为自己亲爱的老师佩戴上大红花。"祝老师节日快乐！"的欢呼声响彻在彩虹门上空，像一串串激昂的音符滑入老师们的耳中，萦绕在他们心头。我笑盈盈地站在红地毯的另一头，和老师们一一握手、拥抱，送去一句句感谢的话语，道出一声声问候，"辛苦了！节日快乐！"

上操的时候，全校师生在大操场举行了隆重的庆祝活动。几个精彩的小节目表演完毕后，当时 94 个班的班主任被请到了主席台前，我情不自禁地走上前去，当着全校学生的面与 94 位班主任紧紧拥抱。这是爱的拥抱、温暖的拥抱，镶嵌着我们彼此的爱意。我感受到每一位老师都是那么动容。我希望这一抱传递出我深深的问候、传递出我真切的关爱、传递出我无尽的感谢！老师们的脸上流露出作为班主任的幸福与感动。我耳旁听到了一句句幸福的呼唤："校长，谢谢您！""校长，爱死您了！""太幸福了！""这个美呦！""校长，我爱您！"

身教胜于言教，孩子们亲眼看到校长是如此地爱老师，也都不由自主地拥到他们的班主任身边，和老师拥抱在一起。拥抱是一种爱的语言，深深浸润在孩子们的心里。这一刻，班主任们所有的辛劳都化成浓浓的爱意，甜甜地流淌进心里，这一刻他们成了附小至高无上的人。

"5·20"，我爱您！让彩虹门中的班主任都感受到作为一名班主任的骄傲和幸福就是我最大的满足！这一活动还感动了很多青年科任老师，激发了他们做班主任的愿望。行政老师和副班主任主动帮班主任看班，让班主任享受班主任节特有的半天假期。

信息中心的老师们把这饱含深深的情和浓浓的爱的节日活动记录剪辑成视频。优美的音乐、感人的画面，一遍遍触动人的心弦，大家泪花闪现，泪流满面，那种情感永远历久弥新！

附小班主任节成为班主任的心灵港湾、工作动力的加油站。"5·20"这个日子里留下了许多欢笑和幸福，从此以后，每年"5·20"都成为班主任的期待……

方法萃取

1. 感同身受，心疼最辛苦的班主任

德育主任向我汇报班主任非常辛苦，每天的工作千头万绪。听着德育主任的工作汇报，我的脑海里浮现出很多班主任工作的感人画面：有的老师在耐心地处理孩子间的"小纠纷"，有的老师在课后甚至周末还在真诚地和家长沟通，有的老师全天和孩子们在一起，把教室当成办公室……

2. 专为班主任设立"5·20"班主任节

作为校长，我能用什么去关爱校园中可亲可敬的班主任？如何体现班主任的价值，为他们创造幸福感呢？我看着办公室中摆放的我到老师们家里拜年的照片中一张张幸福的笑脸，突然产生了灵感——给附小班主任设立一个节日。

班主任节设立在哪一天呢？当时正值网络用语"5·20（我爱你）"流行，那就设在5月20日吧，把每年的这一天作为附小班主任节。由于2012年5月20日是星期天，因此将首届班主任节进行了顺延，5月22日（"我爱爱"）这天人大附小迎来了首届班主任节。

3. 通过多种形式表达对班主任的敬意

校门口架设了彩虹门，孩子们手拿大红花站成两排，一条长长的红地毯铺在了孩子们欢迎夹道的中间，迎接可敬的班主任。我笑盈盈地站在红地毯的另一头，和老师们一一握手、拥抱，送去一句句感谢的话语，道出一声声问候，"辛苦了！节日快乐！"

上操的时候，全校师生在大操场举行了隆重的庆祝活动。身教胜于言教，孩子们亲眼看到校长是如此地爱老师，也都不由自主地拥到他们的班主任身边，和老师拥抱在一起。

这一活动还感动了很多青年科任老师，激发了他们做班主任的愿望。行政老师和副班主任主动帮班主任看班，让班主任享受班主任节特有的半天假期。

读懂教师

"班主任"是一个可亲可敬的称呼。对于孩子来说，"班主任"是一个会在自己的一生中起到至关重要作用的角色。班主任工作中的一个细节可能会影响孩子的一生，他们是孩子行为习惯的奠基者，是孩子人生之路的引导者……班主任工

作千头万绪，班主任是学校工作中的职责担当。校长要感同身受地理解班主任工作的辛苦，共情共爱。我们专为班主任设立"5·20"班主任节，用创新的节日体现班主任的价值。"5·20"取自谐音"我爱你"，在这一天学校会用多种形式表达对班主任的敬意，用这样的创举感动班主任，使班主任感到被重视、被尊重、被宠溺，也能激发科任老师当班主任的愿望。的确，后来附小各学科老师都有自愿申请当班主任的。年年"5·20"如期而至，届届"5·20"的庆祝仪式各不相同。这一个个惊喜，是专属于附小老师的浪漫。在节日里，大家用各种方式表达对班主任的爱与尊重。正如一位家长对自己孩子的班主任所说的，"你们的校长太有智慧了，让你们辛苦并幸福着……"

（北京市特级校长、中国人民大学附属小学原校长　郑瑞芳）

学生的爱国意识需要提升，学生缺乏对国旗、国徽、国歌的敬畏之心，校长该怎么办？

▶挑战描述 ✐

在升旗仪式中学生表现得很散漫，德育副校长对此感到很苦恼，老师也很无助。如何提升学生的爱国意识，使爱国之情扎根于学生内心，校长有什么妙招呢？

▶案例分享 ✐

在 2008 年末一个星期一的升旗仪式中，国歌已经响起，五星红旗在冉冉升起，德育副校长发现还有学生刚从楼道里走出来，有的学生刚刚跑进自己班的队伍中，站在队伍里的学生有的在做小动作，有的在左右晃着身子，有的在低头说话……看到这种情形，联想到平日大型活动升国旗、唱国歌时也有这种现象，德育副校长认为这不是一天两天的问题，于是走到领操台上对这周的升旗仪式情况做了总结，严厉地批评了这种现象，也点名批评了一些班，并对下周升旗仪式提出了相关要求。德育副校长放学前又召开了各年级德育组长会，并告知下周再有这种情况就点名批评班主任。班主任回到班里又训斥学生，一时间，学校的氛围异常紧张。新一周的升旗仪式，情况有很大好转，但没坚持两周又出现了同样的情况。德育副校长与班主任也闹僵了，班主任开始出现抵触心理。德育副校长找到我，很委屈地反映了这种情况，希望我能召开全体老师会批评相关班主任。

听了德育副校长的汇报，我请德育副校长坐下来，首先肯定他的工作抓得对、抓得准。作为校长，我同样希望学生能养成良好的行为习惯，能够自觉地热爱祖国，尊重国旗、国徽、国歌，有强大的爱国主义精神。面对这种情况，我认为我们首先要查找原因，可能是由于学校刚刚搬迁到新校舍，很多事情都需要理顺，老师对德育工作关注得不够，作为校长我首先检讨；其次，老师在新校舍更多关注学生的安全，忽视了其他的行为习惯；最后，遇到学生出现的问题，一味地训斥批评不行，学生没有真正认识到尊重国歌、国徽、国旗的意义，没有把爱国当成习惯。德育方法要多样，不妨先召开骨干班主任会，让大家群策群力。

次日，德育副校长召开了班主任会，我也参加。老师们一致认为，要把尊重国旗的爱国主义精神从小植根于学生心中，变成他们根深蒂固的认识。还有的老师说学校的升旗手光荣而神圣，每个学生在潜意识里都有想当升旗手的愿望，希望附小的每个学生都能体验成功升旗的喜悦，不让他们有遗憾。那么，如何才能让 3 800 多名学生都能实现这个愿望呢？这时，我提议在学校设立每天升国旗的制度，即周一举行全校升旗仪式，周二至周五每天早晨上课前 7：50 升旗，力争让每个学生毕业前都当一次升旗手。老师们一致赞同这个方法。

于是，从 2009 年起，每天早晨 7：50，你都会看到，校园中肃立着一个个附小人，他们心向国旗，满腔热血；你会听到，激昂的国歌响彻天空；你会感受到"我们是了不起的中国人"。十几年来，每当早晨 7：50，伴随着嘹亮的国歌声，五星红旗在七彩校园高高飘扬时，无论身在校园何处，无论是校长、老师还是学生，所有的附小人都会在这一刻迅速停下一切活动，庄严肃穆地面向国旗立正站好并高唱国歌。走到校门口，正在送学生的家长也会随学生立正站好，校门口行驶的汽车也会为学生停下来……这真正成为一道呈现人大附小学生爱国主义精神的亮丽风景线。看到这情景的人无不为之感动，我更为我的学生感到骄傲和自豪！

在不断的重复和坚持中，学生强化了行为，养成了良好的行为习惯，让升旗仪式这一形式内化为师生的爱国主义精神，并成为这一精神外在的表达，让每一个附小人懂得了爱祖国不是一句空话，而是我们的责任和义务。相信我们的学生未来无论身处世界的哪个角落，都会想起爱国这节必修课，永远尊重国旗、热爱祖国。

▶ 方法萃取 ✎

1. 肯定工作找原因

听了德育副校长的汇报，我请德育副校长坐下来，首先肯定他的工作抓得对、抓得准。面对这种情况，我们要查找原因：学校刚刚搬迁到新校舍，很多事情都需要理顺；老师在新校舍更多关注学生的安全，忽视了其他的行为习惯。

2.自我反思巧跟进

由于学校刚刚搬迁到新校舍，老师对德育工作关注得不够，作为校长我首先检讨。

3.提供方法出妙招

遇到学生出现的问题，一味地训斥批评不行，学生没有真正认识到尊重国歌、国徽、国旗的意义，没有把爱国当成习惯。德育方法要多样，让大家群策群力。

▶读懂教师 🖉

我国著名教育家陶行知先生曾说："最好的教育，就是养成良好的习惯。"养成好习惯，能帮助孩子走向成功，更能使他一生受益。相信每一位老师都希望学生养成良好的行为习惯。习惯是一种行为方式，是在后天养成的。习惯是一种需要，是在重复、有规律的刺激下养成的。习惯成自然，所以习惯具有相对的稳定性。当然，要让学生养成良好的行为习惯不是一朝一夕就能实现的，需要反复地不断强化，在不断的重复和坚持中，强化学生的行为，使其养成良好的行为习惯，让"形式"内化为精神并成为外在的表达。

校长要正视问题，不回避问题，要引导老师参与研究，让老师有被需要的幸福感，他们才能成为学校的主人。大家一起制定出来的方案，老师更愿意去执行，如此才能与学校同心同德，共同抓好学生行为习惯的养成工作。

（北京市特级校长、中国人民大学附属小学原校长　郑瑞芳）

校长之问 3

在教代会提案中，教师提出了诸多相对琐碎、跟学校发展全局关系较小的问题和意见，校长该怎么办？

▶ 挑战描述 ✏

教代会召开期间，提案征集工作如火如荼地进行，老师们积极发声、踊跃建言，但梳理提案时发现，很多意见和建议集中在微观、具体层面，局限于某个部门、群体甚至是个别教职工的利益诉求，呈现片面化、个性化等特点，而关注学校长远规划、宏观战略、发展建设的提案明显偏少。遇到这样的问题，校长该如何应对呢？

▶ 案例分享 ✏

在教代会提案研讨会上，班子成员紧锣密鼓地梳理、筛选提案，细看了两百多条提案后，大家眉头渐皱。"好多问题和意见都是些日常小事，怎么都放到提案中来呢？""有些小问题上届教代会已经回复过，有些也解决了呀，怎么还是反复提呢？""关于学校整体发展建设的提案真不算多啊！""还有些提案没有从学校实际出发，过于理想化，缺乏可行性。"大家你一言我一语地讨论起来。

我拿着老师们的提案统计表，听着他们的议论，也陷入了沉思。怎样让老师们会做提案、做好提案呢？这需要全面梳理和分析历年提案的立案与落实情况，找出提案工作的盲点、难点和关键点。老师们总是将具体小事当作提案，缺乏关注学校改革、发展、建设的全局意识，这说明老师们对教代会的提案性质与要求的认识仍然不到位，我们的宣传引导还不够深入；有些问题的解决其实是渗透在日常管理中的，但老师们依然反复将其写入提案，可能是我们平时的工作没做到位，对老师们寻常诉求的解决以及提案的回访追踪没有落实好；有些提案背离了客观现实，没有可行性，也反映出老师们对国家大政方针、上级文件精神、学校整体工作等现实情况的认识有偏差。

"做好提案的统一答复很重要，但功夫要做在平时啊！"我对班子成员和教代会代表们提出了这样的要求。经过反复研讨，在教职工大会上我代表学校对提案情况做了统一回复，对很多具体、琐碎、达不到立案标准的问题诉求分类给予解释答复；对可采纳的提案在政策解释、可行性论证、落实举措上给出详细说明，有案由、有分析、有主张、有论证。通过有理有据的阐释，让教职工明白有效提案的思想站位是什么、关注方向应该指向哪里、提案标准有哪些。最后，我动情地跟大家说："一次教代会就是一次全员投入的真理'大讨论'，也是一场凝心聚力再出发的'总动员'，我们的大雁阵同心和鸣、同向同行，这是多么动人的画面啊！希望老师们发挥集中力量办大事的优势，正确处理好个人和集体的关系，围绕学校发展建设的主旋律建言献策。教代会欢迎大家积极贡献'金点子'，热情送上'银点子'，最好少些'水点子'，更不要站在个人利益的角度喷洒'泥点子'。"听到"泥点子"一词，老师们都忍不住笑了起来，严谨答复和轻松调侃间，体现了我们的管理智慧，更蕴含了我们对老师们的期望与引导。

事无巨细，枝叶关情。教职工的幸福感、归属感是我们做好本职工作的内在动力。提案中那些日常琐细的"小事"虽小，但关乎老师们内心的"小确幸"，我们同样不能忽视。为此我对班子成员提出了"脚步为亲"的调研要求，即经常性地走进教职工中间，充分做好"上情下达，下情上传"的工作。干部们要主动走进各教研组，不管在操场、教室、楼道，还是在食堂，都要随时跟老师们交流沟通，在日常轻松亲切的聊天中，聊思想、聊工作、聊生活，第一时间了解老师们的真实想法，例如："食堂的菜品能不能丰富一下？""春秋游能不能照顾一下年纪大、腿脚不便的老师，少些爬山活动？""能不能延长病假的时间？""课后服务和延时托管的补助能否提高一些？"……谈笑间老师们就反馈了很多自己在意的小问题，干部们能立刻解释说明的就现场沟通了，需要学校开会研讨解决的则带回校长办公会上商榷落实，从而提前了解、干预、化解问题，并对已交办的提案落实情况做到追踪回访，获悉老师们的满意度和后续意见，以便动态调整改进。同时，也要对教代会代表加强培训，增强他们的传达解释引导能力，使他们在各自的组内做好"传声筒"，当好"宣传员"，从而从源头上预防矛盾的发生，把问题化解在基层，使问题消融在萌芽前。

柔性管理最见奇效。我平时也常用讲故事的方式跟老师交谈，捕捉身边动情动心的人和事，并在大小会议上娓娓道来；全体会最好少讲高深的大道理，而是要对学校这个大家庭里"柴米油盐""家长里短"的"小事"，或赞扬称道，或针砭提醒，或倾诉解释，将"我是谁""我们是谁""我们向何处去"经常进行巧妙阐释，使交流变得温情和谐，让引导变得动情入理。对于故事中的寓意和校长的良苦用心，老师们在颔首思索和会心一笑之中就心领神会了。而这样一种平实无华又充满智慧的方式，也让很多问题潜移默化地消弭于无形之中。

我们用走心的方式生动诠释了"是水的载歌载舞，使鹅卵石臻于完美"这句名言。在最近一次教代会上，我欣慰地发现，提案的总量减少了，但是质量提高了，老师们的思想站位与格局变得高远，不再局限于个人小利益，而是着眼于学校发展，立足长远与全局，围绕学校改革发展提出了不少有建设性的提案，比如"积极开展家校互动""呵护师生心理健康""劳动教育与科技教育融合互促""制定'三声课堂'的评价标准""学校传承与发展'守真从善修美'文化"，当然其中也不乏合理的利益表达和诉求。这才是"金点子"该有的样子啊！

▶方法萃取 🖉

1. 做好统一答复，有理有据

严控提案标准，确保提案质量，对教职工共同关注的、反映集中的具体问题，或有疑义的、个性化的问题，在全体会上进行统一答复，做到公开透明、有理有据；对教职工提出的合理意见、建议，具有提案价值的要积极采纳、据实改进，并阐释原因，引导教职工理性地做好提案。

2. 做足平时功夫，枝叶关情

让干部调研成为常态，密切联系教职工，加强各方利益协调的日常处置，做到察实情、出实招、办实事，使问题不累积、不扩散、不升级，避免老师们总是将日常小问题当作提案上交；提升教代会代表的履职能力，发挥好桥梁纽带作用，做好上级和学校大政方针的解释宣传工作以及教职工合理诉求的传达工作，把握好上传下达的尺度和效度。

3.讲好身边故事，润心导行

做好柔性引导，要接地气、润人心，用讲故事的方式与老师们进行心灵对话，在其中传递政策精神、学校文化、管理理念、人文情怀等，潜移默化地影响老师们的思想格局，激发老师们的情感内驱力，从而使大家同心同德、群策群力，将共同愿景转化为每一位老师的自觉追求。

▶ 读懂教师 ✎

教代会提案的征集不仅是教职工表达利益诉求的重要途径，也体现了教职工为学校发展建言献策、参与学校民主管理的担当精神。随着社会的发展变化，教职工的民主意识、维权意识等都在增强，如何引导他们正确认识个人利益与集体利益之间的关系，提升教代会提案质量，真正促进学校改革发展建设，需要站在"人"的角度从"心"出发：

首先要做好统一答复。老师们都有表达利益诉求的现实需要，也渴望自己的声音被听见、被关注，因此不能"堵塞"言路，而要"疏通"言路，尊重和维护其话语权。通过个性化的解答回复和有效的提案交办，疏通思想堵点，规范和畅通教职工诉求表达、利益协调、权益保障通道，做到求同存异、聚同化异、凝聚共识，从而既能让老师们明晰有效提案的要求和标准，也能让老师们感受到学校对老师自身诉求的关注，增强老师们对学校解决发展建设大事要事和教职工普遍关注问题的耐心和信心。

其次要做足平时功夫。以校为家、同向同行不是光喊口号就能实现的，老师们在乎个人利益和自己的归属感与幸福感，也是人之常情。因此要抓前端、治未萌，树立"关口前移、重心下移"的理念，通过加强日常调研，更深入地走进老师们的内心，向引导和疏导端用力，加强人文关怀，协调各方面利益关系，促进日常问题、意见有效分流、及时处理，畅通局部"微循环"。同时要杜绝"重答复、轻落实"的情况，对已交办的提案要跟进落实，避免出现问题被反复提交的情况。

最后要讲好身边故事。不能只是常讲空洞苍白的大道理，这样很难让老师们走心入脑，而要讲述老师们熟悉的身边人、身边事，寓理于事、晓理于心，这样更容易让老师们接受和喜欢，从而能够有效引导大家克服思想局限，树立大局意识，增强主人翁意识，爱校兴校荣校，对学校文化、管理治理、共同愿景产生更强的认同感，激发和凝聚起大家与学校同向同行的动力，使大家积极而正确地参与学校民主管理，并真切关注学校发展建设，理性作为，从而齐心办好人民满意的教育。

（北京市特级校长，北京市海淀区实验小学原校长、紫竹分校校长　赵璐玫）

校长之问 4

遇到校园"牛皮癣"现象，校长该怎么办？

▶挑战描述 🖊

随着新学期的到来，校园焕然一新，然而美好的景象往往不持久，校园"牛皮癣"现象开始显现。校园宣传栏、廊道文化墙等地方的宣传海报随意张贴，文化宣传更新不及时，破坏了校园环境的整洁与和谐。如何规范和根治校园"牛皮癣"现象，是摆在校长面前的难题。

▶案例分享 🖊

每逢新学期开学，师生们走进校园都会被校园的整洁有序所吸引。校园内每个板块都按照规划设计，进行了校园文化的统筹安排与更新。

随着常规教育教学工作的开展，为响应上级及各主管部门关于安全教育、推广普通话宣传周等方面的各种指令性宣传任务要求，学校原本规划好的校园文化宣传阵地被逐渐打乱，各工作板块开始彼此覆盖，成套海报被随意打散，廊道文化墙填空式张贴，还有部分班级的班级文化展板更新不及时。这些问题不仅影响了校园的美观，也反映了校园文化管理松懈。

每次进校门，我都能看到校门门柱上各类宣传海报"随风飘舞"，廊道里面的张贴"异彩纷呈"。我将这一现象提到班子会上商讨，也确实能感受到学校从各个口径承接的宣传工作都是指令性的，还得接受不定时、不定期的检查，差一点都不行。例如：德育方面，意识形态教育、爱国主义教育等内容不能撤掉；校园文化方面，需要增强二十四节气文化氛围，学生的养成教育也要坚持；安全方面，"安全文明伴我行"是安全教育的重点，食品安全、安全逃生、防诈骗等是关乎师生日常安全的教育；教育教学成果方面，书法与绘画、劳动制作这些反映学校教育教学成果的展示要不间断展出；等等。

面对应接不暇的校园宣传任务，我在行政办公会上提出：该宣教的内容，我们要思考如何有效展陈。校园"牛皮癣"现象，不仅破坏了校园的视觉环境，也反映了校园文化宣传管理工作的不足。对各口径的宣传工作必须开展区域整体规划，加强内容审查，校园文化的规范与整治问题必须解决，一个月内必须完成区域整体规划，制定内容审查制度，确定内容更换标准。

经过多次研讨和全校整体规划，取得了很好的效果，校园"牛皮癣"现象消失了。

▶方法萃取 🖊

1. 整体规划：学校各个区域，要全面布局

学校应当对校园内的各个区域进行全面布局，确保宣教资源的合理分配。这不仅涉及物理空间的规划，如操场、廊道、走道等，还包括学校文化的打造，如校园标语、展板等。要赋予各个区域相应的宣教内容，让每一个宣教区域产生持续性和长效性的宣教效应。

2. 内容审查：过期重复内容，要精选展出

对校园宣教内容的审查是确保宣教质量和宣教可持续发展的关键。面对每个学年不同的宣传内容，尤其是那些过期和重复的内容，内容审查的重要性越发凸显。对于一些不再具备时效性、与当前事实不符的信息，要及时筛查撤掉；对于具有教育价值或者能够引起情感共鸣的内容，应调整区域、重新包装后重新展出。

3. 规范标准：不同宣教材料，要规范形式

校园文化宣传教育是传达教育理念、展示学校文化、激发学生学习兴趣的重要媒介。多渠道来源的宣教材料呈现出不同的规格和尺寸，给学校宣教布置工作带来了一定的挑战。为了解决这一问题，我们对宣教材料的形式和标准进行了规范，以确保信息的有效传递和校园环境的和谐统一。要对学校宣教材料的尺寸、材质进行细化梳理，对各宣教区域的尺寸与展陈形式进行规范。比如：楼道制作与学校 VIS 系统规范下的宣教统一底板，基本上能涵盖大多数宣教材料的规格，也便于适时更换与展陈学生的美育创作成果；楼道墙体用统一的毛毡板铺贴，用

于张贴学校各种活动的图片（照片）；廊道里留出统一的班级文化墙，将其交付给各班级自行管理与更新；学校门口与大厅区域为德育主题教育和意识形态教育阵地；操场南墙设置校园文化展板，定期更换；南楼留出书法作品展陈区和绘画作品展示区域；等等。对不同宣教材料的规范化管理，不仅能够优化校园的视觉环境，还能提升宣教效果，促进学校文化的建设和传承，从而营造出一个有序、和谐、充满活力的校园文化氛围。

4. 内容更新：不同宣教内容，设置更换周期

校园文化宣教内容不仅要反映时代精神，还要能够适应学生的成长需求和社会发展的变化。对于不同的宣教内容，设置合理的更新周期显得尤为重要。学校对不同区域的校园文化宣教内容的基本更新周期与节点进行了规范，例如学校操场校园文化展板（学年更新）、开学前的整体设计布局（学期更新）、开学后班级文化展板（月度更新）等。宣传教育内容的更新与德育、美育、班级文化建设、校园文化建设、特色发展、劳技手工活动整体呼应与协调变更，能确保校园宣教做到静态与动态呼应，整体教育内容准确、协调、统一。

▶ 读懂教师 ✐

学校的宣传教育工作在整个教育体系中扮演着至关重要的角色。它不仅是传递信息、知识和文化的渠道，也是塑造学生价值观、促进学生全面发展的重要媒介。每一位干部都分管一个部门的工作，每一个部门的工作都很重要，哪个都不可或缺，特别是上级布置的工作，所以在日常教育教学管理中，只有得到干部、老师们的理解和重视，做到科学管理、有效实施、统筹布置、合理整合，才能杜绝这种现象。

通过制定严格的管理制度、加强审查与更新、营造共同参与的文化氛围以及监督机制，校园"牛皮癣"现象得以有效地规范以至根治，从而维护了校园的整洁与和谐，提升了校园文化的整体品质。

（中国农业大学附属小学校长 赵建军）

校长之问 5

教师在学生管理中遇到或堵或疏的"两难"问题时，校长该如何助力？

▶ **挑战描述** ✎

　　学校有管理制度，不许学生点外卖，但不少学生还是点咖啡外卖。经了解，咖啡已经成了部分学生的日常需求，面对这种情况，是堵，还是疏？怎样才能稳妥处理呢？这个"两难"问题让老师很棘手，校长该如何助力解决这个问题呢？

▶ **案例分享** ✎

　　新上任的高三年级组长朱老师来"讨主意"，讲她遇到的"两难"问题。她描述了三个场景：

　　（1）学校德育部门有规定，学生在校期间不能点外卖。一名高三学生到校门口取了咖啡，返回时被一名学生志愿者拦住："同学，学校不让点外卖。"这名高三学生不理会，甩了一句："这是我替老师拿的外卖。"然后拎着咖啡，扬长而去。

　　（2）在高三年级教室楼道捡到一张小纸条，是外卖单据。上面写着："不要打电话，请放在学校西门旁边的栅栏处。放在那儿就好，我会自己去取。"

　　（3）晚自习的时候，一名学生来到办公室，恳求我说："老师，能给我一杯咖啡吗？我真的好困。"随后又来了几名学生纷纷对我说："老师，我也要。"那一天晚上，我接连做了五杯咖啡。后来和学生聊天，才知道高中生喝咖啡是很平常的，咖啡甚至成了一种"刚需"。

学校禁止点外卖和满足学生实际需求，年级组长朱老师想在这两难之间想出好办法。关注学生在校学习期间的生活体验，这是朱老师的特点。我们的学校面积不大，目前没有条件引入经营性的咖啡店，或设置自动咖啡售卖机。

"咖啡机是有的，怎样让有需求的学生便捷地喝到咖啡，是一个管理方法创新的问题。"我支持朱老师积极想办法，要让学生感受到他们的需求能得到贴心的回应。

学校正好有一台闲置的咖啡机可用。我给朱老师提了三点建议：（1）和学生商量，采用自助管理模式；（2）我可以先捐赠一袋咖啡豆，但后续要采用共享的思维来解决；（3）因为涉及食品，要考虑安全问题。尤其是第三点，朱老师说自己没想到。

第二天，朱老师喜形于色地来报告：和学生商量后决定，设置一个"共享咖啡站"。学生自带咖啡豆，换取一定数量的兑换券，自助制作咖啡。考虑到安全问题，将咖啡机放在公共区域，置于监控摄像头拍摄范围内，并在旁边放置提示牌注明："您已进入监控区域。"

共享咖啡站的规则制定得非常顺利。同学们决定测算多少咖啡豆能制作一杯咖啡。他们借助化学实验室的电子天平，称量之后确定为大约10克。为了共享咖啡事业能持续进行，规定每250克咖啡豆可以换取20张咖啡券。咖啡豆放在一个公共的盒子里，盒子空了，随即补充。同时，水箱和粉仓需要定期清理。

有了规则，接下来就是设计海报和印制咖啡券。

共享咖啡事业进展顺利。布置妥当后，第二天早晨就收到了一袋咖啡豆，第三天就有了三袋咖啡豆，一周时间收到了13袋。运行前两周，一共收到80张咖啡券。点咖啡外卖的现象从此再没有发生过。

咖啡管理小组的同学不但会给咖啡机添水，收拾粉仓，还会清理共享咖啡站周边的环境，使其保持整洁。

朱老师还讲了一个令人感动的故事。有个女生，原来每天带一大瓶黑咖啡来学校。看到共享咖啡站开始运行，她就说："老师，你们的方案有个小缺陷，万一有同学买便宜的咖啡豆怎么办？万一有人偷偷喝了咖啡但不放券儿怎么办？"朱老师告诉她：第一，我们因为信任才做共享咖啡计划；第二，我们会用善意接受这一切；第三，只要怀着信任和善意，同学们一起参与，我们就能营造一个良好的环境。

这个女生观察了两周之后，决定参与进来，她从家里带来一袋包装精致的咖啡豆。一查才知道，这是共享咖啡站接收到的价格最贵的一袋咖啡豆。她招呼同学们都去品尝她带来的好味道。

后来，我请朱老师在学校行政会上分享了共享咖啡站的故事。一位干部说："这个故事可以上罗振宇的跨年演讲。意义不在于那杯咖啡，而在于它激发了人性中善的一面，让人觉得很温暖、很有爱。"

▶ 方法萃取 🖊

1. 支持鼓励，拓展思路

"咖啡机是有的，怎样让有需求的学生便捷地喝到咖啡，是一个管理方法创新的问题。"我支持朱老师积极想办法，要让学生感受到他们的需求能得到贴心的回应。

2. 分析关键，控制风险

我作为校长，给朱老师提了三点建议：（1）和学生商量，采用自助管理模式；（2）要采用共享的思维来解决；（3）因为涉及食品，要考虑安全问题。

3. 点明意义，看见价值

朱老师在学校行政会上分享了共享咖啡站的故事。一位干部说："这个故事可以上罗振宇的跨年演讲。意义不在于那杯咖啡，而在于它激发了人性中善的一面，让人觉得很温暖、很有爱。"

▶ 读懂教师 🖊

现在老师普遍感到有压力，工作负担重、任务繁多，而且要面对社会快速发展带来的很多新情况、新挑战。要让老师保持良好的工作积极性，就要给老师有效的支持和帮助：第一，要帮助老师把事做成；第二，要支持老师创新想法并推动成功实践；第三，要让老师获得成就感和职业幸福感。

老师遇到的"两难"问题，也是学校教育面临的"两难"问题。解决"两难"问题，采取哪种方式很多时候并不重要，重要的是无论采用哪种方式，都要坚持贯穿教育性。朱老师和学生共商、共治设置共享咖啡站的办法，有效地引导了学生主动参与。学生感受到信任和包容，就愿意亲身实践。更为重要的一点是，这项工作激发了学生的责任感，激发了善意，具有重要的教育价值。

在学校，无论是面对学生还是老师，只要我们思考问题的出发点以及做事选取的策略方法是合乎教育性的，事情基本都能做成。

（北京市海淀区教师进修学校附属实验学校校长　董红军）

校长之问 6

老师们不信任学校，校长该怎么办？

▶ 挑战描述 ✏

我从山东来到北京市海淀区玉泉小学担任校长后不久就赶上了清明节。看到老师们很辛苦，我就询问班子里的同事："咱们学校过节给老师发小礼物吗？譬如清明节，给每位老师发一盒鸡蛋。"同事连声说："不行，不行！你给他们发了，他们就会挑你的毛病，骂你，甚至私下里还会说，这次发鸡蛋他们又贪了多少啊？"

在这所学校，为老师办实事、办好事，反而遭到指责，而不给老师办任何实事、好事，反而什么事也没有，岂非咄咄怪事？

我想，这不是老师清高，不能怪老师，一定是学校的做法让老师对学校失去了信任，所以，无论学校干什么，老师都会持怀疑态度，都会去指责，最后，连给老师办实事、办好事都成了问题。

老师不信任学校，不信任校长，不信任所有干部，作为校长，你会怎么应对呢？

▶ 案例分享 ✏

对于班子里同事说的话，起先我不大相信：哪有这样的老师，过节送礼物都不要？我非尝试一下不可！

那年清明节的前一个晚上，我和我的爱人去了位于石景山区的山姆会员店，为每位老师采购了一盒鸡蛋。第二天下午放学的时候，我安排后勤人员为每位老师发了一盒鸡蛋。

我没有到发放现场。我想到的是老师们会为过节学校还想着自己而感到高兴。正当我冥想的时候，一位同事到了我的办公室，气愤地说："校长您看，他们在下面又开始骂上了：'发什么发？非要发一盒鸡蛋？路上打破了怎么办？'"

我笑了，朝他点点头，幽默地说："下次我们不发鸡蛋，而是改为发石头蛋，那就打不破了！"

于是，我想到了一个问题：如何重建全体老师对学校的信任？

过了一段时间，按照规定，学校要为每位老师定做一套工装。在班子会上有关部门提出来之后，大家又开始头痛："这可是一件众口难调的事，弄不好又要挨骂了！"

我说："这次老师的工装，我们学校领导班子不拍板，而是要成立一个 15 人的老师决策团，由老师决策团来决定在限定资金范围内工装的颜色、款式、面料等。"

本着公平原则，学校按照学科老师的比例把 15 个名额分配到各个学科，由各个学科的老师投票，选出正直的、能够主持正义的老师参加老师决策团，并代表本学科老师的利益。

我们邀请了三个厂家，它们各自拿出自己的布料、颜色、款式和报价，并把样品摆到了学校会议室。放学后，我们把 15 人的老师决策团请进了会议室。大家一边看，一边问，一边讨论，最后用投票的方式决定了选择哪个厂家，并确定了价格、布料、颜色和款式。

后来，工装发到了每位老师的手里。有的老师又开始发牢骚："这做的是什么玩意儿！""这个款式不合适！""找校长反映去！"几位老师果然到了我的办公室，反映工装的款式不适合自己。

我双手一摊，说："按照规定，凡是工装，款式、颜色等必须统一，不可能因人而异。这次的工装，价格、布料、颜色和款式乃至厂家，都是老师决策团的老师们投票决定的。因为不是我决定的，所以我改变不了。"

几位老师听到这里，都沉默了。

转眼来到了 5 月，正是评职称的时候。根据我的调研，前几年评职称出了不少问题，引起部分老师的严重不满，网上的负面信息至今依然存在。原因是学校领导班子在研究谁晋升、谁不晋升时，各部门的负责人提出了不同的意见。如某位主任说到某老师在哪些方面有问题，不能晋升。一旦涉及某位老师的具体利益，而会议消息又泄露时，马上就会引起震动，甚至引发干群之间的矛盾冲突——实际上已经发生了！

今年老师评职称怎么办？如果按照原来的评审方案，还要开会研究谁晋升、谁不晋升。实际上这种传统的做法对老师是不公平的，因为每一位与会者都有不同偏好和视角，提出的观点往往代表自己的主观意志，并不客观、科学。而要改变这一传统做法，就必须有一个程序和仪式，否则就会引起某些希望开会研究的老师的不满和反对。

此时，老师决策团发挥了至关重要的作用。

学校向老师决策团提供了两个评职称方案：一个是原来的方案；另一个是基于公平和客观的指向教育教学业绩的方案，并尽力排除主观因素。经过投票，老师决策团选择了第二个方案，同时否决了第一个即传统方案。

按照第二个方案，我们制定了详细的、具体的、基于事实和业绩的评审方案以及公开、公平的程序。如师德考核，由全体老师为每一位参评者打分，去掉5个最高分和5个最低分（这样基本上能把个人亲疏关系的影响排除掉），使考核更加客观、公正。如业绩考核，就是看老师教育教学和科研方面的实际实力，提供事实性数据进行分数累计。两项分数合起来，按照上级确定的指标数进行排名，分数最高者进入。

从此，在评职称等涉及教师切身利益的事情上，学校再也没有出现过问题。

在我担任玉泉小学校长的十多年时间里，玉泉小学把学校的重大事项，特别是涉及老师切身利益的事情，全部交给老师决策团来投票决定，以实现一种更加民主的治校方式，从而让全体老师看到了学校做事公平、民主、客观、科学。慢慢地，老师对学校、校长、管理干部产生了高度信任感，于是再也没有产生过过节发礼物都要挑毛病的不信任行为了。

只有全体老师信任校长、信任学校，学校才能带领全体老师走上办出优质教育的坦途。

▶方法萃取 ✏

1.寻找原因

我们如果发现老师群体出了问题，一定要寻找原因。但是，在分析和归纳原因的过程中，一定不要去指责和抱怨老师，因为老师中出现问题往往是因为学校管理中出现了问题。校长要从自身角度去看问题，发现问题所在，寻找自我存在的原因，寻求提升方法或策略。

2. 自我反思

学校给老师发礼物，老师竟然挑毛病，可见问题有多严重！但是，在这个现象的背后，我的思考和判断是，长期以来，学校的所作所为没有实现公开、公平和公正，让老师对学校失去了信任。当老师对学校的一切都持怀疑态度时，老师就会鸡蛋里挑骨头。因此，看似是老师的问题，实则是学校的问题，是校长的问题。因此，要把原因归到学校。

3. 民主治校

如何让学校的决策更加民主、科学、合理、公开、公平、公正，让绝大多数老师高度认同？我认为校长必须把决策的权力，特别是涉及老师切身利益的权力还给老师，实现一种更加民主的治校方式，这样才能让全体老师对学校有高度的认同感、归属感，才能让全体老师相信学校，信任校长，愿意跟着学校不断地前进。

▶读懂教师 🖊

目前，各个地区、各个学校之间老师的工资待遇并不相同，甚至差距很大，老师能够在某所学校安心从教，很大程度上是因为学校提供了一个比较稳定的工作环境。但是，一位老师如果在校园里感受不到公平，感受不到民主，即使工资待遇再好，也会走人。

校园里有了公平，老师才有动力，因为老师知道，只要我努力付出，就一定会得到回报。一旦校园失去了公平，任何利益都要通过非公平手段和方式获取，老师的心里一定是不舒服的，老师就会对学校失去信任，就开始怀疑一切。学校方面说什么，老师也不会相信了。而要实现校园公平，非要实现一种更加民主的治校方式不可，即校长放弃部分权力，把权力归还给老师群体。

（中国科学院附属玉泉小学原校长　高峰）

校长之问 7

行政人员总结工作时照着稿子（或 PPT）念，校长该怎么办？

▶ 挑战描述 ✏

学期总结大会结束后，不少老师抱怨："各个部门都是照着稿子或者 PPT 念文字，一点意思都没有。"行政人员总结部门工作时，下面的老师低头玩手机，根本听不进去，作为校长，你该怎么办？

▶ 案例分享 ✏

"哎！这样的总结会有点浪费时间，还不如早点放假让我们赶高铁回家。"寒假的期末总结会结束后，几个年轻老师在一起嘀咕。

这个问题我还没怎么在意，一直以来都是这样的。但经过提醒后，我回想一下，还真是这样的：教学主任汇报的时候，照着稿子把一个学期以来的工作"念"了一遍。由于前期备课组、科组、年级组等已经将教学工作交流、总结得很翔实了，下面听会的很多老师一直在低着头玩手机。

总务主任上台布置工作时，他演示 PPT，尝试围绕工作要点展开阐述，但在讲第一条的时候，就结结巴巴、语无伦次。"我还是把工作布置读一下吧。"总务主任尴尬地说。

台下一阵窃笑。后面德育主任、大队辅导员在总结的时候，也差不多都是在"念"稿子、"念"PPT。

这种现象确实不好。在工作总结会上，行政人员（汇报者）的"讲"功不强，肯定是听者甚少，"会风不正"，甚至会引发老师们对行政人员能力的质疑，也势必会影响整个团队的服务水平。

行政人员讲话水平不高，"讲"功不强，问题出在哪里？经过再三观察和反思，我认为不外乎这几种情况：

一是工作没"沉下去"。无论是汇报、分享还是做指导，对所讲之事，要全身心地"沉下去"，参与进去，站在全局，理清事情的逻辑，关注工作的亮点，做到心中有数。如果平时事不关己，或隔岸观火，想要讲出个子丑寅卯来，还真不容易。如果汇报人平时只是当"甩手掌柜"，没有"沉下去"，分享前也没做足功课，到了台上，肯定是支支吾吾的。

二是工作提炼"掐不准"。行政人员需要对部门工作进行全局把握，要对工作了如指掌，在工作总结时锤炼寻找亮点、分类规整、概括提炼等能力，也就是"掐得准"的能力。如果在日常工作中松松垮垮，不注重及时记录和整理，到学期结束肯定是"东一榔头，西一棒子"，更别说发现亮点、提炼亮点了。

三是讲话不能"脱稿讲"。平时在国旗下讲话及会议工作布置中，很多行政人员习惯于照着稿子念，缺少脱稿讲的机会，导致形成了一种定式思维。加上不是每位行政人员都有良好的口头表达能力，所以照着念的现象很普遍。

找到问题的症结后，我采用了一些方法，倒逼行政人员锤炼"讲"功。

一是让每位行政人员都熟谙部门工作：在每个学期开始，要详细做好部门工作规划，做到心中有数；对每项分管工作都必须沉下身、潜下心跟进、协调。以往汇报工作时我往往只关注结果，现在不仅关注结果，还关注过程，看分管行政人员是不是只做"二传手"；同时，在工作总结上给予指导，让行政人员学习提炼与规整，而不是仅仅进行工作的铺陈。

二是给每位行政人员提供锤炼"讲"功的机会。以往的国旗下讲话，校级领导讲得较多，行政人员讲得较少。老师们反映"念稿子"事件后，每个学期开始就要对每周的国旗下讲话做好轮值安排，周日晚上我将讲话主题单独通知讲话者，以提高他们在极短时间内组织素材的能力，而且规定任何人都不许在升旗台上念稿子；在后来的行政会和集体会上，一律不准念稿子或PPT，而且要求PPT以图片为主，可以提炼主题词或者关键语句，但不允许整段整段地念文字；同时，积极给行政人员提供"讲"的机会，既有对外的汇报交流机会，又校内的展示机会，要让校级领导退居幕后，让更多的行政人员走到前台。

三是注重对每一次开会中"演讲者"的表现进行复盘。每次汇报、交流、开会后，我都会私下对演讲者"讲"的表现给予点评，既有充分的肯定，又有委婉的提醒，让他们看到成长的痕迹，同时也得到相应的帮助。不少行政人员坦言，以前在大庭广众之下讲个话都很蹩脚，有了校长的指点和锤炼后，无论什么场合都能应对自如。

经过一年的训练，行政人员的状态变了，无论面对怎样的听众群体，都能抓住要点、亮点侃侃而谈；会议的会风也变了，以往是老师们抵触集中会议，尤其是期末总结会，现在则是以一种期待、渴望的心态来对待，而行政人员也不让老师们失望，总能够在会议上推陈出新、亮点频出。

▶方法萃取 ✎

1. 树立做实做细的工作作风

学校工作庞杂，而且互相牵连，在工作作风上，杜绝行政人员做"甩手掌柜"，坚持规划在前、推进在中、总结在后，让每位行政人员既要对工作结果负责，又要对工作细节认真。

2. 提供敢说敢讲的表现机会

为行政人员多渠道、多层次提供"讲"的机会，既要他们事前下足功夫，又要他们临场善于演讲，还要让大家看得见他们的成长。

3. 给予有褒有贬的中肯评价

没有人天生就是演讲家。任何人的讲话都要经过锤炼。如果只有硬性的"不念稿子或 PPT"的规定，没有柔性的点评和实打实的提醒帮助，就只会给行政人员增加工作难度。会议后的有效复盘也很重要，它能提升行政人员的勇气、底气和能力。

▶读懂教师 ✎

说实话，学校的会议还真多，小到备课组的集体备课，大到全体教职员工会议。老师们由于平时工作太忙碌，对会议有种潜意识的抵触情绪，尤其是重要节点的会议，比如周五下午、寒暑假放假前的会议等，大家往往心不在焉、麻木应对。因此，站在老师的角度，如果会议质量不高，演讲者的讲话形式不新颖、提炼没重点，老师们肯定是兴趣寡然。作为管理者，首先要想到不应该责怪老师，要找到问题的症结，进而对症下药。

一是尽量精简会议。在前一周就要将下周的会议进行统整，列出会议清单，区分为常规会议和非常规会议。常规会议大家按部就班进行；非常规会议提前通知参会人，不打无准备之仗。只有这样，才不会让老师们反感。

二是缩短会议时间。日常工作已经让老师疲惫不堪，老师都希望早点下班回家休息，尤其是通勤时间长的老师。在工作会议上，要求行政人员布置工作条缕析，把话讲清楚、讲通透，不过多展开阐述，不闲聊。会议时间应控制在一小时之内。

三是提高讲话水平。学校作为一个集体，当然要开会，但怎样开是有学问的，其中就要求讲话者要有水平，语言要有感染力，要能吸引住老师，如果激情洋溢、趣味多多，老师们肯定愿意听。

（广东省深圳市新秀小学原副校长　付步雄）

校长之问 8

老师们在学校没有归属感，校长该怎么办？

▶ 挑战描述 🖊

三位老教师退休在即，按照惯例，学校要在全体教师会上给三位即将退休的教师举办一个退休仪式。可负责工会工作的同志反馈说，三位老师表示不愿意参加退休仪式，只需要把退休纪念品给他们就行了，而且还有位老教师私下说这是他工作过的最没归属感的学校。作为校长，你该怎么办？

▶ 案例分享 🖊

"付校长，三位退休教师不愿意参加退休仪式。"9月，我刚被调到一个学校去当副校长，工会的负责同志就这样告诉我。

"怎么回事？这些老同志怎么有这样的想法？他们在这里工作了多少年？"我追问道。

"其中一位建校之初就在，可以说是'开校元老'，另一位工作了 20 多年，工作年限最少的陈老师也有 15 年。"

按理说，三位老师在学校的工作年限都不少，他们把青春和热血都给了学校，对学校应该有极其深厚的感情，怎么会出现这种情况呢？

因为是刚刚到这所学校，来不及深入了解、调研、分析具体情况，我只能尊重老教师的意愿。在后来的一次行政会上，我提出了让每位老师都对学校有归属感的愿景，而且强调有归属感的前提是要有"安全感""认同感""被尊重感"，而要实现这个愿景，需要从"把每个人的名字都镌刻在学校的发展史上"做起。

其实，我希望听到的是，离开学校的老师及其他工作人员，无论多少年后，无论学校兴衰与否，都会很自豪地说起"我曾经在这个学校工作过，这里曾经留下我的青春和激情"。基于此，我认为应重点做好以下工作：

第一，把每个人的名字都镌刻在学校的发展史上。2015年秋季，我从湖北某小学调入深圳某小学做办公室主任。在湖北工作时，我主编了学校40周年校庆的所有资料。编辑校史时，因为同事的失误，我们将一位曾经在学校工作过半年的老师的名字漏掉了。校庆期间，该同事偶然看到了校史，便循着时间轴寻找自己的名字，发现竟然漏掉了。该同事后来打电话略带生气地质问："为何唯独将我的名字落下？"一时间，尴尬有之，遗憾有之，愧疚有之。

正是受这个事情的启发，我感受到学校文化的重要性，而学校文化中最基本的是要"看见""铭记"每个在学校工作的人。我坚持做的一件事是，每个学期结束后，用图片和文字的方式，将学校一个学期的工作编辑成册，起个有意义的标题，包括"领导来访""家校互动""教育科研""教师发展""学生成长""师生获奖"等，这样就基本囊括了学校所有的工作，再加上学校的大事记、每位老师的照片及电话号码和办公室分配情况，以及其他人员的情况。这项工作需要严谨和认真，不能有丝毫失误和纰漏，必须把每位在学校工作过的老师、后勤人员的信息都搞准确。编辑印刷好后，人手一册发给老师、后勤、门卫等。

第二，让每个见证学校成长的人都"看见"自己。仅仅是把每个人的名字都镌刻在学校的发展史上还不够，还需要让每个人在学校的日常和重大事件中都"看见"自己。每个学期结束后，我都会认真搜集照片，梳理、盘点学校的重大事件及关键节点上的细节事件，并请科学老师将其制作成10~12分钟的视频。视频根据内容分类，让每个老师、后勤人员、门卫等都有露脸的机会，并在开篇、结尾、衔接处配上简短隽永的诗句。学期末总结会上的第一个环节就是观看学期工作回顾视频，所有老师都凝神屏息、目不转睛地看着，偶尔微笑颔首，偶尔开怀一笑，偶尔遐思万里，既沉浸其中，又"看见"自我。在2020年秋季的期末总结大会上，在视频的开篇我这样写道："总有一些光影，值得我们镌刻于心 // 总有一些梦想，值得我们无悔追逐 // 总有一些美好，值得我们坚守初心 // 总有一些感动，值得我们热泪盈眶 //2020年，在岁月的长河中，是极其不平凡的时代节点 // 所有的浪花都在艰难时事中，经受考验、迎接挑战 //2020年，于新秀小学而言，是高质量发展的开局之年 // 所有的新秀人都在新的起点上，幸福地追求幸福。"

第三，让学校的每个人都发现并书写身边的好故事。传递正能量，讲述好故事，这是营造学校文化的不二手段。但故事的主角是谁？谁来讲故事？在深圳市仙桐实验小学工作期间，有一个学期我给老师布置的寒假作业是让每位老师写一篇"好故事"，讲述感动你的事件瞬间、身边同事。春节过后，我将所有老师的文章收集起来，发现学校中竟上演了很多温暖的故事，这些故事都发生在日常的细节中，而且很不容易被管理者看见。《仙桐好故事》印制好后，学校发给每位老师阅读，让大家感受学校的温暖。

学校有位清洁工人叫罗云星，年届六旬，每天在校园各个角落打扫卫生，而且还会写诗、弹琴、书法等。我在个人公众号上推出文章《仙桐"扫地僧"》，赢得全体老师的密切关注。《南方都市报》伍曼娜记者看到我的推文后，立刻到学校采访，写成《爱弹钢琴爱写诗，他是校园"扫地僧"，还是"好奇宝宝"》，用一个报纸版面免费进行宣传。其中，不仅宣传了罗云星，也对学校尊重人、看见人的文化氛围进行了宣传。窥一斑而知全豹，学校"扫地僧"尚且如此，何况那些孜孜不倦力争上游的老师呢？

对学校文化价值取向达成一致后，学校明确了具体的营造学校文化的路径，半年后，新秀小学文化生态焕然提升，老师们的集体荣誉感、归属感渐进增强。印象尤其深刻的是，一位参加工作不久的体育老师，在同事的帮助和学校的支持下，把向女朋友求婚的场地定在学校操场。那个周五放学后的晚上，星光点点，但操场上用蜡烛围成的"心"字发出的火光，温暖、浪漫至今。

▶方法萃取 🖊

1.坚持"教师第一"的原则

当学校教师不认同学校，在学校找不到归属感的时候，一定是管理思维、管理方式出现了问题，管理者应该反思内省。学校的发展目的是培养学生，但培养学生的任务在教师，因此管理者要始终坚持"教师第一"的原则，始终以师为本，尊重教师、温暖教师，如此教师才能在各自的岗位上发光发热。

2.扩大"看见教师"的视角

教师忙碌的身影在学校随处可见，但背后的温暖故事不一定都能被看见，管理者需要扩大视角、深入教师当中，既要关注看得见的故事，又要关注看不见的故事，而不能只待在办公室做决策者、发令者。

3. 呈现"尊重教师"的举措

真正的尊重教师不是停留在口头上、文件上，而是应该以实际行动来体现对教师的尊重。物质奖励是短暂性的、一次性的，管理者应在思想引领、人文关怀、内心尊重上想办法，比如上文说到的"把每个人的名字都镌刻在学校的发展史上""让每个见证学校成长的人都'看见'自己""让学校的每个人都发现并书写身边的好故事"。

▶读懂教师 🖊

三位退休教师不愿意参加学校举办的退休仪式，原因一定很多，但其根本原因是对学校没感情、没归属感，作为管理者，除了要尊重老教师的意愿，还要反思学校的管理模式。

一是懂得"被尊重"的需求。"铁打的学校，流水的师生"，无论哪个学段的学校，学生一茬一茬地走，这是不变的规律；教师的正常流动、退休，也是普遍现象。"人过留名，雁过留声"，这八个字诠释出每个人心中最朴素的存在感需求，也体现了每个人希望被肯定、被尊重、被铭记的需求，这与马斯洛需求层次理论中的"尊重需求"相对应。

二是反思管理者的管理模式。教师在教书育人过程中虽然没有什么惊天动地的壮举，但在日复一日、年复一年的忙碌中，其辛苦、勤劳、努力都需要被看见，基于此，学校管理者是否存在"目中无人""见事不见人""见人未覆盖"等问题呢？学校管理是一项系统工程，需要管理者用立体思维、开放视野、细节触角等构筑起温暖的学校围墙，要办有温情的教育。

三是给教师的教育生涯定义。在两个特殊时点人们通常会被他人评论，一是退休时，一是生命的终结时。如何定义教师的教育生涯，管理者需要有智慧和温情，哪怕退休的教师一辈子没什么值得称道的业绩，也需要赋予其意义与价值，并且要使其成为学校文化基因的一分子。

（广东省深圳市新秀小学原副校长 付步雄）

校长之问 9

老师不理解学校的发展愿景，校长该怎么办？

▶挑战描述 🖊

新学期开学前，要对老师集中培训三天。其中一项内容是校长要对学校新的课程课堂文化进行解读，在这一过程中发现有些老师表现出畏难情绪，遇到这样的问题，作为校长，你该怎么应对呢？

▶案例分享 🖊

"校长，咱们新出台的课程课堂文化太难了，在短时间内也不会看到什么效果，有必要改革吗？"在新学期开学前第一天培训的晚上，我收到了这样一条短信。学校一名中年教师，在听完校长对学校新课程课堂文化的解读后，产生了消极和畏难情绪，甚至认为在日常的教学当中讲好自己的课、保证测试成绩优秀就足够了，没有必要去学习践行什么新课程课堂文化。

收到信息后，我没有马上回复她的消息，而是走到电脑前，开始思考这两天培训时看到的情况：在解读新课程课堂文化时，有的老师皱眉，有的老师低头沉默不语。

老师面对课程课堂文化改革时出现了畏难情绪，我该怎么做呢？这不仅仅是老师和学校之间的问题，也是我这个学校管理者面临的难题。就在我低头思考对策的时候，我眼睛的余光看到了读过的一本书——约翰·汉尼斯所著的《要领》。这本书一直放在我的书架上，仿佛是我的教科书，引导着我走进管理行列，一点一点明确管理的内涵，一步一步让我懂得如何做一个好的领导者。在它的引领下，我已经逐渐成为一名成熟的管理者，它让我学会了领导的智慧。这本书的作者约翰·汉尼斯是斯坦福大学原校长，被称为"硅谷教父"，是杰出的学者、企业家和优秀的领导者。这本书包含着他人生的思考和轨迹，在书中他向我们分享了他从不同的人生经历中获得的宝贵经验。想到这，我心中已经有了主意。

第三天所有的培训已经结束，望着老师们，我微笑地跟大家说："这几天老师们非常辛苦，大家在认真聆听专家讲座的基础上深刻领会新课标精神，钻研教材，力求掌握教材的基本思想和基本概念。老师们的饱满热情和诚恳的工作态度让我佩服！这几天老师们表现得特别好，每天自发讨论、备课到深夜。老师们的热情让我特别感动！你们不仅仅是为了学校，你们的终极目标是促使每一个孩子健康快乐成长！老师们的行动我都看在眼里、记在心里，非常感谢每一位老师的付出。

"我们的新课程课堂文化强调以德为先，将学生放在中心，重视学生需求。既要面向全体、面向群体和面向个体，也要联结过去、现在与未来，要打破时空限制，开发让每一个学生都能得到成长的课程，力求发现每一个学生、发展每一个学生。我们的课堂要提升学生的参与度和自主性，激发学生学习兴趣，让学生充满学习动能，乐于在学习体验中探索知识、收获能力，促进学生全面、个性发展，让学生学会学习。"

话锋一转，我继续说："现在我想给大家讲一个'盖房子'的故事。三个人一起盖房子，有人走过来问：'你们在做什么？'第一个人说：'我在搬砖。'第二个人说：'我在盖房子。'第三个人说：'我在建造一座大厦。'"听完这个故事，老师们都露出了若有所思的神情。我继续补充道："我们每个人的愿景不同，付出的努力和行动当然不同，每一位老师都应该把自己看作学校发展与学生成长的建设者，学校给予老师们发展的平台，老师们也要顺应时代发展，和学生、学校共同进步！"

从此以后，老师们都开始积极学习和实践新的课程课堂文化。学校也采取专家引领骨干先行的办法，"让一部分人先行动起来"。历经六年，学校形成了独特的课程课堂文化，并在市区学校进行了分享。

▶ 方法萃取 🖉

1. 肯定表扬先行

"这几天老师们表现得特别好，每天自发讨论、备课到深夜。老师们的热情让我特别感动！你们不仅仅是为了学校，你们的终极目标是促使每一个孩子健康快乐成长！老师们的行动我都看在眼里、记在心里，非常感谢每一位老师的付出。"

2. 重申学校愿景

"我们的新课程课堂文化强调以德为先，将学生放在中心，重视学生需求。既要面向全体、面向群体和面向个体，也要联结过去、现在与未来，要打破时空限制，开发让每一个学生都能得到成长的课程，力求发现每一个学生、发展每一个学生。我们的课堂要提升学生的参与度和自主性，激发学生学习兴趣，让学生充满学习动能，乐于在学习体验中探索知识、收获能力，促进学生全面、个性发展，让学生学会学习。"

3. 激发老师动力

"我们每个人的愿景不同，付出的努力和行动当然不同，每一位老师都应该把自己看作学校发展与学生成长的建设者，学校给予老师们发展的平台，老师们也要顺应时代发展，和学生、学校共同进步！"

▶ 读懂教师 🖊

当我们发现老师面对改革出现消极和畏难情绪时，需要用循序渐进的方法引导老师们明理与摆正心态，使他们勇于承担责任。

第一步：对老师进行肯定和表扬。肯定和表扬能够激励人心，能够激发个人的积极性和创造力，使老师们感到被认可和被尊重，从而更加自信和勇敢地面对挑战。肯定和表扬也能够增强自信，提升个人的自我价值感，使老师们相信自己的能力和潜力，从而更加积极地参与到学习和工作中去。

第二步：重申学校愿景。校长作为学校领导者，应首先是善于管理的人，应用先进思想引领学校发展，以学生发展为本，为学生成长奠基。管理者对老师而言视野相对宽阔，应通过对学校愿景的重申，在理解和尊重老师的基础上，引导并带领老师们积极参与到学校的建设当中。

第三步：激发老师动力。作为一名优秀的管理者，"要领"是一件事情取得成功的关键技能，而讲故事不失为一种巧妙的要领。讲好一个精彩的故事能够让听众聚精会神，能够激发团队的斗志，激励团队的奋斗精神。每一个吸引人的故事都能够让听众记忆深刻。讲故事时必须融入感情，使故事引人入胜，投入真情才能打动他人，才能让听众沉浸其中，从而争取他们的支持以帮助你实现目标。

（北京市特级校长、北京市海淀区七一小学原校长　张建芬）

校长之问 10

关于建校 60 周年有没有必要搞纪念活动，老师们意见不一致，校长该怎么办？

▶挑战描述 🖉

学校建校 60 周年，关于搞不搞纪念活动，老师们的意见不一致。有人认为应该搞，而有人却提出没必要搞。遇到这样的问题，作为校长，你该怎么办？

▶案例分享 🖉

"校长，现在教学任务很重，没有能力和精力搞建校纪念活动。"2010 年下半学期开学之际，也正是培星小学建校 60 周年之时，那年我还是培星小学校长，刚开学，我就遇到了这样的挑战。

到底该不该搞？怎么搞？就在我考虑如何应对这个情况时，教师节前夕，我突然接到退休老教师谢老师病危的消息。我匆忙赶到医院时，谢老师儿子附在老人耳边大声说："妈妈，培星小学的校长来看你了！"没想到已经极度虚弱的老人竟然睁开了眼睛，我赶紧拉着她的手说："谢老师，您好好养病，等出院了我接您回学校好好转转！"老人使劲地眨了眨眼，握在我手心里枯瘦的手也突然有了劲儿。离开医院的时候，老人的儿子流着眼泪说："我妈已经一天都没睁开眼睛了，没想到你们一来她就醒过来了，谢谢你们来看她，这样她也就没有遗憾了。"第二天，谢老师安详辞世。

这件事带给我强烈的震撼，在统一班子成员的意见后，我及时召开全体老师大会，在会上我把谢老师的故事讲给大家听，并提出："学校虽然规模不大，但有光辉的历史，有感人的故事，我们不仅要给那些默默奉献了一辈子、对学校充满深情的老教师一个交代，也要让我们今天的师生在了解历史中懂得珍惜、懂得感恩。"台下的老师纷纷点头赞成。带着这样的情感，我们根据学校实际情况规划了纪念建校60周年的系列活动，包括"这里星光灿烂""新老教师座谈会""老校友回娘家联谊会"等。特别是2010年12月30日举行了建校主题教育活动，海淀区教委领导、学校老领导和老教师代表、优秀毕业生代表到会交流指导，全校师生积极参与，会场气氛十分热烈。

纪念活动让全校师生看到了老教师们在物质极度匮乏的年代凭着革命乐观主义精神艰苦创业、无私奉献的感人故事，也深深感染着每一位年轻教师。借着纪念活动的东风，我提出"让历史告诉今人，用精神鼓舞人心"，组织青年教师整理老教师、老党员们的故事，编辑了《这里星光灿烂》文集，为培星小学留下了珍贵的历史和精神财富。同时，我们理清了培星小学60年发展的历史脉络，提炼了培星人60年不变的精神追求，通过建校纪念活动，我们向来宾和校友展示了培星小学全体师生的综合素质，用行动向家长和孩子们证明了培星小学是一个不断努力、永不放弃、充满爱和责任的学校！纪念活动让我们凝聚了人心，也再次提升了学校办学的声誉，家长纷纷表示：新一年级不想再舍近求远了，因为培星小学办得挺好的！我想家长的信任和支持是对我们最大的鼓励和奖赏。

借助建校系列活动，我们进一步提炼出了培星人的核心价值观，那就是"追求卓越，做更好的自己"。围绕这个核心价值观我们制定了培星小学学生培养目标、教师发展目标和学校发展目标，并以"做更好的培星学生、做更好的培星教师"为题开展了全校互动式培训，明确了"做更好的培星学生"应该培养学生的六个素养和"做更好的培星教师"教师必须具备的六个特质。可以说，开展建校60年的系列活动，为培星小学的发展提供了机遇，也为培星小学的升级奠定了基础。

如今，老师们回忆起当初的情景都竖起大拇指，说建校纪念活动应该搞，搞得好！

▶方法萃取 ✏

1.回忆感染先行

"学校虽然规模不大，但有光辉的历史，有感人的故事，我们不仅要给那些默默奉献了一辈子、对学校充满深情的老教师一个交代，也要让我们今天的师生在了解历史中懂得珍惜、懂得感恩。"

2. 总结提炼跟进

"让历史告诉今天，用精神鼓舞人心"，组织青年教师整理老教师、老党员们的故事，编辑了《这里星光灿烂》文集，为培星小学留下了珍贵的历史和精神财富。同时，我们理清了培星小学60年发展的历史脉络，提炼了培星人60年不变的精神追求，通过建校纪念活动，我们向来宾和校友展示了培星小学全体师生的综合素质，用行动向家长和孩子们证明了培星小学是一个不断努力、永不放弃、充满爱和责任的学校！

3. 借势发展提升

借助建校系列活动，我们进一步提炼出了培星人的核心价值观，那就是"追求卓越，做更好的自己"。围绕这个核心价值观我们制定了培星小学学生培养目标、教师发展目标和学校发展目标，并以"做更好的培星学生、做更好的培星教师"为题开展了全校互动式培训，明确了"做更好的培星学生"应该培养学生的六个素养和"做更好的培星教师"教师必须具备的六个特质。

▶ 读懂教师 ✐

当有老师提出搞建校纪念活动没必要的时候，应该理解这是一种正常现象，搞纪念活动需要付出时间和精力，可能还需要经常加班，故而有的老师不想付出也可以理解。这个时候，校长应该站在更高的层次看待问题，正面引导，借势助力。

首先，回忆感染先行。充分回忆老教师临终前的精神寄托，明确提出"不仅要给那些默默奉献了一辈子、对学校充满深情的老教师一个交代，更要让我们今天的师生在了解历史中懂得珍惜、懂得感恩"，用真情感染全体老师，统一大家的思想。

其次，总结提炼跟进。在统一思想的基础上，关键是弄清楚建校纪念活动从哪里切入，怎么切入。这时候我提出"让历史告诉今天，用精神鼓舞人心"，组织青年教师整理老教师、老党员们的故事，并让青年教师总结自己的成长经历，通过编辑《这里星光灿烂》文集，为培星小学留下了珍贵的历史和精神财富。这样的融合不仅总结了学校的历史，也提炼了学校的办学精神。

最后，借势发展提升。一次建校纪念活动虽然可以产生很大的影响，但如果不借势发展，随着时间流逝，这种影响终将消失。因此，校长必须着眼学校的长远发展，"借势助力，升级提高"，从而提炼出培星人的核心价值观——"追求卓越，做更好的自己"，并围绕这个核心价值观制定了培星小学学生培养目标、教师发展目标和学校发展目标。

（北京市海淀区万泉小学校长　朱郁）

校长之问 11

在教育改革的进程中老师们有疑问，校长该如何应对？

▶ 挑战描述 ✐

　　基于多年关于合作式、探究式、实践式学习的探索经验，我专门设计了可以坐 6~8 人的合作式圆弧形课桌，并替换了教室里原有的排排坐小方桌。试用不到一周，老师们纷纷找到我，提出想换回小方桌。在教育改革的进程中，无论是小调整还是大变革，总会有来自各方的质疑声、反对声，每当这时，校长要通过行政力量强行推进吗？应该怎样做出科学的决策呢？

▶ 案例分享 ✐

　　"希娅校长，我申请把我们班的课桌换回小方桌。现在维持纪律太难了，我明明听到有人讲话，但一眼望过去，就是看不出来谁在讲。"记得那是试用圆弧形课桌的第四天，从教 30 年的李老师找到我说："不是我一个人有这样的感觉，很多老师都希望能换回去。"听了李老师的话，我没有生气，也没有慌张，而是笑着对她说："李老师您别着急！您下一节课是什么时候？我去教室里看看。"

　　和李老师约定好听课时间，我带着教学部门干部、课程中心以及年级教研组的老师们一起走进了李老师的教室。李老师的课堂很有特点，她是一个很有热情、综合素质也很好的语文老师。上半节课她声情并茂地读、讲，带领孩子们去念、去画、去写。在这个过程中，我们确实发现孩子们听到特别感兴趣的地方，或者有疑问的地方时，都喜欢和左右邻座的同学小声讨论。圆弧形课桌不像小方桌，坐小方桌时，孩子们都整整齐齐面向老师，一旦谁的头偏一下、身子动一下、嘴巴张一下，都能很容易发现。大家讨论的时候，李老师立即在教室里"扫视"，她反映的"总听到教室里有声音但找不出是谁"的情景又上演了。

下半节课时，趁孩子们又在低头勾勾画画，我走上去悄悄对李老师说："刚才的确有孩子在小声议论，主要集中在您讲这几个问题的时候。要不下半节课您别站在教室前面讲了，让孩子们围绕这几个问题，以小组形式交流交流？"李老师接纳了我的建议，在下半节课采用了不一样的教学方式。一下子课堂氛围完全变了。因为孩子们讨论的是他们最关注的几个话题，他们都在小组里争先恐后地发言。在汇报环节，每个孩子都高高举着小手，迫不及待地和同学们分享讨论成果，其他同学或补充、或反对、或质疑。李老师则在一旁适时点拨，心思全然没有放在找谁在讲话上，反而巴不得孩子们积极踊跃地发言呢！

下课后，我带着所有听课的同事一起探讨两种教与学的方式哪一种对孩子们的成长更好。大家结合现场的亲身感受畅所欲言，都不约而同地认为下半节课的目标达成、课堂活力、学生参与等方面更好，对发展孩子们的核心素养也更有效。这时候，我再次引导大家探讨：为什么要使用合作式圆弧形课桌？

大家最直观的感受是圆弧形课桌桌腿的数量只有原来小方桌的四分之一，教室更清爽、更便于做清洁；公共空间更多，少了许多棱角，减少了安全事故；有利于培养孩子们的社交能力。当然，探讨最多的还是对老师们的教学观念、教学策略的影响。大家发现，这样一个小小的改变会倒逼老师们放弃满堂灌、单一讲，学生被动听、机械练的方式，使老师们去努力创设让孩子们在合作讨论中学习的机会，从而真正打造出谢家湾学校所倡导的"生态、生活、生长""主动、生动、互动"的"三生三动"课堂。

大家还从圆弧形课桌拓展到了谢家湾学校每一间教室都没有讲台、使用落地窗而不是用高高的围墙把孩子们圈在教室里等物理环境的改变。大家深刻地理解了，这些看似不起眼的物理环境改变，本质都是打破以教师为中心、以教室为中心、以教材为中心的观念，让老师们放下身段、走进孩子中，真正促进教与学方式的变革。

李老师最后感慨地说道："不是课桌的问题，而是我教学方式的问题，是旧方法配不上新课桌啊！"

现在，合作式圆弧形课桌在谢家湾学校已经使用近十年了。老师们在使用过程中还探究出了多种小组合作方式以及座位每日组内轮换、每周全班轮换等多种方式。老师们更加理解2005年我提出的"校园环境是隐形的课堂"的理念，也能更多地从教育的视角去看待孩子们生活与学习中的一切要素。

回看谢家湾学校教育改革的每一步，每当面对质疑与反对，我总会问自己一个问题：这样的改变对孩子们成长是否有利？答案如果是肯定的，我就毅然带着老师们在"做"中去理解、去讨论、去分辨、去求真，在价值取向的高度趋同中共同探索、实践。

▶ 方法萃取

1. 存在认知冲突时不以行政命令强行推进，真诚开放倾听意见

听了李老师的话，我没有生气，也没有慌张，而是笑着对她说："李老师您别着急！您下一节课是什么时候？我去教室里看看。"

2. 以孩子的立场、体验、收获为工作的出发点与落脚点

下课后，我带着所有听课的同事一起探讨两种教与学的方式哪一种对孩子们的成长更好。大家结合现场的亲身感受畅所欲言，都不约而同地认为下半节课的目标达成、课堂活力、学生参与等方面更好，对发展孩子们的核心素养也更有效。

3. 在"做"中思考、探讨、辨析，达成高度的价值共识

和李老师约定好听课时间，我带着教学部门干部、课程中心以及年级教研组的老师们一起走进了李老师的教室。现在，合作式圆弧形课桌在谢家湾学校已经使用近十年了。老师们在使用过程中还探究出了多种小组合作方式以及座位每日组内轮换、每周全班轮换等多种方式。老师们更加理解 2005 年我提出的"校园环境是隐形的课堂"的理念，也能更多地从教育的视角去看待孩子们生活与学习中的一切要素。

▶ 读懂教师

课桌是孩子们校园学习与生活的最基本单元空间，小小的课桌也有大大的学问。当我们谈到教与学方式变革的时候，大家常常认为是课堂上老师具体教学策略的一招一式的改变，但其实这是一个系统工程，因为我们面对的教育对象是一个个复杂的、多面的、鲜活的个体，他们的身体、情绪、思维、行动都在影响着学习的过程与效果。所以，从课桌到教室，再到校园，每一处物理环境都深刻影响着学习方式。作为书记、校长、老师，我们从学习发生机制的角度思考怎样让环境充满教育意味，也是我们教学中的一个重要环节。

而无论是面对物理环境的变革，还是面对教学内容、管理形式、教研方式的调整，每当要打破舒适圈开始新的尝试时，老师们最初可能都是迷茫的甚至抵触的，作为校领导，校长有很大概率听到各种反对和质疑的声音。这时候不妨问自己一个问题："这样的改变真的对孩子们好吗？"如果答案是肯定的，就坚定不移地做下去。这种"做"并非来自行政压力的"你必须做"，而是更多地从专业角度带着老师们"一起做"，其间允许不同的思维碰撞，接受不同的策略启迪。只要保证高度趋同的价值取向，方法和路径当然可以灵活多样，教育改革推进的脚步自然就能更坚实地往前迈进。

（重庆市谢家湾教育集团党委书记、总校长，谢家湾学校党委书记　刘希娅）

校长之问 12

开展课后延时服务，老师工作量增加、幸福感降低，校长该怎么办？

▶挑战描述 ✎

随着"双减"政策落地，学校迅速从整体上规划，并结合校情，落实提供课后延时服务。然而，客观事实是，老师从早晨 7：30 到晚上 18：30 在校工作长达 11 个小时，老师的工作量也增加了近四分之一。面对这样的情况，作为校长，你会怎么做呢？

▶案例分享 ✎

随着冬季的到来，下午 5 点钟天色已经渐渐变暗。三年级的张老师已经几次下楼送学生。16：30，有几个孩子不参加延时服务课程，张老师亲自将孩子们送到门口，送到家长手中；17：10，有几个孩子写完了作业，需要参加校内俱乐部的训练，张老师将孩子们送到楼下，目送他们奔向操场；18：20 是课后延时服务结束的时间，张老师需要带队离校，然后返回教室，将打扫卫生的值日生再带到校门口的接送点。然而，到了 19：00，还有两个孩子的家长因故未能及时接孩子。在学校加装的路灯下，张老师一边陪孩子们蹦蹦跳跳，抵御寒冷的天气，一边和家长联系，请家长尽快来接。

这只是值班时我看到的众多老师工作状态的一个缩影。作为校长，我始终认为，教育是关注人、影响人、唤醒人、成就人的伟大事业。要培育身心健康、拥有良好习惯、乐学善思、多才多艺的学生，老师首先要拥有职业尊严和职业幸福感。

面对课后延时服务工作，从接到通知到规划实施，三天时间，300多名北京第二实验小学洛阳分校（以下简称"北二分"）人携爱开展。作为北二分的"一号服务员"，看到大家如此辛苦，我想我需要做些什么。

自2015年开始，每周坚持进行的"我和校长面对面·教师场"成为最适宜的倾听平台。在校办公室的组织下，我与四个校区的七个年级组团队以及后勤服务团队逐一面对面。我们围绕延时服务课程的构架、参与人员的时间优化、老师的服务津贴保障、后勤暖心保障工程等话题进行探讨，大家畅谈交流，带给我和行政团队许多启发。

又是值班时，今天16：30送孩子下楼的变成了刘老师，17：10送孩子下楼的变成了王老师。这得益于学校在统筹研判后将执行权下放到年级组的举措。各年级组根据本组情况，进行民主研讨，制定出根据放学时间同楼层分时段分工协作的送学生方案，既减少了老师重复下楼的次数，又保障了教室内延时离校学生的安全。18：30，结束延时服务的老师离校时，手里多了一袋热腾腾的包子，这是餐饮部专门为延时服务老师准备的一份加餐，每天不重样。辛苦一天的老师，回到家里，有了加餐就可以快捷地用罢晚餐，早点休息。双班主任制、弹性上下班、师生午休统筹、下放执行权至年级组等制度，让每个年级组的课后延时服务多彩、温暖，且最大限度地让老师得到了休息，让他们感受到学校对大家的关爱。

"幸福工作、快乐生活"的教师文化，就是这样用一个个关注细节的温暖关怀，涂抹出北二分人大气、博爱、智慧、致行的精神底色。

▶ 方法萃取 ✎

1. 走进真实世界

做校长要想接地气，就要每天在校园里走一走、转一转，看看学生和老师的真实状态怎么样，从而在真实的校园中，看见成长，发现问题。

2. 倾听真实需求

做校长不要想当然，要坚持借助"我和校长面对面"倾听平台，开启一个沟通心灵、畅所欲言的窗口，和每个教职员工平等对话，从而使他们提升格局、理解办学理念。只有倾听真实需求、共商共建智慧渠道，才能为真正解决问题打开思路。

3. 激活主体智慧

北二分的舞台上，从来没有主角，更没有独角戏。我们搭建各种平台，为的是建设一个和谐的学校。然而学校是由一个个充满人性色彩、具有独特智慧、拥有无限价值的"我"组成的。真实的问题和需求、务实的管理氛围，让每个个体都关注学校发展和个人利益的平衡。若人人参与思考，老师的个人价值得到彰显和尊重，真正贴合广大北二分人的好办法就会层出不穷，这远远胜过校长的想当然。

4. 配给资源服务

一切为了孩子的身心健康，一切为了老师的幸福工作。通过"我和校长面对面"打开思路、达成共识，通过年级组会汇集群体智慧，通过行政团队的研判协调，课后延时服务进入实施阶段。这时就需要学校统筹各部门，调动资源进行配给，为行动落地提供服务保障。如，教导处统筹课程安排，后勤处做好物资保障和设备维修，德育处开展心理健康咨询，家委会做好引领和沟通。

5. 反思细节提升

品质的关键在于细节。政策的实施情况会随时间而改变。后续的交流反思和规划实施同样重要。于是，阶段性的"面对面"就起到同样重要的作用。及时修正方向偏移，及时解决细节问题，才能行稳致远。

6. 梳理形成规范

经过一学期的调研、实践、反思、调整，将相关做法及时梳理归纳成规范策略，为相关工作提供了清晰路径，形成了系统化方案。

▶ 读懂教师 ✏

北二分从一开始的100多个学生已发展到拥有四所附属分校、两所附属幼儿园，共6 000余名师生的教育集团。在这快速发展的十年，学校依靠的是这样的信念："发展教师，成就学生""一个人，可以很精彩；一群人，走得更精彩"。

作为校长，首先要是一名教师：作为教育教学路上的同行者，要守稳初心才能看见教师、走近教师，才能读懂教师；作为教育教学路上的先行者，要真诚地与教师分享自己曾经看过的风景，共享自己的思考，从而启发更多教师。

想教师之所想，解教师之所难。做管理就是将心比心，一起把事情做好，共享发展成果。要理清需求，理清困惑，达成共识和建立规则，让每位教师的价值得以彰显，让每位教师的付出得到尊重，这样才能让不一样的我们一样精彩。

（北京第二实验小学洛阳分校校长　张胜辉）

校长之问 13

学校各部门的微信通知给老师们带来了心理负担，校长该怎么办？

▶ 挑战描述 🖊

在学期中的时候，为了更好地了解老师们对学校工作的意见和建议，学校召开了一次年级中心主任会，请年级中心主任们谈谈开学以来各组的情况及发现的问题。大家反映的问题，最为集中的是，老师们感到每天学校各部门发来的微信通知太频繁了，分散了很多的精力，加重了心理负担。遇到这样的问题，作为校长，你该怎么应对呢？

▶ 案例分享 🖊

在我们学校，一个年级有 20 个班左右，相当于一所小学校的规模。科任学科分为彩虹艺术中心、阳光体育中心、小小科创中心等，每个中心都有三四十位科任教师。年级中心主任在上传下达、贯彻落实学校工作等方面发挥了重要作用。他们本身也是一线教师，因此更能站在教师角度反馈学校工作中的方方面面。

每个学期学校都会召开年级中心主任会，通过面对面聊天的方式，请各位主任说说对学校教育教学等工作的意见和建议，倾听来自基层老师的最真切的声音。在一次年级中心主任会上，一位年级中心主任说："校长，现在每天收到的微信通知太多了，我们都快应对不过来了！""是啊，是啊，每天教学、德育、教学、校办……每个部门都发，上完课一看手机，经常会收到好几条信息！""看到这些信息，老师们的头都大了，生怕漏掉一个！"真是一石激起千层浪，大家七嘴八舌说个不停。看来这是个普遍存在的问题，给老师们的日常工作带来了不小的麻烦。"上面千条线，下面一根针"，本来日常的教育教学工作就比较繁重，还要面对这些时不时发来的信息，老师们怎么能不焦虑呢？怎能安心地开展教育教学工作呢？这样发展下去，势必加重老师的心理负担，造成老师苦恼。

我感到问题很严重，立刻召集德育、教学、后勤各部门领导开会，了解情况，询问他们：最近都给老师发了哪些通知？是不是每个通知都很急、很重要，必须在同一天办理？当我了解到其实有的通知并不是很急时，我语重心长地对干部们讲："作为学校的领导，我们一定要学会换位思考。假如我们是一线老师并担任班主任，一天接到这么多通知，不仅要按龙回复，还得执行办理，能专心工作吗？能不焦虑吗？"干部们都点头认同。于是，我和各部门领导、校办主任协商，决定制定措施，改变这种状况。最后，我们拟定了这样几条措施：

（1）各部门解散自己建的工作群，以后发通知全部经由校办一个口径，也就是通知的路径是校办—年级中心主任—老师，避免多头通知。

（2）校办主任接到各部门的通知后，分轻重缓急，合并发送，不要有一条发一条，以减少对老师的打扰。

（3）各部门尽量把要完成的工作提前在周工作安排上写清楚，减少临时起意，加强做事的计划性。

（4）除非特别紧急，上午10点以前不要给老师们发通知，因为早上是老师们最忙碌的时候，老师们要晨检、报送信息、收作业、上课……此时发通知会让老师们疲于应对。

（5）将每周四定为附小"无微信日"，学校不发任何工作通知，让老师们安心工作，并在周工作安排上注明，以提醒领导和老师们。

在又一次校办工作例会上，我向各位年级中心主任宣布了学校的决定，各位主任特别欢迎；在全体会上我又重申了学校关于微信通知的管理措施，同时也提醒老师们，如果是上级来的紧急通知，必须马上传达，偶尔会破例，当然，这一定是极为特殊的情况，希望老师们能理解。老师们表示理解。

在最初执行微信管理措施时，有的领导的意识还不强。有一天早上不到8点，一位人事干部又给各年级中心主任发了一条通知，我严厉地批评了这位干部，告诉她就该按令而行——既然学校公布了微信管理措施，大家就应该按规定去做，干部更应该带头执行。以后再也没有出现过类似的情况。

一个良好习惯的养成需要时间和不断提醒。在期末工作反馈时，老师们对学校的微信管理措施特别赞成，纷纷反映这些举措太好了，特别是到了周四，感到十分清静，更能安心地开展教育教学工作了。老师们的肯定坚定了我们的信心和决心，就这样这些措施慢慢成了人大附小的不成文制度，成为我们的日常规范。

▶方法萃取 ✏

1. 倾听教师的声音，了解问题根源

"校长，现在每天收到的微信通知太多了，我们都快应对不过来了！""是啊，是啊，每天教学、德育、校办……每个部门都发，上完课一看手机，经常会收到好几条信息！""看到这些信息，老师们的头都大了，生怕漏掉一个！"

"各位领导，老师们反映微信通知过多，大家应接不暇。""作为学校的领导，我们一定要学会换位思考。假如我们是一线老师并担任班主任，一天接到这么多通知，不仅要接龙回复，还得执行办理，能专心工作吗？能不焦虑吗？"

2. 理解教师的感受，制定针对措施

"上面千条线，下面一根针"，本来日常的教育教学工作就比较繁重，还要面对这些时不时发来的信息，老师们怎么能不焦虑呢？怎能安心地开展教育教学工作呢？这样发展下去，势必加重老师的心理负担，造成老师苦恼。

"我们一定要以人为本，站在老师的立场做工作。从今天开始，各部门把自己建的工作群都解散，群多了不利于管理。今后学校有什么通知都通过校办一个口径。校办主任也要分轻重缓急，尽量合并发送信息，减少对老师的打扰。"

3. 解决教师的问题，监督执行反馈

将每周四定为人大附小的"无微信日"，这一天学校所有部门都不要给老师发工作通知，让老师们的心能够静一静。我们还将"无微信日"写进了每周的周安排，周周提示。

"咱们在班子会上已经制定了微信管理措施，也向老师们公布了，集体的决议必须要执行，干部更应该做表率！你今天一早就给老师们发通知，容易打乱老师们的工作节奏，也让学校失信于老师们。你的通知一发，老师们一定在想，学校不是说早上不发通知吗？怎么说话不算呢？"

▶读懂教师 🖊

现代社会是一个信息社会，微信不仅成为人们之间的沟通工具，也被当成一个工作渠道。一方面，它让学校的通知、指令快速传达给老师，提高了执行力；另一方面，由于学校方方面面的繁杂工作，微信通知也给老师们的工作和生活造成困扰。

面对这种情况，校长一定要认真对待。

第一步：要走进教师内心，倾听教师心声。只有这样才能发现学校办学中的真问题，才能以问题为导向，凝心聚力推动学校的高质量发展。年级中心主任反映的发布微信通知问题，其实代表了基层教师的普遍意见，校长应高度重视，必须反思学校管理中存在的问题、了解问题的根源。对于以下问题，作为校长，我都要摸清：各部门发出的微信通知是不是都是必要的？各部门领导为了自己工作方便，建了很多工作群，是不是必须如此？这些通知能不能合并？这么多工作群能不能精简？最重要的一点，就是要站在教师的角度看问题：如果我是一线教师，每天被各种各样的通知轰炸，会不会感到焦虑？

第二步：体谅教师的辛苦，制定针对措施。要站在教师的角度思考问题。教师的主要任务是教育教学——上课、批改作业、解决班级问题等，这些工作已经占用了他们很多精力。在此基础上教师还要接收并处理不断发来的通知，工作负担势必加重，长此以往会造成心理上的紧张、焦虑。这既不利于教师身心健康，也会降低教师对学校的满意度和职业幸福感。针对微信通知的问题，学校制定了五条措施，每一条都是从老师的角度出发：所有通知经由校办一个渠道发送——避免老师们被多头轰炸，应接不暇；合并发送通知——将通知对老师的打扰降到最低；设立"无微信日"——让老师们安心工作，不必担心错过重要通知……可以说每条措施都定到了老师们的心坎上，所以受到老师们的欢迎。

第三步：监督执行反馈。制定措施固然重要，但是监督执行更加重要。如果对执行情况不加以监督，这些措施很快就会作废，就像那位人事干部忘了学校的规定，又在一大早单独发通知。这种情况如果不加以制止和纠正，那么其他部门就会跟上，又变成各自为政。更坏的影响是老师们会觉得学校的决定就是说说，领导都不带头执行，以后学校再说什么老师们也就都不当回事儿了。

在办学中努力为教师排忧解难，有效帮助教师解决问题是关键，这就需要校长进行人性化、创新性的管理，尽可能地降低对教师的干扰。每一次创新和改变，都能令教师感受到学校对他们的尊重与重视。这一切源于校长对教师的理解和关爱。

（北京市特级校长、中国人民大学附属小学原校长　郑瑞芳）

当老师们遇到接送孩子困难的问题时，校长该怎么办？

▶挑战描述 ✎

　　新学期，学校共有 13 位老师的孩子上一年级，一年级校区距离老师工作的校区近 2 公里，走路来回需要 30 分钟，老师们早上要照顾班里的学生，晚上还要管理学生放学，接送自己的孩子成了一个大难题。遇到这样的问题，作为校长，你会怎么做呢？

▶案例分享 ✎

　　"校长，和您反映一个问题……"一大早工会主席急匆匆走进我的办公室，向我汇报了工会遇到的一个难题。今年有 13 个教师子女上一年级，每天接送孩子成了老师们的"心头病"。

　　由于一年级上课晚，老师们通常早上要先把孩子带到工作校区，然后临时托一年级校区的老师带过去，放学再找老师帮忙带回来。可是，如果遇到一年级老师外出教研或临时开会等，问题就变得很棘手。一边是学生，一边是孩子，可把这 13 位老师愁坏了……

　　听了工会主席的汇报，我打心眼儿里心疼我的老师们，他们对工作是那么敬业负责，没有因为接送孩子影响过一次工作，也从来没和学校提过任何要求，我暗暗自责应该提前帮老师们想到这些问题。

　　工会主席提议安排专人帮忙接送。可考虑到一是冬天就要到了，天冷路滑，二是这群"小豆包"年龄小，背着大书包走一路太辛苦，我立即决定给孩子们安排一辆专车每天早晚接送。为了确保孩子们的安全，我特别安排负责教学辅助中心的副校长、负责安保的主任、工会主席轮流当司机，还固定安排了两位一年级校区老师往返"护送"。

听说校长为孩子们安排了专车接送，老师们感动极了！他们纷纷给我发来信息，感谢学校设身处地地为他们着想，解决了他们的后顾之忧，更令他们受宠若惊的是，学校领导们工作那么忙，还轮流给孩子们当司机，而且还安排了专门护送的老师……

第二天早上，我早早来到校门口，送"小豆包"们上车，还给每人送了一份附小独有的奖励——一枚"校长币"，奖励他们让爸爸妈妈安心工作，鼓励他们每天进步一点点。孩子们瞬间跳起来，开心极了！伴着一路欢声笑语，专车将孩子们安全送达。

就这样，这辆承载着满满爱意的专车从夏天穿过秋天，从秋天穿过冬天。新年伊始，我去校区看望一年级"小豆包"们，还特意看望了这 13 个"小豆包"：祝福他们新年新气象，新年取得新的进步！

有了这辆爱心专车，老师们安心了，更加踏实地工作，也更加热爱学校了。看见孩子们健康成长，看见老师们如此心安，作为校长，我无比欣慰！

▶方法萃取 ✏

1. 即刻解决

考虑到一是冬天就要到了，天冷路滑，二是这群"小豆包"年龄小，背着大书包走一路太辛苦，我立即决定给孩子们安排一辆专车每天早晚接送。

2. 服务到位

为了确保孩子们的安全，我特别安排负责教学辅助中心的副校长、负责安保的主任、工会主席轮流当司机，还固定安排了两位一年级校区老师往返"护送"。

3. 重点关注

第二天早上，我早早来到校门口，送"小豆包"们上车，还给每人送了一份附小独有的奖励——一枚"校长币"，奖励他们好好学习，每天进步一点点。孩子们开心极了！

新年伊始，我去校区看望一年级"小豆包"们，还特意看望了这 13 个"小豆包"：祝福他们新年新气象，新年取得新的进步！

▶读懂教师 🖊

其实，在工作和生活中，老师们都有这样或那样的难题。很多老师不愿意表露出来，更不愿意给学校添麻烦。作为校长，当得知老师们需要帮助的时候，应第一时间伸出援手，想尽一切办法帮助老师们解决后顾之忧。老师们只有没有了生活上的后顾之忧，才能安心工作。所以，首先要立即寻求解决方案，表明学校的态度和立场；其次要想尽办法服务到位。解决问题只是第一步，我们要让老师们感受到温暖和关怀，感受到学校在诚心诚意帮老师们解决困难，所以我不但安排了专车，还安排了相关领导轮流做司机，安排固定老师专门负责护送，体现了学校的重视和关爱，让老师们倍感温暖，既感受到学校对老师们的关爱，也感受到学校对孩子们成长的关爱。学校帮助老师们解决了后顾之忧，但学校并没有就此止步。在重要的时间节点，我都会关注孩子们的成长，延伸服务的宽度和深度，让老师们感到温暖递增、幸福加倍，并把这种温暖和幸福转化成工作动力，造福更多的学生和家长。这是一种爱的传递，一种幸福的传递！

（北京市特级校长、中国人民大学附属小学原校长　郑瑞芳）

校长之问 15

调走了的老师又要调回来，干部们不理解，校长该怎么办？

▶挑战描述 ✎

学期末，行政班子成员正在研究下学期教师岗位分工问题，人事主任通报，原来调走的两位老师又要调回来，问我们同意还是不同意。听到这一消息，干部们"炸锅了"，马上展开了激烈的讨论。大部分干部不理解他们为什么还要回来，纷纷表示不同意。遇到这样的问题，作为校长，你该怎么办呢？

▶案例分享 ✎

"我认为都已经调走了，现在想调回来，还占学校的编制，不太好。更何况他本人也尴尬呀！不同意！"一位干部带着满是不解的语气说出了自己的意见。另一位干部反驳道："咱们现在还是缺老师。回来一个有经验的总比新招的大学生强吧？既然他们愿意回来，我本人同意调回来。"2017 年春季学期期末，行政班子成员在讨论下学期的教师岗位分工问题，干部们针对两名调走老师想要调回进行了激烈的讨论，绝大多数干部不同意调回。

看到干部们如此激烈讨论的场景，我心中充满了感动，感动干部们畅所欲言，各抒己见，考虑问题也是多角度的。我心想：不能打击干部们的讨论热情，要遵循校长最后表态的原则，要鼓励干部们都发表意见。

那我该如何做干部们的思想工作呢？首先与干部们一起回忆这两位老师当初为什么调走。一位老师是我们刚刚合并的一所薄弱学校的主任，她儿子正赶上上高三，爱人常年在外地工作顾不上家。她来到我们人大附小后，工作量增加、工作节奏加快，常常要加班。她为了有充裕的时间照顾儿子高考，虽然很喜欢附小，工作也很投入，但还是提出了调动，选择调到一所规模小的学校。现在儿子考上了理想的大学，爱人也调回北京，没有家庭负担了，她更能全身心地投入工作。更重要的是走出去做了比较后，她更认同附小的七彩教育理念，喜欢附小师生"创造一个又一个奇迹"，喜欢附小老师辛苦并幸福的工作氛围，迫切想回到附小这个大家庭。另一位老师在附小工作了18年，是学校的骨干教师、教研组长，前一段时间她感觉自己进入了瓶颈期，找不到突破口，这时正好朋友介绍了一个到国外教汉语的机会，她就想换个环境突破自我，利用到国外工作的机会提升自己。两年后回到国内她依然想重回附小，把自己的所学运用到实际工作中。

回忆了两位老师调出及调回的原因后，我说："我想和大家说说我的想法。的确，这么多年包括我们附小在内的很多学校都存在老师调离现象，但没有发生老师调回的事情。俗话说'好马不吃回头草'，作为四十多岁的成年人，她们是不会轻易调换单位的，因为一切要从头开始，这对他们来说是一次人生挑战。她们提出调回一定是经过了激烈的思想斗争：首先是要过别人怎么看的面子关，其次是要重新适应、迎接新挑战。我对第一位老师的想法是，她是因为对学校理念的认同想再次回归，我觉得这样的老师很可贵，回来后会更好地贯彻学校的育人理念，对学校也会更加珍惜。第二位老师在国外走了一遭，接触了国外的教育理念。我在1995—1997年公派日本留学一年半，这对我后来的成长及办学有很大的影响和帮助。我做校长以后也千方百计送四位老师到国外留学，他们回来后都成了学校领导或教学骨干。我希望能创造条件让更多的老师在国外长期或短期学习。这位老师这段经历相当于自费到国外提升，没花学校一分钱，对未来工作只有好处，何乐而不为呢！"

听了我的一席话，干部们觉得我说得有道理。附小七彩教育理念里就有"包容"二字，我们要用博大的胸怀迎接她们的回归。于是大家达成共识，一致同意调回。

两位老师调回后，第一位老师依然担任主任工作，学校的信任让她无比感动，工作做得更出色；第二位老师在全校老师会上传递了国外的教育理念，让老师们受益匪浅，因离开时把档案放到了人才服务中心，考虑到老师走前在附小工作了18年，我与人大人事处沟通，为老师争取了正式编制，将档案调回。学校对她们的一系列做法，感动了她们本人，感动了她们家人，更感动了全体老师。之后陆续又有两位老师调回附小。

▶方法萃取 ✏

1. 充分听取意见

2017 年春季学期期末，行政班子成员在讨论下学期的教师岗位分工问题，干部们针对两名调走老师想要调回进行了激烈的讨论，绝大多数干部不同意调回。

2. 共同回顾共情

看到干部们如此激烈讨论的场景，我心中充满了感动，感动干部们畅所欲言，各抒己见，考虑问题也是多角度的。我心想：不能打击干部们的讨论热情，要遵循校长最后表态的原则，要鼓励干部们都发表意见。那我该如何做干部们的思想工作呢？首先与干部们一起回忆这两位老师当初为什么调走。

3. 胸怀成就策略

附小七彩教育理念里就有"包容"二字，我们要用博大的胸怀迎接她们的回归，于是大家达成共识，一致同意调回。两位老师调回后，第一位老师依然担任主任工作，学校的信任让她无比感动，工作做得更出色；第二位老师在全校老师会上传递了国外的教育理念，让老师们受益匪浅，我也为这位老师争取了正式编制。学校对她们的一系列做法感动了全体老师，之后陆续又有两位老师调回附小。

▶读懂教师 ✏

当有老师提出要调离学校时，做校长的总是想千方百计留住老师，这是办学治校必须要做的。但是老师本身也是一个有思想的独立个体，但凡提出调走的老师，肯定是有这样或那样的理由。学校要做的首先是真诚挽留，在挽留的过程中了解情况，根据具体情况来做好老师工作。

人大附小对于老师调动的理念是来去自由，因为我们有一个共识，那就是人大附小培养的老师无论到哪所学校工作，都是在教中国的孩子，都是为了中国的基础教育。调走后又想调回的老师，最根本的一点是受学校文化的影响非常深，所以我们要敞开胸怀包容这样的老师，因为包容是胸怀，也是策略。附小搬迁至世纪城校址近二十年来，生源剧增带来老师编制的匮乏，导致老师的组成多元化，有大学编制、区属编制、京籍待进编，还有非京籍老师，没有编制的老师近百位。但学校通过推出教师素养提升、价值实现及人文关怀等举措，创造了和谐、平等、幸福的工作环境，使得绝大多数老师能稳定工作。附小从 2007 年起推出的一年级闯关考核、毕业课程、寒暑假小课题研究、大小课时、可爱作业、多学科教学、幼小衔接、开学第一课、课堂四声等十多项教育教学新举措，得到了市区领导及专家的高度肯定，我代表附小先后在市、区大会上做典型发言 51 次。由于附小的办学声誉及丰硕的教育教学成果，附小吸引了近百位骨干人才加盟。所以，校长们不必纠结为什么学校留不住老师，而是要思考如何运用我们的智慧吸引老师。

（北京市特级校长、中国人民大学附属小学原校长　郑瑞芳）

校长之问 16

老师们对参访来宾提出的问题意见不一，校长该如何应对？

▶ 挑战描述 🖉

　　教育同行到校考察，内容包括听课及参与课后研讨，观摩课间操，参观校园，听取学校办学特色介绍，与学校干部交流。交流中一位校长问："学校是不是没有如厕以后要洗手的要求？"遇到这样的问题，作为校长，你该怎么应对呢？

▶ 案例分享 🖉

　　2008 年 3 月 18 日，香港小学校长第九期高研班来我校进行教育考察，分组听了语文、数学、英语、美德（校本课程）课，并与做课的四位老师进行了研讨，还观摩了课间操，参观了校园，听取了学校办学特色介绍，最后和学校干部进行交流。交流中校长们对学校的师生关系、课堂教学、教研氛围、学生的热情活泼等方面给予了充分肯定，同时也提出一些问题共同研讨。其中，一位校长的提问让我有所触动。该校长问："张校长，课间我在洗手间发现一些学生如厕后不洗手，请问贵校是不是没有如厕后洗手的要求？"

　　我瞬间迟疑了一下，心想："问题确实存在，这位校长好直接啊！"但马上就很赞赏地回应道："要求是有的。您观察得很细致，目前还没有实现所有的学生都能按要求养成健康生活的好习惯。谢谢您的提示。"随后学校的干部和校长们探讨了养成习惯的一些方法与策略。临行前，那位校长主动和我握手道别，表示在一师附小半天的考察与研讨很有收获。

送走了来宾，思考着小学教育的基础性作用，我越发觉得看似很小的问题其中却蕴含着大价值，应该让老师们了解他人视角中学生发展中存在的问题，并以此为契机，进一步夯实养成教育。

那天放学以后，正好是教师会议时间。于是，我向老师们及时反馈了来宾肯定的方面和提出的问题，同时请大家针对问题即兴说说感受。有的老师觉得心里不舒服，认为学校要求了，学生做不到没办法；有的老师觉得工作已经很辛苦了，管不过来……听着大家不同的想法，想着老师们平日的努力付出，我没有责备大家，而是顺势引导："我非常理解大家的心情。今天来宾所谈的问题，其实是司空见惯的问题，但是我们并没有给予足够重视并采取有效措施进行干预，这首先是校长的认识问题。"说到这里，我环视了一下老师们，大家都聚精会神地看着我、倾听着。

为进一步统一思想，我继续发表感想："学生的表现好比一面镜子，能够照出学校的教育水平。一所学校的形象从某种角度来讲就是由细节构成的，如果没有持之以恒'举轻若重'地做好每一个细节的务实精神，就达不到'举重若轻'的境界。要想把学校办成老百姓满意的学校，培养出高素质的学生，应该在学生发展的点滴之处见精神、见水平。

"我们知道习惯养成的过程是知、情、意、行转变的过程，是循序渐进的过程，也是艰难的创新过程。虽然有挑战、很辛苦，但是只要我们用心用情、知难而上，循循善诱地坚持做下去，一定能收获学生的进步与成长！

"记得 18 世纪某著名心理学家描绘了习惯形成及其提升人生价值的大致过程。他说，播下你的良好行为，你就能收获良好的习惯；播下你的良好习惯，你就能拥有良好的性格；播下你的良好性格，你就能拥有良好的命运。可见，良好的行为与习惯是多么的重要！"

说到这里，老师们热烈地鼓起掌来。

接下来，我向老师们提出了解决问题的工作思路："从这个学期开始，我们要树立'用细节提升品质'的认识，把问题当课题，利用一个学期重点解决学生发展中的一个主要问题，明确行为标准、加强养成训练、及时反馈评价，促进学生实实在在养成好习惯。我想，学生从小养成良好的生活与学习习惯，不仅一人受益，还会影响到他们的家庭，甚至会影响到现代社会文明的持续发展。我们应该担起这份责任！"

听了我的话，老师们心悦诚服，积极跟进，持续着力推进学生良好的文明习惯、健康的生活习惯、自主的学习习惯的养成教育，学生再也没有出现过如厕后不洗手的现象。

▶方法萃取 🖊

1. 虚心接受，客观呈现

"要求是有的。您观察得很细致，目前还没有实现所有的学生都能按要求养成健康生活的好习惯。谢谢您的提示。"

于是我向老师们及时反馈了来宾肯定的方面和提出的问题。

2. 思考分析，引发共鸣

"今天来宾所谈的问题，其实是司空见惯的问题，但是我们并没有给予足够重视并采取有效措施进行干预，这首先是校长的认识问题。"

"学生的表现好比一面镜子，能够照出学校的教育水平。"

"要想把学校办成老百姓满意的学校，培养出高素质的学生，应该在学生发展的点滴之处见精神、见水平。"

3. 提出思路，问题变课题

"我们要树立'用细节提升品质'的认识，把问题当课题，利用一个学期重点解决学生发展中的一个主要问题，明确行为标准、加强养成训练、及时反馈评价，促进学生实实在在养成好习惯。"

▶读懂教师 🖊

面对教育同行真诚且直率地指出问题，校长虽然没料到，但心里是认可的，因而在瞬间迟疑之后马上虚心接受并很赞赏地予以回应，同时及时将问题原原本本地反馈给老师们，大家一起去面对。对于这一举措，老师们会觉得被尊重，因为校长并没有批评老师没有把学生组织管理好，而是以实事求是的态度呈现问题，引导大家共同面对，营造了平等对话、研讨问题的氛围。

通过让老师们即兴说感受，引发大家对教育本真问题的思考；通过校长的自我反思与自觉担责，激发大家的自我反思意识与自觉担当；通过把学生表现与学校教育水平建立起联系，使大家认识到要想把学校办成老百姓满意的学校，培养高素质的学生，应该在学生发展的点滴之处见精神、见水平，进而使老师们产生教育的使命感。

　　学生在成长中出现各种问题是正常的，很多问题的解决也不是一蹴而就的。面对不同意见，校长没有责备，而是站在理解老师的角度提出了解决问题的思路，即把问题当课题，利用一个学期重点解决学生发展中的一个主要问题，明确行为标准、加强养成训练、及时反馈评价，促进学生实实在在养成好习惯。

（北京市特级校长、北京第一师范学校附属小学原校长　张忠萍）

校长之问 17

老师兼任学校的新闻通讯员及编辑不热情，校长该怎么办？

▶挑战描述 🖋

建校伊始，学校官网和官微的新闻稿件由一名兼任通讯员的语文老师撰写，一名美术老师兼任编辑。随着学校的发展和校园活动的增多，学校新闻宣传组两位老师逐渐忙不过来，开始反复套用模板，套用网上说辞，在工作中也循规蹈矩，缺乏创新意识，学校整体宣传工作效率也大打折扣。作为校长，你该怎么应对呢？

▶案例分享 🖋

初二年级赴安徽研学已经结束两个多星期了，但是有关研学的新闻稿件依然不见踪影。追问学校新闻通讯员，她说她多次催促初二年级组提交照片和研学材料，但是初二年级组迟迟提交不上来。而她又没有随队前往研学目的地，因此自己也写不出来任何内容。

的确，学校建校伊始，只是安排了两位老师负责全校宣传工作：一位负责写稿件，一位负责编辑。这两位老师同时还是任课老师，自身的教学任务也很重。写稿子和编辑稿子都是费时费力的事情，她们往往要花费很多课余时间和精力去了解活动情况，再去撰写详细内容。负责写稿的老师跟我抱怨说："花了那么多时间写稿子，有时候遇到活动密集的时段几乎天天都在写。但是，对于这些年级组的老师并不了解，而且它们对我的教育教学等业务似乎也帮不了什么忙。"编辑老师也找到我说："学校发展得快，学生人数、班级数量都是建校之初的十倍多，学校活动也骤然增加，而通讯员和编辑仍是两个人，实在忙不过来了。"听完她们的抱怨，我也意识到是时候进行调整了。

我召开了由各部门负责人及年级主任参加的学校宣传工作会议，组织大家就学校宣传工作的重要性进行了讨论。之后，我提出：首先，宣传工作要由学校统筹规划宣传内容。尤其是学校的公众号、官网，同类型、同质化的活动不要一个年级发布一篇新闻稿。比如原先关于家长会及年级学生表彰会，都是开完一个年级宣传一个年级。改革后，需要将活动做成同系列的内容，学校统一出一篇推文。这样既充实了文章的内容，提高了质量，也减轻了通讯员老师及编辑老师的负担。其次，除校级大型活动由学校通讯员负责撰稿外，各部门均要指定一名本部门通讯员，由他们负责撰写本部门活动稿。同时，要求各部门明晰责任分工，撰文、摄影都由自己部门、年级负责。各部门指定了专职的新闻通讯员、摄影老师之后，我们又再次召开了学校宣传工作会议。学校请了媒体记者向这些年轻老师传授撰写新闻稿件的秘籍，手把手传授经验。例如，逢重大节日或活动密集时，可以将新闻稿的文字内容提前编辑好，活动结束后再挑选照片，并且多多关注活动的亮点和创新之处，多挖掘与学生有关的、与学校有关的内容；在拍照环节，建议各部门负责摄影的老师从多角度拍摄，全景、中景和特写都要涵盖，这样能大大提高筛选的工作效率。同时，学校将定时开展表彰各部门宣传工作人员的活动，还会加大奖励力度，在开展年度总结表彰大会时，要对各部门参与宣传工作的老师进行表彰通报，由工会为老师们准备精美的纪念品，肯定这些兼职做宣传工作的老师的辛苦付出。

一系列调整之后，学校改变了之前由学校统一撰写校园新闻稿的模式，取而代之的是谁组织活动，谁撰写稿件、负责拍照。我们惊喜地发现，由于所有撰稿人都是亲身经历者、参与者，很多稿子都是随着活动的开展，就已经写得差不多了，只等活动一结束，照片准备齐全，文章就可以直接编辑了。学校宣传工作的整体流程终于顺畅起来。

▶ 方法萃取 🖊

1. 了解群体心理需求

负责写稿的老师跟我抱怨说："花了那么多时间写稿子，有时候遇到活动密集的时段几乎天天都在写。但是，对于这些年级组的老师并不了解，而且它们对我的教育教学等业务似乎也帮不了什么忙。"编辑老师也找到我说："学校发展得快，学生人数、班级数量都是建校初的十倍多，学校活动也骤然增加，而通讯员和编辑仍是两个人，实在忙不过来了。"

2. 及时进行补救调整

听完她们的抱怨，我也意识到是时候进行调整了，并着手进行补救。

3. 各司其职，明确责任

对同类型报道进行精简。除校级大型活动由学校通讯员负责撰稿外，各部门均要指定一名本部门通讯员，由他们负责撰写本部门活动稿。同时，要求各部门明晰责任分工，撰文、摄影都由自己部门、年级负责。

▶读懂教师 🖊

第一步，了解群体心理需求。校长平时要多走到老师中间去，要注意倾听老师的心声，主动了解老师工作中面临的困难。

第二步，及时进行补救调整。发现工作中出现了问题并不可怕，可怕的是不进行及时调整补救。学校在快速发展，宣传工作极其重要，需要发动各部门力量对学校发展进行宣传报道。

第三步，各司其职，明确责任。对参与工作的老师进行分工，请老师们把自己负责的那部分工作做好，其实就已经很好地推动了学校工作。在此基础上，再进行合理的表彰与奖励，会极大激发老师们的工作积极性。

（中国人民大学附属中学丰台学校副校长　景晶）

学校食堂完全收回自主经营，老师质疑由谁来监管，校长有何举措？

▶挑战描述 ✎

一直以来，学校食堂都是对外承包经营，由学校对食堂各项常规工作、饭菜质量进行监管。直到那一年，按照上级文件要求，学校食堂一律不允许外包，必须由学校自主经营，全心全意为学生服务，并要确保饭菜质量，确保食品安全和卫生，不允许有营利行为。对此，老师们发出了这样的疑问：谁来监督学校食堂的质量呢？面对这样的问题，作为校长，你应该怎么应对？

▶案例分享 ✎

"学校食堂对外承包，食品安全和质量由学校监管。现在食堂收回，学校自主经营，食品安全和质量又由谁来监管？"在2018年秋季学期开学前的行政会上，分管后勤的副校长反映了老师们提出的这个问题。

按照当时上级主管局的安排，从2018年秋季学期开始，所有义务教育阶段学校的食堂全部收回由学校自主经营，食堂所有食材全县统一招标，分别由中标的三家公司提供。食堂工作人员由学校自主临聘，或者聘请劳务输出公司由其根据学校需求提供劳务。然而，在这一切条件都具备后，食堂经营的监管问题成了学校最大的问题。

食堂对外承包时，经营者是承包商，学校必然有监管责任。现在食堂由学校自主经营，那么经营质量又由谁来监管呢？面对老师们提出的问题，行政会上大家七嘴八舌。有说学校自己监管的，有说市场监管局不定时来监管的，有说由教体局来监管的。大家各抒己见，纷纷发表看法。这时，我突然问了一句："请问食堂经营主要是为谁服务？主要是谁出钱？"大家都瞪大眼睛看着我，不用多说，大家都清楚当然主要是家长出钱，重点为学生服务。

看着大家瞪大的眼睛，我笑着跟大家说："那既然是为学生服务，由家长出钱，为啥不考虑由家长和学生监管呢？"大家满脸不解，对我抛出的想法有无数的不解。总务主任首先发言："这样肯定不行！食堂本来就是学校矛盾最集中的地方，每年投诉最多的就是食堂，家长和学生满意度最低的也是食堂，现在还让家长和学生来监管，我们不是引狼入室吗？今后可能天天都是矛盾哦！"有部分人员纷纷附和，还有部分人员在低头思考。

看讨论得差不多时，我微笑地跟大家说："食堂为什么有这么多投诉？为什么满意度低？为什么矛盾突出？那就说明我们的经营有问题。既然我们都知道有问题，现在收回自主经营，我们为啥不改呢？既然家长不满意、学生不满意，我们就请家长、学生参与一起管理，不要遮遮掩掩，让家长和我们一起查找问题，然后解决问题，这样不就良性发展了吗？我们成立膳食委员会，每个班推选愿意为大家服务的家长，然后每天轮流安排两位家长参与学校食堂经营的监督管理，从食堂工作人员资质、食堂卫生、食材入库、操作流程到饭菜试吃、售卖都由家长监督。家长亲自参与监督管理，保证学校经营的规范、食品安全与卫生。饭菜质量得到充分保证，必然就能换来家长的放心。每天参与监管的膳食委员会成员放心了，我们慢慢就会赢得家长的信任。同时，每个月组织一次关于食堂质量的问卷调查，充分听取学生的意见和建议。如果满意度低于80%，我们马上和家长一起查找原因进行整改。只要学校用心，食堂经营就一定能得到家长和学生的信任与支持。同时，因为每天膳食委员会成员按照值班表轮流监督，特别是所有食材必须由家长和学校食堂管理人员共同签字才能入库，这样就能最大限度保障食材的质量和数量，还能杜绝食堂滋生腐败问题。只要我们确保食堂所有入库食材的品质，学生就一定能吃上安全、可口的饭菜。这样才能真正让学校的食堂'明厨亮灶'。"

听完我的讲解，大家纷纷点头，就连前面一直反对的几位老同志都不再反对了。然后大家开始讨论具体的操作方法并执行。

开学以后，每天食堂里都会出现家长的身影，他们和我们食堂工作人员一起为孩子们能吃好饭"保驾护航"。

▶方法萃取 🖉

1.抛出问题讨论

"学校食堂对外承包,食品安全和质量由学校监管。现在食堂收回,学校自主经营,食品安全和质量又由谁来监管?""请问食堂经营主要是为谁服务?主要是谁出钱?""那既然是为学生服务,由家长出钱,为啥不考虑由家长和学生监管呢?"

2.直击诟病反思

"食堂为什么有这么多投诉?为什么满意度低?为什么矛盾突出?那就说明我们的经营有问题。既然我们都知道有问题,现在收回自主经营,我们为啥不改呢?既然家长不满意、学生不满意,我们就请家长、学生参与一起管理,不要遮遮掩掩,让家长和我们一起查找问题,然后解决问题,这样不就良性发展了吗?"

3.提供方法妙招

"我们成立膳食委员会,每个班推选愿意为大家服务的家长,然后每天轮流安排两位家长参与学校食堂经营的监督管理,从食堂工作人员资质、食堂卫生、食材入库、操作流程到饭菜试吃、售卖都由家长监督。家长亲自参与监督管理,保证学校经营的规范、食品安全与卫生。饭菜质量得到充分保证,必然就能换来家长的放心。每天参与监管的膳食委员会成员放心了,我们慢慢就会赢得家长的信任。同时,每个月组织一次关于食堂质量的问卷调查,充分听取学生的意见和建议。如果满意度低于80%,我们马上和家长一起查找原因进行整改。只要学校用心,食堂经营就一定能得到家长和学生的信任与支持。同时,因为每天膳食委员会成员按照值班表轮流监督,特别是所有食材必须由家长和学校食堂管理人员共同签字才能入库,这样就能最大限度保障食材的质量和数量,还能杜绝食堂滋生腐败问题。只要我们确保食堂所有入库食材的品质,学生就一定能吃上安全、可口的饭菜。这样才能真正让学校的食堂'明厨亮灶'。"

▶读懂教师 🖉

老师们提出问题,实际是在为学校着想,自己管理自己如果没有好的机制就会出问题。作为校长,我从内心感谢老师们的质疑,他们为学校及时敲响了警钟，也让我们想出来这样的良策：

第一步，提问直击主题，统一合作意识。学校食堂问题长期以来一直是家长和学校之间最尖锐的矛盾所在。学校提防着家长，家长完全不放心学校。透过现象，我们要看到背后的原因和家长的需求。其实家长的需求并不复杂，就是希望学校提供的饭菜保证质量、保证分量，收费合理。面对问题，要大胆地让家长参与食堂工作，因为眼见为实，他们亲自参与了食堂管理，就能逐渐消除心中的怀疑，从而构建起对学校的信任。

第二步，思路破除诟病，措施力促信任。从学校自身管理的角度，寻找食堂管理问题的根源，主动邀请家长代表参与学生食堂监管，在尊重家长的知情权的同时，也是对学校规范经营的最有力督促，还能杜绝食堂腐败问题的滋生。学校食堂每天都有家长全程监督，无论是卫生、安全，食材的品质、分量，还是工作人员的操作、食物的售卖，都能得到保证。家长放心了，学生开心了，学校安全了，这才是食堂经营的最佳成果。

因为尊重并信任家长，学校用大胆邀请他们参与管理的方式代替遮掩和回避，更容易让家长们接受，最终家长心甘情愿地参与家校合作，为学生吃好饭"保驾护航"。

校长要站在老师、家长和学生的角度思考问题，尊重、理解、包容、信任他们，才能做好学校的各项工作。

在一次全体教师会上，我充分肯定了老师们的主人翁精神，对提出疑问的老师给予表扬。在以后的学校工作中，老师们经常提出一些合理的建议，关心学校工作的老师越来越多，这让我无比欣慰！

（四川省攀枝花市盐边县第一初级中学校长　曹庆慧）

校长之问 19

要实现社会资源与学校教育的完美融合，校长该怎么做？

▶ 挑战描述 🖊

在当今时代，教育的多元化发展已成为趋势，对中国传统文化的传承更是备受重视。京剧作为国粹之一，其独特的艺术魅力和深厚的文化底蕴对于培养学生的审美情趣和文化素养具有重要意义。然而，学校在推进京剧进课堂的过程中面临着诸多挑战，如缺乏专业师资、课程难以特色化、资源利用不足等。这些挑战使得京剧在校园内的传承之路显得尤为曲折。作为校长，你该怎么做呢？

▶ 案例分享 🖊

为了突破这些挑战，我校决定尝试一种全新的合作模式——将社会资源转化为学校教育资源。我们与区文化部门取得联系，了解到其正致力于非遗传承项目的推广，并拥有相关的专项经费。于是，一个创新的想法应运而生：邀请京剧非遗传承人到校开设京剧课堂，与校内董老师携手合作，共同推进京剧艺术的校园传承。

非遗传承人的到来为学校注入了新的活力。他们不仅带来了精湛的京剧技艺，也用敬业的精神感染了师生。在他们的指导下，学生们从最初的懵懂好奇，到逐渐领略京剧的韵味，再到能够有模有样地表演京剧选段，学生们每一步的成长都凝聚着非遗传承人的心血。而董老师则在这一过程中扮演着组织者和协调者的角色。她不仅负责课程的安排和协调，还积极与家长沟通，争取更多的支持和理解。

经过一年的共同努力，学校京剧团取得了令人瞩目的成绩。他们多次参加各级比赛并获奖，其中不乏少儿戏曲的最高奖项"小梅花奖"。此外，他们还多次登上梅兰芳大剧院、国家大剧院等舞台进行展示，赢得了广泛的认可和赞誉。这些成绩不仅提升了学生的自信心和舞台表现力，也让学校的特色得到了有力彰显。如今，"小小传承人，传承大文化"已成为学校的响亮口号，"班班有剧，人人有戏"的校园文化氛围也日益浓厚。

▶ 方法萃取

1. 跨界合作，实现资源共享

学校积极寻求与社会资源的合作机会，通过与区文化部门等的合作，引入专业师资和优质资源，实现了资源共享和优势互补。

2. 发挥非遗传承人的专业优势

非遗传承人具有丰富的实践经验和深厚的文化底蕴，他们的参与能够为学校提供更加专业、系统的京剧教学。

3. 构建一体化的课程体系

学校根据不同年级学生的特点和需求，构建普及与提高相结合的京剧课程体系，确保每个学生都能在京剧艺术的熏陶下成长。

4. 注重实践与展示

学校通过组织各类比赛和展示活动，为学生提供实践锻炼和展示自我的平台，激发他们的学习兴趣和热情。

5. 持续培训与提升

学校定期对校内老师进行培训，提升他们的专业素养和教学能力，确保京剧进课堂的质量和效果。

▶ 读懂教师

在京剧进校园的实践中，老师们扮演着举足轻重的角色。他们不仅是知识的传授者，也是文化的传播者和学生成长的引路人。面对新的教学内容和挑战，老师们需要不断提升自己的专业素养和教学能力，以更好地承担起传承文化的重任。

董老师作为此次活动的组织者之一，她的付出和努力是显而易见的。她不仅要负责课程的安排和协调，还要与非遗传承人沟通合作事宜，确保教学活动的顺利进行。同时，她还要关注学生的学习情况，及时给予指导和帮助。在这一过程中，董老师展现出了高度的敬业精神和责任心。

除了董老师之外，还有其他许多老师也在默默奉献着。他们利用课余时间排练节目、辅导学生、与家长沟通等，为了孩子们的成长和学校的特色发展付出了巨大的努力和心血。正是有了这些老师的辛勤付出，才有了学生们在京剧艺术上的精彩表现和学校特色的彰显。

在这一实践中，我们更加深刻地读懂了老师们内心的追求和坚守——为了每一个孩子的全面发展和终身幸福而不懈努力！他们用自己的智慧和汗水书写着教育的华章，用自己的行动诠释着敬业奉献的精神。作为校长，我为有这样的老师而骄傲。同时，我们也期待更多的社会力量能够参与到教育中来，共同为培养有理想、有本领、有担当的时代新人贡献力量！

（北京十一衢州实验中学执行校长　孙清亚）

第二章

教师管理

校长之问 20

老师们在培训或开会时精神状态不佳，校长该怎么办？

▶ **挑战描述** ✎

　　新学期开学前，学校要对老师集中培训三天，学校安排了四个报告、一次集体教研、一次学校工作计划宣讲，还有一次讨论。到最后一个下午的专家报告时，多数老师都"卧倒"了。遇到这样的问题，作为校长，你该怎么应对呢？

▶ **案例分享** ✎

　　"校长，观众的镜头不能拍了，老师们都'卧倒'了。"在 2010 年暑期教师多元培训的会场，当全国著名班主任任小艾老师在台上做关于班主任的培训讲座时，我突然收到了信息中心摄像老师的信息。

　　收到信息后，我悄悄地走到了主控室，向会场望去，只见很多老师都被瞌睡虫撂倒了：有的低着头打瞌睡，有的仰着头眯缝着眼，有的虽然身子直立但已经闭上了眼睛，有的甚至趴到了前面的椅背上。看到这里，我心里暗暗着急，心想：这对专家多不尊重，人家可是第一次来人大附小啊！

　　怎么提醒老师呢？我在主控室里踱来踱去。正在我着急的时候，只听任小艾老师在讲座中提到了中医养生，建议每天晚上 11 点前上床睡觉。也许是听到了"睡觉"二字，闭目养神及睡觉的老师们都突然条件反射般惊醒，于是迅速调整好坐姿，睁大眼睛专心地听起来。

　　任老师离开学校时，我一边送她，一边向她解释这两天的学习安排，并一个劲地道歉。任老师说："没关系，我非常理解老师们，您有需要我再来！"在送走任老师回到会场的路上，我想：我该怎么给老师提要求呢？

　　望着老师们，我微笑地跟大家说："这几天老师们在培训学习中表现得特别好，每天自发讨论，备课到凌晨一两点，有的组夜里12点给我发短信，希望我到他们组来。老师们的热情让我特别感动！"话锋一转，我说："刚才在听任小艾做报告时，我看到不少老师实在坚持不了，打瞌睡了。看到这种情景，我首先反思自己，并向大家做检讨，这次我把培训的内容安排得太满了，对于刚刚投入工作状态的大家来说的确很难适应，把大家累坏了！下次我们一定做出调整。同时我给大家支几招，以后开会如果困了忍不住，你可以把头微微低下来闭一会儿眼，人家会以为你在低头记笔记，或者起身到外面去转一圈，凉风一吹，就不困了，不然强撑着，太难受了。"我的话音刚落，会场响起了热烈的掌声。

　　从此以后，人大附小的教师培训再也没出现过教师"卧倒"现象。

▶方法萃取 🖊

1. 肯定表扬先行

　　"这几天老师们在培训学习中表现得特别好，每天自发讨论，备课到凌晨一两点，有的组夜里12点给我发短信，希望我到他们组来。老师们的热情让我特别感动！"

2. 自我反思跟进

　　"刚才在听任小艾做报告时，我看到不少老师实在坚持不了，打瞌睡了。看到这种情景，我首先反思自己，并向大家做检讨，这次我把培训的内容安排得太满了，对于刚刚投入工作状态的大家来说的确很难适应，把大家累坏了！下次我们一定做出调整。"

3. 提供方法妙招

　　"我给大家支几招，以后开会如果困了忍不住，你可以把头微微低下来闭一会儿眼，人家会以为你在低头记笔记，或者起身到外面去转一圈，凉风一吹，就不困了，不然强撑着，太难受了。"

▶读懂教师 ✏

我们在看到老师行为的时候，要看到老师行为背后的原因和需求。

首先，在听讲座时出现困乏是很正常的。先对老师进行"肯定和表扬"，会缓解老师的紧张心理，使老师内心的尊重需求得到满足，使老师们感受到自己的内心被读懂了，被校长看到了。

其次，自我反思跟进。从校长以及学校自身管理的角度，找寻问题根源。老师们本以为校长会狠狠地、严肃地批评他们，但是没想到的是，校长先检讨自己，这是校长站在老师的角度思考问题、理解老师、包容老师。这种自律与宽容，感动了老师，同时也为班子成员树立了榜样。老师需要被尊重，在学校管理中应注重对老师需求的尊重，注重人的需求管理，注重引导。

最后，提供方法妙招。在开会或听讲座的过程中，产生困乏感是正常的反应，没有必要回避，需要正视它。但如果再发生，怎么办？给老师战胜困乏挑战支招，特别是幽默的、可操作的方法，用这种方式代替指责和批评，更容易让老师接受。只有感动老师，才能收获老师的积极配合。

（北京市特级校长、中国人民大学附属小学原校长　郑瑞芳）

校长之问 21

当老师反映活动任务过多时，校长该如何应对？

活动任务太多，需要老师配合的任务过多，老师疲于应对，怨声载道，作为校长，你该如何应对？

"校长，老师们已经怨声载道了，咱能不能不参加征文活动了？"教学副校长气冲冲地找到我。我赶紧安抚她："别着急，先冷静冷静，说说遇到什么问题了。"

原来，眼看就要到学期末了，由于前一阶段传染病高发，请假的学生比较多，耽误了教学进度，而老师们平时的课时都特别紧张，教学进度被耽误，本就压力很大，此时学校又接到了上级部门的通知，要开展关于"双减"工作的教师征文活动。按照学校的学期计划，这个阶段还要准备新年跨年演讲，还有骨干教师展示课和青年教师汇报课。任务叠加，老师们疲于应对，教学部门收到了不少老师的抱怨和投诉，全校负能量激增，于是有了教学副校长上面提到的烦恼。

"上级部门为什么要布置这项征文活动？"

"应该是想征集'双减'的一线成果吧。"

"如果我们不参加，看起来是减轻了老师们的负担，但也失去了一次让老师们的成果在更大范围展示、分享、交流的机会。"

"可是老师们的工作确实太多了。"

"咱们为什么要举办跨年演讲？"

"当然是想让老师们借此把自己的教育感悟和思想梳理一下。"

"那汇报课和展示课呢？"

"提高老师的专业能力，让老师们共研共享。"

"那有没有什么办法，既不给老师们增加负担，又能让他们完成一系列工作任务？"

"整合？"

"我们面对多项任务，首先需要考虑清楚做这些事的目的是什么，有没有可能通过整合将它们转化为有利有效的行动。征文比赛、跨年演讲、展示课与汇报课其实都是为了老师的专业成长。我们聚焦这一目标整合设计，既理解了上级的用意，也能够很好地达成目标，得到老师的认同。"

"明白了，我们试试看怎么整合。"

后来，展示课与汇报课的案例反思变成了一篇篇文章，一篇篇文章又变成了跨年演讲的素材和故事。再后来，很多老师的优秀案例得以在全区乃至更大范围展示和交流，大家露出了充满成就感的笑容。

▶ 方法萃取 🖊

1. 明确目的

"上级部门为什么要布置这项征文活动？""应该是想征集'双减'的一线成果吧。""如果我们不参加，看起来是减轻了老师们的负担，但也失去了一次让老师们的成果在更大范围展示、分享、交流的机会。"

2. 多任务整合

"我们面对多项任务，首先需要考虑清楚做这些事的目的是什么，有没有可能通过整合将它们转化为有利有效的行动。征文比赛、跨年演讲、展示课与汇报课其实都是为了老师的专业成长。我们聚焦这一目标整合设计，既理解了上级的用意，也能够很好地达成目标，得到老师的认同。"

3. 让成果显性化

展示课与汇报课的案例反思变成了一篇篇文章，一篇篇文章又变成了跨年演讲的素材和故事。再后来，很多老师的优秀案例得以在全区乃至更大范围展示和交流。

▶读懂教师 ✏

　　一线老师作为学校事务最重要的执行者，经常会遇到"千根线纫在一根针"上的问题。多项任务同时落在老师们身上，负担不断叠加，压得老师们喘不过气来。如果只是简单地减量，一定要分清轻重缓急，做好筛选，同时分配任务不要过于集中。实际上，根据实际扩大覆盖面也有利于减负。但是减量也要具体问题具体分析，不能一刀切，要看到事情背后的目的和价值。同时，可以减量，但绝不能减质。

　　首先，面对上级部门布置的工作，绝不能轻易说不。一定要了解上级部门的目的——举办征文活动的意义是什么。要把上级部门的目的和学校工作有机结合，使之转化为有利于学校发展的行动，从而抓住机会为老师发展搭建更大的平台，为学校发展开辟更广阔的空间。

　　其次，要做好整合。要寻找不同工作的相同点，学校的工作都是以学生为中心，以育人为中心。老师的专业发展归根到底是为了实现高质量的教育教学。从这个意义上说，当我们把所有工作聚焦于此，寻找到共同点，将所有工作加以打通和整合，反而能够将工作的意义放大。

　　最后，要让成果被看见。成果背后是付出，是汗水，但成果带来的成就感和自信心对老师来说是阶梯，是动力。成果被看见，就意味着所做事情的意义被看见，其所起到的激励作用远远大于命令式的工作布置。

（北京市第十一中学校长　　王萌）

校长之问 22

青年教师不愿当班主任，校长该怎么办？

▶ **挑战描述** 🖊

期末学校进行人事安排时，有位教师对校长说："我要备孕，不能当班主任，请学校别安排我当班主任。"遇到这样的问题，作为校长，你该怎么应对呢？

▶ **案例分享** 🖊

2018年7月初，学校开会安排下一学年工作岗位，按程序要上教代会讨论。就在分组讨论时，有位年轻教师找到我，说："校长，能别安排我当班主任吗？因为我准备要孩子，万一我怀了孕，遇事儿请假就耽误学校工作了。"我说："你担心自己会因为怀孕而请假，怕给学校工作带来麻烦，所以就提出不想当班主任，说明你把班主任工作看得很重要，但你现在并没有怀孕呀，所以我不能答应你。如果你真的怀上了，遇到具体困难时咱们再研究办法，一起克服困难。"

事后，我及时召开校长办公会，把这件事做了汇报，希望听听各位领导的意见。大家各抒己见，都认为不能答应这位教师的请求，因为学校一旦答应了，后面肯定会有其他教师提出各种各样的困难，会使学校工作陷入被动的局面。接下来，我提出了自己的几点想法：这件事表面看是一位教师的"请求"，但背后是教师群体对担任班主任有畏难情绪。针对不想当班主任这种思想动向，我们要两手抓，即一手抓思想，一手抓措施。在当前形势下，我们应该比以往更加重视班主任的选派和待遇问题。如果一个学校的教师都不愿意当班主任，党的教育方针要怎样落实？第一，我们班子要非常重视班主任工作，要把骨干教师安排在班主任岗位上。第二，要加强教师的思想教育工作，建立班主任是"专业者"的概念，树立谁能当好班主任谁才叫有本事的观念。第三，在计算班主任的工作量时，按满课时的一半计算，在学校的评先评优工作中，要向班主任倾斜。第四，要加强针对班主任的培训、研讨，切实提高班主任的工作水平，给班主任补"能"。第五，校级干部要身体力行当好我们教师队伍的"班主任"，当教师在工作中遇到棘手的问题时，我们要亲自去帮助解决；当教师在生活中遇到困难时，我们要找渠道、找资源去解决。我们要用我们对事业的爱和责任去感染、带动我们的教师。我的这几点想法引发了班子成员的热议。最后我们达成共识，在以后的学校工作中，要加强对班主任的培训，提高班主任待遇，营造当班主任光荣的舆论氛围，从而鼓励青年教师立足班主任工作。

▶ 方法萃取 ✏

1. 果断回应

我说："你担心自己会因为怀孕而请假，怕给学校工作带来麻烦，所以就提出不想当班主任，说明你把班主任工作看得很重要，但你现在并没有怀孕呀，所以我不能答应你。如果你真的怀上了，遇到具体困难时咱们再研究办法，一起克服困难。"

2. 及时反思

事后，我及时召开校长办公会，把这件事做了汇报，并希望听听各位领导的意见。大家各抒己见，都认为不能答应这位教师的请求，因为学校一旦答应了，后面肯定会有其他教师提出各种各样的困难，会使学校工作陷入被动的局面。对于这一反思，首先我们达成了共识，形成了一致的意见，其次是引发了我们对学校管理工作更加深刻的思考。

3. 措施跟进

我们应该比以往更加重视班主任的选派和待遇问题。第一，我们班子要非常重视班主任工作，要把骨干教师安排在班主任岗位上。第二，要加强教师的思想教育工作，建立班主任是"专业者"的概念，树立谁能当好班主任谁才叫有本事的观念。第三，在计算班主任的工作量时，按满课时的一半计算，在学校的评先评优工作中，要向班主任倾斜。第四，要加强针对班主任的培训、研讨，切实提高班主任的工作水平，给班主任补"能"。第五，校级干部要身体力行当好我们教师队伍的"班主任"，当教师在工作中遇到棘手的问题时，我们要亲自去帮助解决；当教师在生活中遇到困难时，我们要找渠道、找资源去解决。我们要用我们对事业的爱和责任去感染、带动我们的教师。

▶读懂教师 ✏

　　我们在看到教师行为的时候，更需要看到教师行为背后的原因和需求。

　　第一步，老师不想当班主任是很正常的现象，因为当班主任事儿多，有解决不完的问题，还会遇到不讲理的家长，太操心，不想当班主任是教师的普遍"心声"。更何况这位教师打算备孕，有个貌似可以说出口的理由。面对这种情况，我首先肯定她把班主任工作看得很重要；然后指出她现在并没有怀孕，她所说的情况是不确定的；最后承诺她如果真怀孕了，到时候再说，到时候再研究办法，学校会和她个人一起克服困难的。在这一环节中，校长要有明确的表态，不能推诿，要直截了当，断了她不当班主任的念头。但不能使用批评的方法，要抓住"闪光点"，肯定她重视班主任工作，同时给她希望，今后遇到困难时学校会跟她一起克服。

　　第二步，及时反思。首先通过反思达成了共识，形成了一致的意见，避免任何人拿这事"钻空子"。其次是引发了班子成员对学校管理工作的更加深刻的思考。我们从校长以及学校自身管理的角度，找寻问题根源。

　　第三步，反思后要有措施跟进。这件事表面看是一位教师的"请求"，但背后是教师群体对担任班主任有畏难情绪。针对不想当班主任这种思想动向，我们要两手抓，一手抓思想，一手抓措施。班主任是专业的，选派骨干教师当班主任，这就给班主任定位了，让教师觉得领导派我当班主任是对我能力的认可，是件光荣的事情。给教师"补能"也是十分重要的，有的教师就是缺乏方法，能力不足，惧怕班主任工作，精神压力大。遇到这种问题该怎么办？答案是加强培训，提高认知，提供经验和方法，让教师感到班主任岗位是锻炼人的岗位，当班主任是有价值的。同时，要提高班主任的待遇，学校的一切管理环节都要表现出对班主任的重视。

（北京市西城区阜成门外第一小学原校长　刘凯）

校长之问 23

老师在学校组织的外出活动中"溜号"，校长该怎么办？

▶挑战描述 🖊

　　工会组织教职工参加植树活动，安排了植树劳动、聚餐、爬山三项内容，个别老师劳动完就"溜号"了。遇到这样的问题，作为校长，你该怎么应对呢？

▶案例分享 🖊

　　2023 年的春天，疫情告一段落，人们欢欣鼓舞，跃跃欲试，争着抢着要与大自然有个亲密接触。4 月 15 日这天是个周六，学校党支部和工会共同组织全体教职工赴房山某地过植树节，安排植树、聚餐、爬山等活动。

　　疫情三年，学生居家学习较多，老师们自然也就不常见面，于是这次活动燃起了大家久违的热情，到处都是欢声笑语。经过一个多小时的劳动，小树们"各就各位"。到中午聚餐环节了，老师们围坐在圆桌旁窃窃私语。究竟是发生什么事了？原来有三位老师"不见"了。此时，有的老师抬眼望着窗外，有的皱起眉头，还有的抬手看手表，气氛有点紧张。老师们在想什么？肯定有人在盘算如何"溜号"，早点儿回家干自己的事。这给活动开始时到现在的兴奋劲儿蒙上了一层淡淡的迷雾。本来这是学校党支部和工会精心组织的团建活动，"亲近大自然""宣传环保教育""开展团队建设"等想法都融入其中，事先还开了组长会，会上工会主席还强调"尽量不请假""要积极参加"。今天大家是都来了，没有请假的，可是这三位老师怎么就这样自作主张"溜号"了呢？工会主席向我报告："校长，缺三位老师，她们是不是先回去了？""她们是先回去了，劳动完跟我请了假，我批准了，一会儿我单独跟你说！"我平静地说。之后，我转向老师们，说道："老师们，咱们先开餐，下午活动继续！大家干了一上午了，都饿了，多吃点儿！下午还有爬山比赛，参赛的选手要多吃，助威的也要吃好，呐喊助威得有劲儿呀！下午，咱们比比哪个组人多势众！"说完，我带头举杯，预祝我们的爬山比赛圆满成功！会场气氛又热烈起来，大家不再议论那几位"请假"的老师了。

周一早晨，"溜号"的三位老师一起到我办公室认错："校长，我们对自己要求不严格，以为活儿干完了，娱乐的事不参加没多大关系，就自作主张回家了。我们错了，您还替我们遮掩，说我们请假了，我们真是无地自容！"以后学校组织的活动就再没有老师"溜号"了。

▶方法萃取 ✎

1.巧设台阶

我对工会主席说："她们是先回去了，劳动完跟我请了假，我批准了，一会儿我单独跟你说！"

2.鼓舞士气

"老师们，咱们先开餐，下午活动继续！大家干了一上午了，都饿了，多吃点儿！下午还有爬山比赛，参赛的选手要多吃，助威的也要吃好，助威呐喊得有劲儿呀！下午，咱们比比哪个组人多势众！"

3.自我教育

"校长，我们对自己要求不严格，以为活儿干完了，娱乐的事不参加没多大关系，就自作主张回家了。我们错了，您还替我们遮掩，说我们请假了，我们真是无地自容！"

▶读懂教师 ✎

第一步，这三位老师的"溜号"行为，说明她们对这次外出活动的意义理解得不够，以为植树是正事，聚餐和爬山比赛不重要，可以不参加，并且她们还缺乏组织纪律性，擅自离队。学校工会组织老师参加外出活动占用了老师们的周末休息时间，这肯定会给某些老师带来不便，我们应该在活动前认真动员，把组织纪律性讲在前边。这次虽然开了组长会，但从组长到老师，信号有衰减，这是我们事后反思到的，今后我们的工作还要做细致一些。

第二步，当我们看到个别老师的行为的时候，不仅要看到个别老师的行为给老师群体带来的影响，也要意识到校长的态度会给老师群体带来影响。这个时候，校长如果抓起电话把那三个老师唤回，群体气氛会如何呢？我相信那三位老师会产生对立情绪，也会影响其他老师的情绪，这就与我们组织活动的初衷背道而驰了。因此，我冷静地应答了工会主席的问话："她们是先回去了，劳动完跟我请了假，我批准了……"接着的一席话起到了战前动员的作用，特别是"下午，咱们比比哪个组人多势众！"这句话暗示老师们不要再请假了，用一句善意的谎言及富有号召力的动员，稳定了人心，恢复了老师们活跃的情绪，激发了老师们继续参加活动的愿望，用包容与智慧化解了眼前的危机。

第三步，校长的胸怀让那三位老师受到了自我教育。没有哪位领导找她们谈话、批评她们，她们是通过她们自己的渠道收到了信息，感到无地自容，主动找校长认错。

（北京市西城区阜成门外第一小学原校长　刘凯）

校长之问 24

中年教师出现职业倦怠现象，校长该如何帮助他们重新找回职业激情？

▶挑战描述 🖊

"让年轻人去做吧，我的精力不够。"在一些学校工作和活动中，常常会听到这样的声音。中年教师是学校的宝贵财富，他们的经验和知识对学生的成长至关重要。然而，随着时间的推移，一些教师可能会感到疲惫和动力缺失，对学校的教育教学工作和各类活动不再积极主动，甚至对教师队伍建设、学校的发展构成了一定阻碍。校长如何帮助中年教师战胜职业倦怠感，激发他们的工作热情和创造力，帮助他们重新找回职业激情呢？

▶案例分享 🖊

李老师是一位资深的语文教师兼班主任，今年 52 岁，且多年来一直在教学一线，深受学生和家长的喜爱与尊重。然而，最近几个学期，他的教学效果逐渐下降，所带班级也逐渐失去了往日的活力，与此同时，他本人对学校各项工作的热情与参与度也在急剧减退，这引起了我的关注。

为了解决问题，我与李老师进行了多次深入的交流。在交流中，我了解到了中老年教师普遍存在的问题：首先，他们感到现在的教学环境变化很快，他们很难跟上时代的步伐。李老师告诉我，他曾经非常自信地运用一套固定的教学方法，但随着时间的推移，他发现这套方法已经无法激发学生的学习兴趣和积极性，感到自己陷入了教学困境之中。其次，他们认为自己的职业发展已经到了瓶颈期，身体与精力都大不如从前，很难有更大的突破。就李老师自身而言，他还遇到了与学生和家长的沟通问题，导致教育教学效果不佳。因此，在教育教学工作中，他失去了动力，希望自己工作能够基本完成就可以，直至退休。

我非常理解李老师的困惑和焦虑。其实，作为教师，我们都希望能够给学生带来更好的教育体验和学习效果。因此，我决定帮助李老师重新审视自己的教育教学工作，并提供一些建议和支持。

首先，我鼓励李老师总结自己的教学经验，与其他语文教师共同备课，分享教学资源和经验。学校为他召开了教学经验介绍会，请他在教研组中将自己积累的教育教学方法传授给其他教师。同时，通过与其他教师的交流和学习，他也可以了解到新的教学理念和方法，拓宽自己的教学视野。为了解决教师职业发展中的瓶颈问题，我鼓励他参与学校课程开发等工作，发挥他的个人优势。

其次，我建议李老师尝试简单易行的教学方法和工具。例如，他可以运用媒体互动教学手段，让课堂更加生动有趣。学校还与他联手进行跨学科项目式学习的尝试，这不仅激发了学生的合作精神和创造力，还激发了李老师对新课程的参与兴趣，提高了教育教学效果。

针对教师与学生、家长沟通的问题，学校也开设相应的沟通技巧课程和家校合作培训课程，帮助教师更好地理解学生和家长的需求，以建立良好的沟通机制和合作关系。

通过与李老师的交流和对他的支持，他逐渐找回了对教学的热情和信心。他开始尝试新的教学方法，并不断反思和改进自己的教学实践。李老师的职业倦怠问题得到了有效解决，他重新找回了教学的乐趣和动力。通过以上措施，我们相信可以帮助中老年教师走出困境，使其重拾对教育教学工作的信心，共同为学生的成长和发展贡献力量。同时，学校也将不断关注教师的需求，为他们提供更多的支持和关爱，共同打造良好的教育教学环境。

▶ 方法萃取 🖉

1. 提升自我价值，重拾教学热情

我鼓励李老师总结自己的教学经验，与其他语文教师共同备课，分享教学资源和经验。学校为他召开了教学经验介绍会，请他在教研组中将自己积累的教育教学方法传授给其他教师。同时，通过与其他教师的交流和学习，他也可以了解到新的教学理念和方法，拓宽自己的教学视野。

2. 创新教学方法，感悟工作成就

我建议李老师尝试简单易行的教学方法和工具。例如，他可以运用媒体互动教学手段，让课堂更加生动有趣。学校还与他联手进行跨学科项目式学习的尝试，这不仅激发了学生的合作精神和创造力，还激发了李老师对新课程的参与兴趣，提高了教育教学效果。

3. 针对教师困惑，提供专业支持

针对教师与学生、家长沟通的问题，学校也开设相应的沟通技巧课程和家校合作培训课程，帮助教师更好地理解学生和家长的需求，以建立良好的沟通机制和合作关系。通过这些培训课程，教师可以更好地与学生和家长沟通，以改善教育教学效果。

▶ 读懂教师 🖊

中老年教师是学校宝贵的财富，他们的经验和知识对学生的成长至关重要。作为校长，我们应该关注中老年教师的职业倦怠问题，通过深入交流、制定有针对性的解决方案，激发他们的工作热情和创造力。同时，我们也需要为他们提供更多的发展机会和平台，帮助他们重新找回职业激情。

在教育的世界里，热情就如同明灯，照亮我们前行的道路。然而，有时候，教师会因为种种原因，失去对教育教学的热情。这时，发现自我价值就显得尤为重要。自我价值的发现，往往来源于自我认知。我们需要帮助教师深入了解自己，认识到自己的优点和不足，扬长避短，发挥自己的长处。在帮助中老年教师消除职业倦怠感的过程中，我们需要更加关注教师的需求和心理状态。每个教师都有自己的职业追求和发展目标，我们应该尊重和支持他们的个人选择。

在工作中，教师经常会遇到各种问题，这些问题可能会让教师感到困扰和无助。但是，如果我们能够尝试一些简单易行的方法，就可以更快地解决问题，更好地完成工作。当教师看到自己的努力成果时，就会感到自豪和满足。这种满足感不仅来自工作成果，还来自教师自身能力的提升和成长。这种成长可以使他们更好地应对未来的挑战，提升自己的职业竞争力，并保持积极的态度和心态，这可以让我们更加热爱自己的工作，并保持工作的热情和动力。

针对教师的困惑提供专业支持，是教育管理工作中不可或缺的一环。教师作为学生的引路人，肩负着培养学生全面发展的重任。然而，在教育实践中，教师们常常会遇到如教学方法、课程设计、学生管理等困难和挑战。这时候，一个汇聚各领域专家的专业支持平台就显得尤为重要。这个平台应该是一个互动、交流的空间。教师们可以在这里分享自己的教学心得、困惑和经验，通过相互学习，共同成长，从而提升整体的教学水平。同时，这种互动也有助于形成良好的教育生态，促进教育资源的共享和优化配置。因此，我们应该重视这一领域的工作，加强相关建设和投入，为教师提供更好的专业支持。

最后，针对教师、学生及家长间的沟通问题，我校开设了一系列沟通技巧课程与家校合作培训课程。这些课程旨在提升教师对学生和家长需求的认知，进而建立有效的沟通机制与合作关系。通过参与课程学习，教师将能更恰当地与学生及家长沟通，从而优化教育教学效果。实施这些措施后，李老师逐渐找回了职业激情。他的教学水平有了明显的提升，所带班级的活力也得到了恢复。同时，他也积极参与学校的各项工作，为学校的发展贡献自己的力量。

只有真正读懂教师，才能帮助他们消除职业倦怠感，实现个人和学校的共同发展。

（北京市石景山外语实验小学校长　刘世彬）

校长之问 25

老师们不愿意开会，校长该怎么办？

▶挑战描述 🖊

2011 年 3 月，我从山东来到北京担任玉泉小学校长。上级宣布任命后的第二天，我一早来到学校，和老师们共进早餐。我打上饭，端着餐盒随意地坐到了一位老教师的面前。这位老教师抬起头看了看我，说："是新校长吧？"我笑着朝她点点头。"我也是从山东来的。随军的。"我说："是山东老乡啊！"她脸色突然凝重起来，很严肃地对我说："你怎么到这样一所学校来当校长？"我吃惊地看着她，她悄悄地说："你看，不说别的，这所学校的老师连开会都不愿意参加，特别是校长的会。"我问："为什么？"她恨恨地说："一开会，就是安排工作，就是批评老师，就是传递压力……所以我们学校的老师练就了一个本事——两耳不闻，滴水不进！你开你的会，我想我的事。"我一时愣在了那儿。

作为新任校长，当老师不愿意开会，抵触校长开会时，你该怎么应对呢？

▶案例分享 🖊

说实话，学校的会议、学习、培训、社会活动等真的特别多，无怪乎连相关部门都提出来要为老师"减负"。当然，说归说，老师的负担很难减下来。

我敢说，今天学校的绝大部分会议，老师们是被动听会的，它们与专业成长和教育教学没有多大关系。老师的本职工作是备课、上课、看班、批改作业、教研、处理学生问题、与家长交流等。如果无用、无关的会议占据了老师的部分时间，则必然加重老师的工作负担。长此以往，老师们厌烦甚至厌倦学校不断地开会，确属正常。

对一般学校而言，即使校长在会议上喋喋不休地讲到天都黑了，老师们也还是能够容忍和配合的，会议是能够正常进行的。但是，我刚到任的这所学校与其他学校还不一样。我初步了解到，由于历史原因，学校积压了一些干群矛盾，老师特别反感校长训诫风格的讲话。

那么，问题来了。如果学校再像以前一样召开全体教师大会，肯定会遭到老师们的反感甚至抵触，而学校作为一个组织，不召开全体教师大会，显然也不可行。面对两难选择，应该怎么办？

我到学校后，对学校领导班子进行了重新分工：书记分管党务、人事、德育等；一位副校长分管财务、后勤、工会等；我则分管课程与教学，主要涉及调研、谈话、座谈、问卷、听课、观察，请老校长回校交流，了解周边单位的家长对学校的诉求等。

一个月之后，我为每一位老师亲笔书写了一份请柬，并送了过去：

亲爱的某某老师：

您好！定于某年某月某日下午3：30—4：30在学校会议中心举办"校长有约——有约'大众情人'"活动，时间一个小时，我热情地邀请您拨冗出席。

在此特别声明：您拥有两个自由。一是您可以自由出席本次校长有约，如果有事情也可以缺席；二是会议期间自由，您如果能够听进去，就坚持下去，如果听不进去，会议中间您可以随时离席。本活动不点名、不考勤、不记录，来去自由。

邀请人：高峰校长
某年某月某日

接到这样的请柬，大家不觉对新校长好奇起来：这位校长，葫芦里卖的是什么药？

一个周四的下午，那时还没有课后服务，3：00前放学，3：30集合，我开始了我的演讲。

我用了55分钟的时间，借助PPT，通过讲故事的形式，和全体老师分享了我对教育的理解和实践体会，实际上间接地推介了我的办学主张，即在素质教育和应试教育中做出选择，实施幸福教育，尊重儿童"好玩"的天性，增强教育的社会适应性，不仅让每一个孩子拥有幸福童年，还要拥有幸福人生。

在最后的5分钟，我向出席活动的每位老师送上了两包青食钙奶饼干（青食钙奶饼干是一个老品牌，质量很好，但北京没有。我专门从山东带过来的）。

一个小时后，会议准时结束。看到老师们拿着小礼物喜滋滋地离开会场，我内心十分释然：不是老师们不愿意开会、抵触开会，影响老师态度的是我们如何开会、开什么会、开会的内容和形式以及老师们得到了什么等。

这次"约会"，哪位老师参加了、哪位没有参加，都没有记录，也就不清楚来了多少人。但是，根据发放饼干的数量，我猜测所有老师都出席了。吸引老师前来"赴约"的道理很简单：我就来看看新校长葫芦里卖的是什么药！

一次上瘾，十年不辍。我到玉泉小学担任校长、党委书记十多年，没有开过一次全体教师大会，全部变成了"校长有约——有约'大众情人'"活动。活动中，没有批评，没有训诫，没有安排，没有硬性要求，都是基于学校的节奏和教师的情况，从办学理念、文化建设、制度设计、儿童观、教师专业成长、教师心理和情绪调适、组织架构、课程与教学、家校关系、学生成长、评价等各个方面展开，努力帮助全体教师全面地成长，使他们形成一种教师职业的文化自觉，因为，办好学校的前提是建立起一支拥有职业文化自觉的教师队伍。

我计算了一下，十多年时间里，我举办了100多期的"校长有约——有约'大众情人'"活动，差不多每个月一期，每次都是提前告知，都有小礼物相送，都是一个小时准时结束，都是场场爆满。

直到前几天，一位退休的老教师还向我发来微信：

高峰校长，虽然退休在家，但时时会想起当年参加"校长有约——有约'大众情人'"活动的情景，每次都是一次心灵的洗涤，每次都是一次内心的反思，每次都不仅收获了精神财富，还收获了物质财富（每次都有小礼物）。这是我从教40年最难忘怀的经历。

▶方法萃取 ✎

1.理解人性

学校不断地开会，本身就让老师反感，而有些校长还喜欢长篇大论，讲起来没完没了——天都黑了，老师早就该下班了，校长还在会场上刷"存在感"，侃侃而谈，这会让老师们更加腻烦。我们做校长的，必须理解老师，理解人性，才能做出正确的选择。

2.颠覆传统

明明知道老师们对开会已经十分厌倦、抵触了，还要开会！而不开会，校长就不能和全体教师"面对面"，如何实现办学引领？传统方式是"开会"，今天绝大部分学校的校长也是依靠"开会"布置工作、安排任务、提出要求。当然，这是常态，但是在老师们不愿意开会甚至抵触开会的情况下，为什么不换一种方式？根据形势，颠覆传统，才能开辟新的路径，把老师们带上更加有趣的学习之路。

3. 达成目标

苏霍姆林斯基说过，校长对学校的领导，主要是价值上的引领。校长如何实现对教师的价值引领，当然需要一个方式。这个方式不一定是传统意义上的方式。校长要学会顺时而动，根据实际情况做出必要的调整，找到更好的方式，乘势而上。开会不是目的，只是一个手段，目的是引领教师形成一种职业自觉。

▶读懂教师 🖉

教师也是人，有着人的七情六欲，教师需要有尊严地活着。理解教师的人性，理解教师的心态，理解教师的想法，我们才能做出有利于教师发展的决定和安排。违反人性、违反教师的诉求、违反教师的七情六欲，靠训诫、靠批评、靠硬性规定，是不可持续的，是不可能赢得人心的，是不可能让全体教师静心育人的。

办学的主体是教师，校长只有紧紧地依靠全体教师，才能办出让孩子们幸福成长的优质教育，办出让家门口老百姓满意的好学校。因此，理解教师，尊重教师，有价值地引领教师不断发展，是校长的第一要务。请记住：要让孩子幸福，必须让教师幸福，因为孩子的幸福因子是依靠幸福教师传递的。

（中国科学院附属玉泉小学原校长　高峰）

校长之问 26

教师之间关系不和谐，校长该怎么办？

▶ 挑战描述 ✎

记得我来到学校不久，就碰上了教师调资一事。按照上级调资要求，需要根据教师的岗位性质、工作量、工作质量等确定系数，拉开分配档次。按照上级规定，调资方案要先经过校务委员会研究，然后提交教代会通过。

在这次教代会上，学科教师之间、班主任和非班主任之间、学科群体之间，出现了激烈的争辩。如语文教师兼做班主任，认为自己的系数低了；体育老师由于常年从事室外工作，风吹日晒，也认为自己的系数低了……不同学科的教师代表都在陈述自己工作的不易，人人都在诉说对自己的不公平，争论了半天。结果，方案未获通过。

我坐在一边，静静地观察现场和思考问题背后的原因。

这样的争论，实际上反映出学科教师不清楚学科之间的差异性，很难站在别的学科角度去理解别的学科教师：都认为自己重要，都认为自己该多拿。实际上，这反映出教师之间的关系并不和谐。

校长必须站在一个更加公正、公平、开放的角度看问题。从道理上说每个学科都一样重要，但是，从教育教学角度考虑，显然体育和语文两个学科教师所承担的责任、工作量以及单位工作量的强度是不同的。但是，在这里，两类教师并不能相互理解和悦纳对方，在会上甚至相互攻击。

但是，在教师很难理解别的学科性质的情况下，在教师关系出现不和谐的情况下，校长又应该怎么办呢？

▶案例分享 ✎

在这一次工资调整争论中，教师们又提出了前几年学校绩效工资改革方案中出现的问题，都认为原来方案对自己的学科不公平，翻出了历史旧账，都要求校长改变原来的方案。在会上我明确答复：新官不理旧账。因为这本旧账当时获得了校务委员会、教代会和上级行政部门的批准，新任校长无权对此进行改动。如有不合理处，只有在今后的工资调整中逐步纠偏。

公说公有理，婆说婆有理，现场吵成了一锅粥。看似为了工资调整问题不同学科教师展开了争论，但实际上，其背后是学校的组织结构出了问题。

这所学校采用的组织结构是纵向体系，即校长—中层部门—学科教研组—学科教师。这样的组织结构有利于学校从上到下抓教学管理、开展教研活动，但也导致全校同一个学科的教师十分熟悉，而横向上学科之间少有关联，各学科组对其他学科的性质、工作量等并不清楚和了解，于是学科教师群体之间出现了互不理解和相互挤压的现象。

要解决学科教师群体之间的对立问题，就必须解决学校的组织结构问题。因为教师只有在一个团队中才能找准自己的位置，才能够去理解和悦纳对方，从而形成和谐的人际关系。

我们知道，从建立现代学校制度角度考虑，最好的组织结构是扁平化、分布式，即减少管理层级，通过团队合作，把教育教学任务传递到教师群体，充分发挥每位教师的积极性、主动性和创造性，促进团队里的教师抱团取暖、共赢共享。

还有一点，教师的职业特点要求教育工作必须是个体劳动与集体劳动的有机统一。进入 21 世纪，单打独斗模式已经结束，而基于全体教师的领导力模式已经到来。

为此，必须打破学科之间的壁垒，重组学校的组织结构，让教师群体实现一种抱团共赢的运行机制。

在 2011 年教代会通过的《学校发展纲要》里，我们规定：每一个年级组成一个级部，实行学校和级部两级管理体制；组建学术委员会，通过重构学科教研室，强化教学管理和教研活动。

新的学校组织结构，形成了横向以级部为单元的运行团队、纵向以学术委员会为链条的学科教研室，将全体教师纳入纵横两个结构体系中。这样，每一位教师，既与其他学科的教师相连，也与本学科的教师互动。

在新的组织结构中，级部成为学校运行的最基本的"细胞"，所有教师的教育教学和评价以及奖惩都被捆绑在一起，通过开展校内评价和第三方评价，每个级部像石榴籽一样紧密地拥抱在一起，"一荣俱荣、一损俱损"。因为在级部里面只有每一位教师都为级部的公共事业负责，才能实现全体教师利益的最大化。此时，所有的教师都被纳入级部管理当中，所有人或担任了班主任工作或担任了助理班主任工作，学科之间的壁垒被打破，学科教师之间密切地配合起来，你帮我，我帮你。譬如最头痛的教师请假代课问题，级部内部就协调好了，特别是班主任请假，助理班主任会立即接手，因为助理班主任对班情和家长熟悉，从而班级管理一般不会出现因更换班主任而被家长投诉的事件。

教师之间慢慢地建立起和谐的人际关系，你尊重我，我敬重你，大家都能够理解学科之间的不同，理解对方的工作性质，学校再也没有出现以前的学科教师之间相互争利益的现象。

▶方法萃取 ✎

1. 探查本源

我们常常看到现象，但重要的是对现象做具体的分析，寻找问题的本源。当看到教师之间的关系撕裂，学科教师群体之间互不理解甚至攻击对抗的时候，我认为不是教师出了问题，而是学校的组织结构出了问题，即教师群体没有形成一个个相互依赖、相互联系、利益共享的团队，每一位教师难以在团队中找准自己的位置。当然，每一个个体都感觉自我很重要，但是只有放到团队里面，每一个个体发现自己在团队中的作用权重不一样时，个体才能发现自我，理解他人，才能够站到对方的立场上看问题。

2. 重建组织结构

教育部连续发文，要求中小学建立现代学校制度。作为校长，首先要研究已经运行的学校组织结构存在的问题，然后按照上级建立现代学校制度的要求，结合本校实际，对组织结构进行调整或改组，让新的组织结构确保教师队伍和谐，教师之间能够抱团取暖、相互理解和配合。原则上，设计纵横的组织结构，更有利于学校的运行，更有利于教师团队之间的融合，更有利于教师个体主观能动性的发挥。

3. 促进抱团共赢

传统上，一个组织往往是"火车跑得快，全靠车头带"，虽然并不能否定"一位好校长就是一所好学校"的观点，但是在民主化、法治化、信息化的时代，仅凭校长一个人的智慧和能力，是办不好学校的，只有让全体教师都做"校长"，都对学校的教育教学负责，形成抱团共赢的格局，才能办好学校，才能办出老百姓家门口的好学校。此时，组建的每一个级部，就是一节动车组，自带动力系统和刹车系统，只要校长把握好办学方向，学校这列动车就会飞速地前进。

▶读懂教师 ✎

客观地说，当前的制度设计，譬如职称评审制度、工资制度、奖励制度、考核制度等，都会在一定程度上导致教师之间不团结，甚至相互攻击、告状、打击报复。实际上，这些行为会人为地撕裂教师间的人际关系，会让校园进一步内卷，自然不利于教育教学和学校发展。

学校是一个组织，既然属于组织，就会有组织的特点。每一位教师都属于组织里的一分子，因此，要营造良好的、和谐的校园环境，促进教师之间形成良好的人际关系，就要从组织结构上下手，让每一位教师在团队里找到自己的位置，发现自己的价值，从而能够去理解和站在对方立场上看问题。这样，当面临利益矛盾的时候，大家就会心平气和地进行讨论，能够接受同事的观点，悦纳他人。

学校组织结构变革后，在接下来的十几年，在涉及教师利益分配问题上我们学校再也没有出现过争论不休的情况。

（中国科学院附属玉泉小学原校长　高峰）

校长之问 27

学校心理老师缺编，校长该如何应对？

▶挑战描述 ✎

学校缺少专职的心理老师，基本都由班主任兼任，由于班主任无法提供专业的心理指导，很难识别学生的心理问题，所以学校也就很难进行有效干预。面对心理老师缺编的问题，校长如何应对？

▶案例分享 ✎

"校长，初二学生进入了青春期，心理问题层出不穷，咱们学校没有专门的心理老师，我们的班主任又没有学习过专业的心理知识，遇到问题怎么办？"德育副校长一脸愁容地找到我，并向我讲述了蔡老师遇到的问题。

蔡老师是初二3班的班主任，她发现小伟同学从期中考试后开始上课不认真听讲，经常不完成作业，并逐渐发展到装病逃学。蔡老师联系了家长，了解到小伟在家玩游戏到很晚，早上不愿起床，不想上学，甚至扬言让他上学他就自杀，家长也没有办法。蔡老师进一步了解发现，小伟小学时妈妈每天陪着他学习，给他辅导功课，他的成绩一直不错。可是进入中学后，知识难度加大，妈妈没法再继续给他辅导，他自己不知道怎么学习，不会的知识越来越多，听不懂课，不会写作业，于是越来越跟不上，越来越厌烦学习，越来越不想去学校。面对小伟的问题，蔡老师认为需要专业的心理老师跟他沟通，自己作为班主任实在没有能力解决孩子的心理问题，于是找到了德育副校长。

"我特别理解大家的烦恼，心理老师缺编问题也的确是学校面临的困难。一方面，要主动争取政策支持，将招收专职的心理老师纳入学校的招聘计划。另一方面，如何解决像小伟这样的燃眉之急呢？难道所有的心理问题都需要等待心理老师去解决吗？"我抛出了自己的疑问，德育副校长也陷入了思考。

"必须要加强对班主任的培训。"德育副校长提出了自己的观点。我点了点头，接着他的话说："其实心理老师只适用于孩子的心理咨询和个别辅导，孩子若真的遇到严重的心理疾病，是需要到专业的医院进行诊断治疗的。孩子们的日常心理疏导还是要靠离他们最近的班主任。班主任其实是最重要的心理老师。及时预防、及时发现远胜于治疗。打造和谐的师生关系、拥有智慧的教育艺术、能够聪明地化解矛盾都是班主任应该具备的基本功。除此之外，还应该增加一些心理培训内容，让班主任真正做到眼中有人、手中有法。同时，也不能让班主任孤军奋战，要为他们分解压力。这就需要全体老师不仅要做学科导师，还要做学生成长路上的导师。这就是全员育人的意义。当然还要及时和家长沟通，要做好对家长的指导，建立良好的家校沟通机制，让家长成为班级治理、学校治理的主体，只有这样才能形成真正的育人合力。"

"对，我们应该完善现有的德育体系，加强对全员全方位的培训。"德育副校长感觉自己找到了问题的真正症结。我点头赞同，同时补充道："我们还可以邀请有专业资质的家长参与到学校心理教育工作中，同时还可以邀请周边医院的大夫、高校的心理老师、有资质的心理咨询师等，整合所有社会资源共同助力学生心理健康，解决心理老师不足带来的问题。"

▶ **方法萃取** 🖊

1. 降低焦虑水平

"我特别理解大家的烦恼，心理老师缺编问题也的确是学校面临的困难。一方面，要主动争取政策支持，将招收专职的心理老师纳入学校的招聘计划。另一方面，如何解决像小伟这样的燃眉之急呢？难道所有的心理问题都需要等待心理老师去解决吗？"

2. 明确关键角色

"孩子们的日常心理疏导还是要靠离他们最近的班主任。班主任其实是最重要的心理老师。及时预防、及时发现远胜于治疗。打造和谐的师生关系、拥有智慧的教育艺术、能够聪明地化解矛盾都是班主任应该具备的基本功。除此之外，还应该增加一些心理培训内容，让班主任真正做到眼中有人、手中有法。"

3. 找到问题本质

"我们应该完善现有的德育体系，加强对全员全方位的培训。"

4. 挖掘社会资源

"我们还可以邀请有专业资质的家长参与到学校心理教育工作中，同时还可以邀请周边医院的大夫、高校的心理老师、有资质的心理咨询师等，整合所有社会资源共同助力学生心理健康，解决心理老师不足带来的问题。"

▶读懂教师 🖊

把专业的问题交给专业的人来解决，所以，班主任提出需要由专业的心理老师解决学生的心理问题也无可厚非。当问题出现时，我们既要看到老师的无奈与需求，又要去挖掘问题背后的本质。如果只是就事论事地解决问题，那么每一天可能都在围着问题转，从而带来更大的焦虑。

首先，解决问题时要放下情绪，否则当情绪主导解决问题方案，往往会失之偏颇或者走向绝对。班主任不是心理老师，遇到严重的心理问题时需要向专业的心理老师求助，这是班主任的需求。校方看到和肯定需求，就意味着勇于直面问题，这传递给老师们的是对老师的尊重、信任与支持，从而在解决问题的过程中也能得到大家的支持。

其次，解决问题时一定要追根探源，找到关键角色或者关键问题。心理教育是学校育人的重要内容，谁在其中扮演着最关键的作用？当然是离学生最近的人。所以班主任在其中发挥的作用非常重要。提高班主任的育人能力，有利于及时发现学生心理问题的萌芽，防止积小成大，因而要加强对班主任的培训。但是学校也不能把问题都丢给班主任，要调动资源，形成合力，要创设机制，营造文化。不同角色都被调动起来，学校才能打造出良好的教育生态。

再次，要透过现象看到问题本质。表面是心理老师缺编问题，实则背后是学校整体德育体系的构建问题。如果育人工作都推给了班主任，或者都去找心理老师，那只是在踢皮球。人人都是德育工作者，人人都需要有系统化的德育体系作为支撑，这样每一个人都能在这个体系中找到自己的位置，互相支持，相辅相成，问题就能在体系中得到解决。

最后，我们要挖掘与整合社会资源，动员一切可以为学生服务的力量，最大限度解决学校心理老师编制不足带来的问题。

（北京市第十一中学校长　王萌）

校长之问 28

面对从学生到老师的身份转化和繁重的工作，年轻老师承受不住压力，出现职业畏惧感和倦怠感，校长该怎么办？

▶ 挑战描述 🖋

　　筹建、成立、办好学校是一项极其重要和艰巨的任务。特别是在学校筹建期间和运转初期，教育教学、学校建设等多重任务叠加，团队磨合不够、工作中人少事繁等问题并存，这对学校管理团队、年轻教师来说都是不小的挑战。在推进的过程中，一些年轻老师被压力"击倒"了，出现了职业倦怠感，有的还想辞职。作为校长，你该怎么解决这个问题？

▶ 案例分享 🖋

　　"校长，这个团队我带不了了，你赶紧把我换了吧！"2022年10月中旬的一天，学校分管数学教学的行政干部生气地对我说，旁边分管语文和综合的行政干部也大声附和。我赶紧安抚："有什么情况慢慢说。"干部们表示："现在的年轻教师太难引领和管理了——都是刚出校门的年轻人，都不会上课。为了确保上课质量，我们可是花了很多功夫，下了大力气，手把手教写教案，手把手教上课。每天下班后我们放弃了休息时间让他们把第二天要上的课上一遍给我们看，不对的马上调整，有时我们还亲自上课给他们看，一句句教……我们都这样了，可是这些年轻人没有一点儿上进心，安排他们每天下班后来过课，他们总是带着情绪，效果也越来越不好。想让有经验的张老师、李老师给他们上示范课，结果他们回复上不了，也不愿意上。这个工作没办法推进了，我们也干不动了。"分管课程开发的行政干部接着说："我也有同感，我让一年级的老师们和我一起研发小幼衔接的主题课程，他们都说不会，也做不了。甚至还有老师说，做这个有什么用，其他学校都在按教材上课，都有教参学习，开发这个课程对于我们来说太难了，太耽误时间了，本来教学任务就完不成。校长，还有更严重的。一位刚入职的一年级老师提出来要辞职，我们劝了好长时间，她还是要辞职。"

听着干部们的话，我心里一惊：大事不好，不仅我们的管理团队出问题了，我们的老师也出问题了。我开始仔细回想老师们的样态，他们确实没有了刚进校时的激情和活力，眼里无光，表现出了明显的倦怠感，老师的幸福感也在慢慢消失。这样下去可不行！怎么办？我开始自我反思，要及时调整工作思路和方法，组织行政人员就学校现状深入研讨，提出更加科学合理的引领方法和管理年轻老师的方法。我始终坚信，一个好团队才能成就一所好学校，抓学校发展首先要抓好老师的发展。"幸福的老师"才能培育出"快乐的学生"。作为校长，我要对老师的身心健康、家庭生活、职业成长都关心到位，要让老师们安心从教、舒心乐教。

我抽时间和老师们进行了面对面的谈心谈话，用心倾听他们的心声，对他们的所思、所想、所急、所盼，以及各自在生活、工作中遇到的问题、困惑、困难有了一定的了解。有的老师跟我说：她原来在一所民办学校当老师，做得很不错，是对学校特色教育的期盼驱使她放弃了高薪来报考我们学校。但是，工作一段时间后发现，这里和自己想象的完全不一样，各个方面都不尽人意，自己也找不到位置，心理落差很大，个人精神越来越差。有的老师跟我说：她来自山区，从小拼命读书，家里人也付出了很多，供自己读到研究生毕业，她也进入学校圆了老师梦。但是，工作一段时间后，她发现自己的能力很差，简单的备课、试讲等总是过不了关，也不知道怎么管理班级的孩子，特别怕教不好孩子们、对不起他们，每晚都失眠，觉得自己真的不适合当老师，所以想辞职。有的老师跟我说：原来认为当老师很简单，把孩子们教育好，开心快乐地陪伴他们长大就可以了。可是现实工作中还有很多事情要做，有时候还要加班做，好多孩子需要自己费心去管理，家长还不支持、配合，工作很不顺畅。身体和家庭也由于工作出了些问题，很崩溃。

听了老师们的话，我反复思考，总结下来，我感到老师们的问题和困难主要集中在三个方面：个人精神不振、恐慌能力本领不足、工作运转不畅。凭借多年的经验，我清楚地知道年轻教师畏惧感和倦怠感的出现意味着活力和创造力的丧失，而这是教师专业发展过程中的不良征候和持续发展的拦路虎！为解决这个问题，我和团队开始对症开药方。

我从三个方面着手解决这个问题。

一是抓精神建设，用人文关怀凝聚思想共识，用职业身份认同汇聚育人合力。

在学校任务繁重、压力大的情况下，我发现有的年轻教师是因为缺乏对教师职业、对学校的认同，才对自己的职业生涯产生了质疑。如何给新教师塑造职业认同感，营造对学校的认同感，从而实现学校和教师的共同成长，是我想到的第一个方面。第一，聚焦教育初心。通过春风化雨、细致入微的谈心谈话，进一步关心、理解、帮助教师，强调教育事业的崇高性质，让教师时刻记得他们的工作是在培养未来的社会栋梁，引导教师回归教育的初心，建立起教师对教书育人的深刻认同。第二，培育教师对学校发展的认同感。通过组织开展丰富多彩的活动让教师了解学校发展路径，让教师讲述七彩校园故事，宣讲教师努力、善良的事迹，让教师成为学校发展的主角。此外，还努力让教师参与学校的决策过程，让他们的声音被听到，这不仅能够激发教师对学校发展的责任感，也能够增强他们对学校的认同感。第三，汇聚育人合力，请家长入校与教师们座谈。从家长的赞扬与肯定中，年轻教师得到了鼓励和认可，感受到人际关系上的和谐以及教书育人带来的快乐，找到了归属感、幸福感，重新燃起斗志，又充满激情地投入到工作中。

二是抓能力建设，用技能提升打消本领恐慌，用专业素养提振育人信心。

为了激发教师的自我成长认同感，学校提供各种形式的职业发展支持，包括参与研修、提供学术资源和鼓励创新实践，同时，举行定期的个人发展规划培训，让每位教师都能清晰地了解自己的职业发展路径，增加对未来的期许和动力。具体措施是：开展"青蓝工程"，为年轻教师配备导师，让导师手把手教会年轻教师备课、上课、处理班级问题；邀请各级专家到学校开展专题辅导、学术讲座、听课评课等教研活动，让教师们了解教育研究的最新成果、教育发展趋势及教育改革的动态，掌握最新的教学理念和教学方法，更好地适应和跟上教育发展趋势；在校内或校际搭建平台，组织教师进行互访、观摩，让年轻教师学习优秀教师的教学策略和方法，了解不同教学风格和方法，从中获得启发，不断深化专业知识和教学经验，提升教学能力。

三是抓制度建设，用科学机制增强价值认同感，用客观评价激发育人热情。

在教学管理、评价体系和对话交流制度上做革新，是我和团队进行的三个探索。在教学管理上，本着实用的原则，从"备、教、批、辅、考、研"六个方面入手，制定出学校的《教学常规手册》，并让这本手册成为教师们的工具书，大家随时可以从中寻找方法和答案。在评价体系上，我们建立科学合理的客观性评价体系，将发展性评价作为教师评价的出发点和归宿。发展性评价旨在促进教师的专业发展，重视教师内在的精神需求，不以学生的学习成绩作为评价教师水平的唯一标准，而是遵循发展性、科学性、客观性、全面性等原则完善奖励制度。特别是在晋级方面，既要做到制度上的公平、公正、客观，又要敢于破除陈旧的条条框框，让那些有干劲的年轻教师有前进的动力，让教师的价值得到体现，提升教师的职业荣誉感、使命感、获得感。在对话交流制度上，学校积极赋予教师话语权，积极开展教师与学校之间的双向交流，从而教师能够大胆表达自己的看法与建议，为学校的发展献计献策。学校不再是高高在上、只能服从的上级，而是成为主动积极了解教师的需求和真实想法的合作伙伴。

这"三剂药"下去之后，辞职的老师回归了，我又能经常看到老师们的笑脸，听到老师们的笑声，欣赏到老师眼里有光的那种活力之美。

▶方法萃取

1.精准把脉找症结

我抽时间和老师们进行了面对面的谈心谈话，用心倾听他们的心声，对他们的所思、所想、所急、所盼，以及各自在生活、工作中遇到的问题、困惑、困难有了一定的了解，并找出了症结所在：有紧张、焦虑等"本领恐慌"，有专业知识不足、教学能力不强、生活经验不足等"力不从心"，也有经常加班导致的身体亚健康、顾不上家庭等"崩溃"。

2.第一剂药：精神建设

在新建学校的发展过程中，创造幸福的教育环境是校长的使命之一。我每天抽时间近距离接触教师，经常与他们聊家常、谈生活，通过重塑他们的教育初心，使他们建立起职业身份认同感，培育他们对学校发展的认同感：我们可以共同打造一个让每一位教师都愿意为之奋斗的学校，使他们以幸福的心态投入到教书育人的事业中。这不仅有助于提高教师的工作满意度，也将促进学校的持续稳健发展。

3.第二剂药：能力建设

为了激发教师的自我成长认同感，学校提供各种形式的职业发展支持举进行定期的个人发展规划培训，让每位教师都能清晰地了解自己的职业发展路径，增加对未来的期许和动力。在专业发展上，学校积极邀请各级专家到学校开展专题辅导、学术讲座、听课评课等教研活动，在校内或校际搭建平台，组织教师进行互访、观摩，让年轻教师学习优秀教师的教学策略和方法，了解不同教学风格和方法，从中获得启发，不断深化专业知识和教学经验，提升教学能力。

4.第三剂药：制度建设

制定凸显人文关怀的管理制度，体现出对教师的理解、尊重，体现出对教师的关心、关爱，体现出对教师的赏识、鼓励，体现出对教师的信任、包容。进行教学管理、评价体系、对话交流制度改革，让教师的价值得到体现，提升教师的职业荣誉感、使命感、获得感，营造一个和谐、温馨的校园氛围。

▶读懂教师

教师是学校发展的第一资源，校长要做"有心人""明白人"，及时关注教师的精神状态、情绪状态并找出背后的原因。要让学校成为老百姓家门口的优质学校，我们的教师肯定要付出很多努力，承受很大的压力。刚入校的年轻教师经验不足，有本领恐慌、力不从心之感属正常现象。有的长期加班顾不上自己的身体，顾不上家庭，作为子女、也作为母亲的我深感理解。

信念，是一种一往无前的强大力量，是人类意志能量的精华，世间没有什么能够抵挡坚定的信念。关心关爱他们，让他们感受到校长的温暖，感受到人际交往的和谐，感受到职业成就，就是给他们注入了一针"强心剂"，注入了强大动力，从而很多主观方面的问题就会迎刃而解。

教师有什么样的作为，在很大程度上取决于有什么样的能力。在快速变迁的社会里，价值日趋多元化，学校、家长、学生以及社会各界对教师的期望也日渐提高，教师的压力越来越大，帮助教师提升本领，破除"本领恐慌"、增强"底气"尤为重要。通过专家们的专题辅导、学术讲座、听课评课等教研活动和优秀教师的经验传授，年轻教师们的眼界得以开阔，思维得以扩宽，能力得以提升，在工作中就会更有底气、更有激情、更有冲劲。

科学合理的制度能赢得教师的认同，提升教师的参与感。当教师在制度中感受到人文关怀，得到理解、尊重、关心、关爱、赏识、鼓励、信任、包容，主动性就能大大增强，就会把学校当成自己的家，把学校的事当成自己的事，和学校共进退。所以，在制度的制定上，校长要多站在教师的角度思考问题，多考虑教师的需求和教师的感受，以取得教师的支持与配合。

（中国人民大学附属小学贵阳共建学校校长　杜鹃）

在开展"县管校聘"工作中，需末位淘汰与刚性流出教师，对此校长该怎么办？

▶挑战描述 ✐

为落实县域教育综合改革，在县教体局、县人社局的组织领导下，全县义务教育学校全面推行"县管校聘"工作，学校要末位淘汰 2 位教师并刚性流出，被淘汰的老师要参与跨校竞聘。作为校长，面对如此尖锐、棘手的问题，你该如何应对？

▶案例分享 ✐

"城区一小在首位优选补充教师的基础上，对不能胜任现职的教师，需末位淘汰 2 名参与义务教育学校跨校竞聘，末位淘汰与'县管校聘'同步实施。"当我传达文件读完这句话时，全校教职工大会会场一片哗然，紧接着又安静得出奇。

虽然早有传闻，前期也进行了一定范围的调研并征求了意见，但当下发了正式文件，"县管校聘"不再是演习时，这项工作就如同一颗石子落进湖中，打破了城区学校只进不出的平静。

怎么做才能实现"县管校聘"的初衷与成效，公平、公正，又让老师们容易接受？自接到文件到开会前，这个问题已经困扰了我很多天，使我饱受冰火两重天的折磨。全县首位优选补充教师，于学校而言是件大好事，然而同步进行的末位淘汰、刚性流出虽然能极大推动学校的发展，改变教师倦怠的老大难问题，但毕竟是朝夕相处的同事，不论让谁流出，在感情上都是难以面对的。

我在会议上认真解读了文件精神，与老师们推心置腹地分析了城区几所学校的现状，又把工作思路与老师们做了交流，并充分肯定了近几年老师们取得的成绩及学校在县域内的影响力。接着我召集了教代会委员会议，组织大家讨论实施方案，最终大家一致同意围绕德、能、勤、绩几个方面进行量化考核，老师们充分发表意见和建议，提出考核标准和方法。同时，也提出对孕产妇、临近法定退休年龄和身体有重大疾病的老师进行特殊照顾。

随即，学校成立了考核小组、监督小组。在考核过程中，每个阶段都向全校教职工及时公示。量化考核过程虽气氛紧张但井然有序。当最后结果出来，我找到拟上报流出的两位老师谈话时，本想对他们安抚一二，却没想反被他们安慰。在之后全县跨校竞聘过程中，我积极为两位老师奔走，最终他们被离县城较近的乡镇中心学校聘任。在调任之时，我组织学校工会前去看望他们。直到现在，老师们之间还保持着密切的联系，常常互相走动。

"县管校聘"还将继续，我鼓励老师们跳出舒适圈，不断提升自己。学校虽然无法避免末位淘汰，但还是希望流出的老师是优秀的，是受其他学校欢迎的。

▶方法萃取 🖉

1. 全面领会，解读到位

我在会议上认真解读了文件精神，与老师们推心置腹地分析了城区几所学校的现状，又把工作思路与老师们做了交流，并充分肯定了近几年老师们取得的成绩及学校在县域内的影响力。

2. 自下而上，全员行动

我召集了教代会委员会议，组织大家讨论实施方案，最终大家一致同意围绕德、能、勤、绩几个方面进行量化考核，老师们充分发表意见和建议，提出考核标准和方法。随即，学校成立了考核小组、监督小组。在考核过程中，每个阶段都向全校教职工及时公示。

3. 公平公正，法也容情

方案中对孕产妇、临近法定退休年龄和身体有重大疾病的老师都有特殊照顾。量化考核过程虽气氛紧张但井然有序，当最后结果出来，我找到拟上报流出的两位老师谈话时，本想对他们安抚一二，却没想反被他们安慰。在之后全县跨校竞聘过程中，我积极为两位老师奔走，最终他们被离县城较近的乡镇中心学校聘任。在调任之时，我组织学校工会前去看望他们。直到现在，老师们之间还保持着密切的联系，常常互相走动。

▶读懂教师 ✎

教育改革，特别是人事、职称、绩效改革等与老师切身利益密切相关的问题，在推行时都会引发阵痛。在这些特殊时期，老师们忐忑不安、焦灼惶恐，会有很大的情绪波动，甚至还会出现过激行为。作为学校管理者，我们要正确看待类似问题，要站在老师的角度想办法。

第一，全面领会，解读到位。结合学校实际情况，讲清讲明了推进此项改革的目的与意义及刚性流出老师跨校竞聘的流程、今后工作安排、考核等，强调了我校老师们近几年来取得的成绩和社会评价，使老师们焦灼不安的心得到安慰，从而不仅对这项改革有了认同感，也充分感受到自己"被看见"。

第二，自下而上，全员行动。在实施方案的制定中，自下而上讨论酝酿，充分调动老师参与，使考核方案更加贴近具体的教学工作，还采纳了老师提出的标准和方法，提高了考核的公平性。考核小组和监督小组成员也从老师中由推荐产生，整个考核过程都及时向全校公示。这个过程虽然耗时有点长，但老师们充分感受到被尊重。

第三，公平公正，法也容情。实施方案中对孕产妇、临近法定退休年龄和身体有重大疾病的老师都有特殊照顾。特别是对拟上报流出的两位老师，校长第一时间找他们谈心谈话，之后为他们的再竞聘四处奔走，调离时真情相送，有事时相互看望慰问。在看似冷冰冰的考核数据背后，这些贴心的行为不仅使老师中的弱势群体和被流出的老师感受到温暖，也使所有教职工感受到被关怀。

（云南省怒江州兰坪县城区第一完全小学校长　李红艳）

校长之问 30

个别年轻老师工作时间在办公室玩手机游戏，校长发现后该怎么办？

▶ **挑战描述** 🖊

随着学校办学规模的不断扩大，年轻教师越来越多。他们有朝气，有活力，爱玩是他们的天性。一次课间校园巡视，我发现某办公室里年轻的小张老师正在玩手机游戏，玩得聚精会神，丝毫没有察觉周边情况。遇到这样的情况，作为校长，我应该怎么应对呢？

▶ **案例分享** 🖊

随着多年来的飞速发展，学校办学规模不断扩大，越来越多的大学毕业生选择教师这门神圣的职业。他们年轻有朝气，又充满活力。精力旺盛的他们是学校里一道亮丽的风景线。但是，这些初出茅庐的年轻人，自己还是孩子，走上教育岗位必定要经历层层磨炼。

一个忙碌的周四，我习惯性地走出办公室，走近师生，想看看老师和孩子们课间都在做些什么。看着楼道里孩子们一张张开心的笑脸，我也跟着心花怒放起来。可当我经过一层办公室的玻璃门时，美丽的心情像拍照一样"咔"地定格了……

透过玻璃门，我看到靠里坐着的年轻男老师小张，手机横屏，双手握持，手指上下翻飞，一看就是在打游戏，隔着办公室的门都能感受到他此时内心一定是热血沸腾的。而他周边的老师在安静地备课、判作业。此时的小张老师与办公室浓厚的工作氛围是那么格格不入。

这一秒，我感觉自己的血压直冲头顶，愤怒的"火山"顷刻间就要爆发。将要伸手推门的一瞬间，理性突然战胜了愤怒：如果这样当着全办公室老师的面把小张训斥一顿，他会如何反应？会不会直接跟我顶嘴呢？这么年轻气盛的小伙子，正处在上升期，如果我狠狠地批评他一顿，肯定会影响他的工作情绪，接下来他带着情绪上课，学生会不会跟着受连累？……一连串的思考之后，我伸出一半的右手又缩了回来，眉头一皱，计上心来。

回到办公室，我叫来了教学干部，说："小张最近工作状态不错，我一会想听一节他的课，你们也跟着听听吗？"教学干部纷纷点头。"小伙子十劲挺足的，头脑很灵活，很有潜力！"负责教学工作的王主任跟着说道。于是，我带着教学团队走进了小张的课堂。

果然如王主任所说，小张头脑非常灵活，他的数学课逻辑清晰，深受孩子们喜爱。短短的 40 分钟，新旧知识融会贯通，孩子们学得津津有味，有不少值得其他老师学习的优点。同时，他也显露出不少缺点：多媒体没有提前开机，课件没有提前准备好，开机、找课件花了点时间；孩子们的发言习惯有待培养；教材的难点讲解还可以更深入一些，若再提高标准，孩子们就能有所突破。这也印证了我的想法，如果他能利用课间提前准备多媒体，平时把教材再深入钻研一下，他的课堂一定会有质的提升。

下了课我便把小张叫到办公室，先表扬了他的优点，然后又给他提出了改进建议，最后告诉他："明天我还听你的推门课，看看你有没有进步啊！"小张一愣，似乎明白了什么，马上回答："校长，我一定好好准备！"

第二天的课间，我走过小张所在办公室的门口，透过玻璃门，看到小张正在一边备课，一边改 PPT，表情严肃，看来是顾不上玩手机游戏了。

第二次听课之后，我继续表扬小张取得的进步，并和他说："课前准备一定要做足啊，期待你的教学基本功越来越扎实，以后我会随时听你的推门课哦！"听了这话，小张害羞地点了点头，似乎什么都明白了。

▶方法萃取 ✎

1. 避免当众发火，直接批评老师

如果这样当着全办公室老师的面把小张训斥一顿，他会如何反应？会不会直接跟我顶嘴呢？这么年轻气盛的小伙子，正处在上升期，如果我狠狠地批评他一顿，肯定会影响他的工作情绪，接下来他带着情绪上课，学生会不会跟着受连累？……一连串的思考之后，我伸出一半的右手又缩了回来，眉头一皱，计上心来。

2.直奔课堂教学，找出缺点不足

走进课堂发现小张的优点，再指出他的不足，让他信服，帮他找到与优秀教师的差距。虽没有当众直接批评他玩手机，但更加深刻地教育了他，取得了更理想的效果。

3.跟进指导，"小火慢炖"，促进年轻教师成熟

第二次听课之后，我继续表扬小张取得的进步，并和他说："课前准备一定要做足啊，期待你的教学基本功越来越扎实，以后我会随时听你的推门课哦！"

▶读懂教师 🖊

老师课余时间在办公室玩手机，说明他觉得自己的教育教学任务都完成了，没有着急的工作要做，于是选择了放松一下。这会对周围的老师有影响，还会影响大家对他的印象。

我通过走进他的课堂来了解他，如果他的课堂真的很完美，那说明他一定在别的时间付出了努力。通过走进课堂，我发现他由于课前准备不足、没有深钻教材而出现了一些问题。抓住这两点，我暗示小张：课间要把功夫做足，平时要多把精力用在备课上。这样一来，他有了努力的方向，课余时间把精力用在钻研教材上，也就不会总在课间玩手机了。

对于独生子女一代的年轻教师，不能一味批评，需要不断进行引导，给予目标和方向，这样能促使他们不放松，认真备课，最后走向优秀。

（北京外国语大学附属小学校长　徐宝如）

校长之问 31

老师们总是掐着点去上课，甚至还有晚到课堂的情况，校长该怎么办？

▶挑战描述 🖊

在刚过去的这一学期，开学之初总是有老师踩着上课铃声急匆匆地跑进教室。更有甚者，铃声都过去两分钟了，还没有到教室。学生们期盼地等待着，要是再过一会儿，学生们就该沸腾了……遇到这样的问题，作为校长，你该怎么做呢？

▶案例分享 🖊

学期初的第二个星期，周一一早我去楼道巡视，主要是检查老师的到岗情况和学生的精神状态。眼看着就 8 点 20 分了，楼道里基本上没有学生了，大多数学生已经端坐在位子上，拿出书本，准备上第一节课。

我们学校的要求是学生 7 点 50 分就可以进校园了，课前有十分钟的早读时间，所以孩子们第一节课之前的时间很充裕。大多数老师都能够早于学生到达教室，跟着孩子们一起早读。可偏偏就是第一节课的老师，有时候不能及时到岗。

这天我就碰到了一位女老师，左手拎着帆布包，一路小跑，从我身边经过时还不好意思地打了个招呼，加快了步伐，进了楼道尽头的一间教室。她经过我的身边时，铃声就已经响起了，所以，我确定她迟到了。可想而知，第一节课她上得很仓促，到了教室还要平复一下心情，可能都没有做好充分的上课准备。这样的课堂就是不完整的课堂，也不会给学生留下好的印象。

像这样老师上课迟到的情况，我每周都可以碰到一两回。回到办公室，我静下心来思考：怎么才能让老师们自觉守时，做到每一节课都能提前到岗，心情愉悦地顺利完成教学任务呢？首先，在教学常规管理方面，要及时发现问题、解决问题，深查发生问题的实质原因，并对学校的管理工作进一步细化，进行责任划分，以人为本建立有效的监督机制等。其次，对一如既往提前到岗、具有时间观念、遵规守纪的老师，学校应适当进行宣传和表扬，传播正能量，以进一步增强老师的工作积极性。这对部分不守时的老师是一种鞭策，可促使其发挥自身的主观能动性，否定自我、超越自我。最后，强化每位老师重视每一节课的意识，从而使我们学校的课堂教学工作平稳、有序、高效开展，且不断发展。

▶ 方法萃取 🖉

1. 细化管理部门工作

在教学常规管理方面，要及时发现问题、解决问题，深查发生问题的实质原因，并对学校的管理工作进一步细化，进行责任划分。"言治骨角者，既切之而复磋之；治玉石者，既琢之而复磨之；治之已精，而益求其精也。"对于学校的琐事、小事，要在精细化管理下，严谨、细心地做好。

2. 在老师中传播正能量

对一如既往提前到岗、具有时间观念、遵规守纪的老师，学校应适当进行宣传和表扬，传播正能量，以进一步增强老师的工作积极性，这对部分不守时的老师是一种鞭策。强化每位教师重视每一节课的意识，从而使学校的课堂教学工作平稳、有序、高效开展，且不断发展。

▶ 读懂教师 🖉

我相信我们的老师都是负责任的好老师，但可能由于这样或那样的原因，有的人时间观念不强或缺失，从而导致不能提前到岗，上课前没有做好充分的准备工作。当看到老师总是出现类似的一些问题的时候，我们就需要静下心来思考：一定是学校管理上出了漏洞，工作中缺少规则细化和责任划分。有效的管理不仅要在诸多细节上强调规则和纪律，还需要有评价监督机制。不仅要持续地让老师们积极服从管理，还要懂得创新管理手段，所谓"善制法者，如匠人之用矩；不善制法者，如陶人之用型"。管理部门的工作要为教师的个人发展和学校整体水平的提高提供保障。同时，教师队伍的素质是提高教学质量的关键，所以要在教师中传播正能量，适时表扬和宣传遵纪守法的教师，激发教师内在的工作动机，从而建立一个你追我赶、互帮互助、团结和谐的良好环境。教师置身于这种工作环境中，会感到一种"逆水行舟，不进则退"的压力，这就是在引导教师进行自我激励，发挥自身的主观能动性，不断超越自我，从而在循序渐进中提高教师的整体工作积极性，促进教师队伍整体素质的提升。

（首都师范大学附属回龙观育新学校副校长　陈自奎）

校长之问 32

新时代对班主任的要求越来越高，班主任的工作越来越繁重，校长该如何为班主任减负？

▶ 挑战描述 ✏

新时期的德育工作要求班主任要站在学生立场，从全体学生全面、个性和终身发展出发，关注全体学生，走进学生的心灵，倾听学生的心声，夯实德育基石。但一个人的精力是有限的，班主任很难全面兼顾教学和德育工作。作为校长，你该如何通过搭档互补设置班主任岗位，激发班主任的工作积极性？

▶ 案例分享 ✏

做了 28 年的校长，随时对教育进行思考，已经成为我的一种"职业病"。在家不论是吃饭、看剧还是看球赛，我都能随口与同是教育系统的"搭档"聊起来，随时分享自己对教育的思考。而每天往返学校和家的途中，是我为数不多的可以放下工作的休闲时光，"病"难自医，思绪也总是惯性回转。今日途中，我无意中翻到一篇推文《班主任工作究竟有多么辛苦，为何老师都不敢做？》，看着评论区有苦有乐的班主任们或抱怨或自嘲，不禁心生感慨。

每天早晨我和师生同在餐厅用餐，看看学生的状态，和老师们聊聊天，听他们吐吐槽，顺便了解大家当前的困难，这是我最幸福的时光。今天早上，当过 20 年班主任的李老师就跟我聊起了近段时间孩子们每天从早到晚待在学校，管理难度直线上升。幸好和他搭档的小黄，年轻有活力，利用中午时间带着孩子们到操场上散散步、撒撒欢，跟孩子们聊聊天。

回想 10 多年前，我在洛阳市洛龙区第二实验小学当校长时，当时的班主任管理模式同样是一个班由一名班主任总体负责。其有利之处是管理集中，上面千条线，下面一名班主任，责任明确；不利之处是班主任水平的高低直接决定着一个班级的管理水平和发展状况，班主任的任务多而庞杂，科任老师则相对清闲，不同老师具有不对等的工作量，而有限的班主任津贴又不足以调动老师的积极性。双班主任制管理模式，是在相同的教育目标下，两名老师不分正副，协商分工，合作管理班级。一个班级由两名互补型的班主任搭档共同管理，两名班主任在学校指导下自愿结合，实现或能力、或年龄、或经验、或性格方面的互补。

随之，学校涌现了一大批有趣的双班主任搭档，他们在合作中投入情感和智慧，共同打造了独具个性、富有特色的班级文化。

一名性格强势的班主任，往往在班级管理中要求严格，学生普遍对其存有敬畏之心，一名性情开朗的班主任，通常更容易与学生亲近。潘老师是学生眼中的"超哥"，他幽默风趣，常常和孩子们打成一片，受他的影响，学生放松、活跃，富有个性。其搭档张老师治学严谨，对学生的日常规范管理严格，在她的引领下，学生学习认真，规则意识很强。每每班级搞活动，潘老师富有创意，张老师善于落实细节；潘老师重视集体氛围建设，张老师更关注学生个体的心理感受。二人配合默契，被誉为"黄金搭档"。

还有年龄互补型搭档。陈老师是刚毕业的美术专业高才生，有创意，有想法，也深得孩子们喜爱。她将学生作品别出心裁地设计出造型，在教室墙外或班级文化墙上进行展示，极大增强了孩子们的创作欲望；她引导学生讲述作品中的创作思想，让学生充分展示自我，使他们在讲台上的精彩瞬间成为最闪亮的成长记忆。其搭档王老师则是一名有着多年教学经验的老教师，对待学生特别有耐心，工作细致入微，并且善于采取有效方法与家长沟通。沉稳有爱的大姐和谦虚阳光的小妹组成的这一对搭档，被大家亲切地称为"姐妹档"。老教师的传、帮、带能够帮助新教师迅速成长，而新教师的活力和创新犹如新鲜血液，也在一定程度上激发了老教师的创新热情。新老搭配可以让班级建设稳中求新。

牛老师治班有方，善于引导学生开展自主管理，班级里的小小空调管理员、护花使者、多媒体管理员、图书管理员等各尽其责，班级管理得井然有序。贾老师教学严谨，为了激发学生的阅读兴趣，他坚持每日听写，通过亲子共读、组内轮流写班级日记、颁发成长记录卡、优秀文章班级共享等多个途径，让学生都能有实实在在的获得感。这两名班主任在教育教学和班级管理工作中相辅相成、共同提高，成为相互陪伴、共同成长的能力互补型优秀搭档。

为了顺利推行搭档互补型双班主任模式，我带领一批成长起来的"老搭档"，根据自己多年的经验，谈困惑，谈优势，理顺了以下三个问题。一是角色转换问题。在实行搭档互补型双班主任模式之初，学校大多数老师虽然有一定的班级管理经验，但创新意识不强，需要尽快转换心态，以期全员参与班级管理，全员扮演管理者的角色。二是分工与合作问题。同一工作岗位上的两名班主任如何合理分工、沟通合作进而形成合力，是我们在实施中要解决的重点问题。三是实效性问题。搭档互补型双班主任模式是否可行，是否合理，是否能落到实处，管理效果如何——是"事倍功半"还是"事半功倍"，都是需要进行考量的。

经过实践和不断调整，伴随着学校的快速发展，我们后续又提出了更准确的定义，构建"搭档互补型双班主任制"。通过尊重两名班主任的主体地位，逐渐形成的搭档互补型双班主任模式，让两人既有分工又有合作，拥有整体设计、灵活管理的权力。

互相补位的双班主任搭档，让学校的班主任老师们告别了孤军奋战，人人都散发出人格魅力，幸福工作，快乐生活，成为引领、陪伴孩子们共同成长的教育同行者。该模式在全面落实学校"爱育精彩"的办学理念——培养精彩学生、成就精彩教师、引领精彩家长，促进教师之间的高效沟通和协作，提高学校整体管理水平等方面起到了关键作用。

▶方法萃取 ✏

1. 统筹搭配

根据每班的学情，每学期初由校委会统筹，为每班配备两名班主任，组建性格互补型搭档、年龄互补型搭档、能力互补型搭档。在具体实践中，我们要注重过程管理、细节追踪及工作实效，发现老师在班级管理工作中的需求和困难后，要及时跟进帮助，给予支持和鼓励，以保障他们更加得心应手地开展工作。

2. 常态跟踪

注重过程管理、细节追踪和工作实效，通过思想引领，激发双班主任主动发展的动力。

3. 智慧共享

搭建双班主任共同发展的平台。在日常工作中，两名班主任是一个班级的双顶梁柱，协同作战才能更好地推进班级管理工作。为此，我们通过开展多种形式的活动，为班主任搭建了展示风采、共享智慧的平台。

4. 评价护航

形成双班主任协同作战的合力。将双班主任制度与绩效工资联动，老师担任班主任的绩效将在工作量中体现，以充分调动老师参与班级管理的积极性与主动性。

5. 看见精彩

一方面，让搭档彼此看见、"表白"，互相学习，让关系更加和谐；另一方面，实施双班主任"捆绑"评价机制。

▶读懂教师 ✎

每个生命都值得被看见。教师价值与尊严的显现，需要学校关注教师职业发展需求和生命质量提升两个层面。因此，作为校长，我与班主任们面对面交流，激活他们的思想，激发他们的工作动力；同时通过举办讲座、"慧爱"论坛、经验分享会等多种方式，让教师更直观地感受到双班主任制的优势，使"团结力量大""合作共赢"等理念逐渐成为全体教师的共识。

安排多年参与双班主任工作的老教师进行经验分享，对两位搭档日常的工作，如怎样分工、怎样配合、怎样互相帮助、怎样取长补短等方面进行具体指导，帮助其他老师树立做好班主任工作的信心。同时，在共同的平台展示中，好搭档们彼此欣赏与感恩，互相学习，让更多班主任产生了共鸣。

此外，学校将针对班级的量化考评和管理成效作为两名搭档的评优标准，每周的"明星班级评选"、每月的"班主任考核"，要从班级日常工作的各方面进行评价；强调以肯定为主的正向评价，将任务满额并无差错完成归为一档，同时将日常考核与期末的"优秀班集体""优秀班主任"考核进行联动。

（北京第二实验小学洛阳分校校长　张胜辉）

校长之问 33

发现新入职教师坐着上课，校长该怎么办？

▶ 挑战描述 ✎

　　校长在一次教学巡查中，发现一位新入职教师坐着上课，这位新教师看到校长后，依然坐着上课，没有站起来。遇到这样的问题，作为校长，你该怎么应对呢？

▶ 案例分享 ✎

　　2023 年暑期，学校有六位新教师入职，其中有两位担任一年级的班主任。假期里学校针对新教师举行了若干次专题培训，包括"三笔字"、演讲、带班育人、学校文化、家校共育、师德师风、依法执教等。区教委还对全区新入职教师进行了学科课标和教材教法培训。开学前，学校举行了新教师拜师仪式，一对一为新教师安排导师。学校还对新教师进行了课标测试，开展了"三笔字"和即兴演讲比赛。针对开学前分班现场会和第一次家长会，学校还为六位新教师开展了专题教研活动，教师们反复修改发言稿，反复彩排，导师一对一辅导过关。开学后，学校要求新教师每天打卡，项目包括"三笔字"、朗读、教学反思。

　　我对担任一年级班主任的两个新教师不大放心，所以我每天都要去一年级听课、巡课，对她们的常规教学进行具体指导。今年新入学的一年级小学生，因为三年疫情，接受的学前教育严重不足，很多孩子没有课堂常规概念，根本坐不住，专注力差。老师不仅完成教学目标困难，连最基本的课堂秩序维护也存在困难，尤其是新入职的这两位教师，没少哭鼻子。对此，家长也不满意，反映多次，强烈要求更换。针对此种情况，学校要求一年级组每天下午放学后召开反思会，重点让两位新教师反思一天的教学、班级管理、卫生、课间活动、小组合作、午餐、学生行为习惯等情况，分享带班经验，加强校本研修。为了尽快拉近与学生的距离，推进因材施教，实现家校共育，学校要求一年级全体教师用两个月的时间实现全员入户家访，当然班主任要挑重头戏。

从 8 月中旬培训开始，到 10 月中旬，两位一年级的新教师一天也没有休息，白天教学、教研、辅导、组织学生活动；晚上下了班要开反思会，要去入户家访，要备课，要完成教学反思、练字、朗读打卡，还要随时接听家长的询问电话，处理班务。虽然家长对两个新教师不满意，但据我观察她们还是很努力的。听着她们的嗓子都哑了，还在坚持，我是又急又心疼。

10 月中旬的一天，我在巡课一年级的时候，突然发现其中一位新教师坐着上课。教师怎么能坐着上课呢？虽然是新教师，但连这最基本的常规也不懂吗？我有点生气，但不愿打断学生上课，同时也想给她留点面子。我走到教室前门，盯着她看，希望她看到我后能及时主动改正，马上站起来上课。谁想到，她看了我一眼，照样坐着上课，没有任何改错的意识。这下我真的生气了，真想冲进去，要求她立马站起来上课。可是，如果当着学生的面批评她，影响太坏。本来她在班级的威信力就不高，如果学生回家给家长说起此事，就更麻烦了。想到这里，我平复了一下心情，悄悄地离开了。下课后，我及时找到新教师，关心地询问："你今天是不是不舒服啊？我看你今天上课时的精神状态不太好。"新教师马上回应，语气中还带着委屈："我今天发烧了，头疼得厉害，没有力气。""哦，原来是生病了。怪不得坐着上课，怪不得看见校长也不站起来呢！赶快请假去医院看看吧，生病了应该多休息啊！"我的话刚说完，新教师的眼泪就哗哗地流下来了。我心想，她刚刚大学毕业，和我的孩子一样的年纪，在家里还是个孩子呢，现在不仅生着病，还上着课，我有点心疼了。新教师一脸无奈地说："我们一年级组已经有三位教师请假了，我再请假实在是没有人能替课了，我坚持上完课，再去医院看看。"不错，一年级有一位教师结婚，请了婚假；另外有两位教师相继感冒发烧请了病假。这位新教师为了不耽误学生坚持上课，难能可贵！我抱住她，动情地说："你让校长又心疼又感动！"我马上给分管一年级的领导打电话："请协调教导处，抽调其他年级的骨干教师代课，安排新教师去看病休息。"后来，新教师只休息了一天，第二天就又来上班了。之后，我在一次全体教职工大会上，对新教师顾全大局、克服困难、勇于奉献的敬业精神给予了表扬。学期末的一天早上，新教师班的家长捧着一面锦旗来到学校，表达了对新老师的敬谢之意。没想到，从家长质疑到家长敬谢，一个学期新教师就实现了蜕变。

▶方法萃取 🖊

1. 解决之前：用信任来融化对抗情绪

想到这里，我平复了一下心情，悄悄地离开了。下课后，我及时找到新教师，关心地询问："你今天是不是不舒服啊？我看你今天上课时的精神状态不太好。"

2. 解决之中：用沟通来解决实际问题

新教师马上回应，语气中还带着委屈："我今天发烧了，头疼得厉害，没有力气。""哦，原来是生病了。怪不得坐着上课，怪不得看见校长也不站起来呢！赶快请假去医院看看吧，生病了应该多休息啊！"我的话刚说完，新教师的眼泪就哗哗地流下来了。新教师一脸无奈地说："我们一年级组已经有三位教师请假了，我再请假实在是没有人能替课了，我坚持上完课，再去医院看看。"我马上给分管一年级的领导打电话："请协调教导处，抽调其他年级的骨干教师代课，安排新教师去看病休息。"

3. 解决之后：用激励来促进快速成长

后来，新教师只休息了一天，第二天就又来上班了。之后，我在一次全体教职工大会上，对新教师顾全大局、克服困难、勇于奉献的敬业精神给予了表扬。学期末的一天早上，新老师班的家长捧着一面锦旗来到学校，表达了对新教师的敬谢之意。

▶读懂教师 🖊

情绪是我们内心感受的外在表现。高兴、悲伤、恐惧、焦虑、愤怒等都是情绪。但对方通常不会直接表示"我很生气"或"我很焦虑"，而是把情绪隐藏在行为或话语里。这就需要我们用心察看、认真倾听，把对方行为或语言里隐藏的情绪识别出来。

新教师接受过师范教育，参加了区校两级的岗前培训，肯定知道教师是不能坐着上课的。而且被校长巡课发现了，一般情况下，教师都会立即站起来，用行动及时改正自己的不当行为。该案例中的新教师虽然当时发烧了，但并没有严重到站不起来的程度，但她依然毫无顾忌地坐着讲课，有可能是故意做给校长看的。所以，校长首先要关注教师的情绪。那么，这位新教师的情绪是怎么来的呢？导火索自然是自己生病了，还找不到替课的教师。这种消极的情绪是怎么滋生出来的呢？其实是因为连续两个月他们没有休息一天，他们太累了。从8月份区校两级培训开始，到开学后的教学、教研、家访、辅导、社团活动、每日反思、基本功打卡等，她们除了吃饭、睡觉，其余时间都在忙工作。再者，她们毕业前后的生活出现强烈反差，让她们感觉压力太大了。与大学生活相比，一线教师工作节奏快、任务多、标准高、难度大、责任重，还要面对来自各方的压力——来自一年级小学生的无规矩压力、来自课堂教学的目标压力、来自同伴的专业压力、来自家长的责难压力、来自学校的考核压力，种种压力压得她们不仅身体吃不消，而且开始产生焦虑情绪。她们无法消化这些压力和情绪，所以当生病了还不能休息时，就用坐着上课来对抗学校的巡课管理。

读懂了教师行为背后的情绪后，首先要用信任来消除教师的对抗情绪，要相信新教师不会无缘无故地坐着上课。然后从关心新教师的身体和精神入手来了解情况。当新教师的错误行为得到理解，对抗情绪得以平缓，新教师感觉到自己的努力和付出被校长看到了，她回应的语气就变得委屈，眼泪哗哗地流了下来，此时对抗情绪就被成功地融化了。

其次，要用沟通来解决实际问题。一是与本人沟通，了解实际情况。新教师强调自己"没有力气"，这是对自己坐着上课的解释。校长在得知新教师生病了后，对其坐着上课一事不再揪着不放，不仅没有批评，反而根本不提这个话题，让教师赶快去医院看病、休息。二是与分管领导沟通，解决替课带班问题。让分管领导协调教导处，从其他年级中抽调骨干教师替课带班，这样的安排就让新教师和家长都放心。新教师不敢请假看病、休息的原因，确实如她所说，一年级有三位教师请假，替课带班安排困难；其实还有一个没有说出来的原因——因为自己的专业能力不足，这个班问题比较多，家长已经不满意了，如果再请假，她担心学生会更乱，家长对她的意见也会更大。如果是骨干教师替课带班，她就会放心去看病、休息。

最后，要用激励来促进快速成长。校长对一名犯错的新教师不仅不批评，还拥抱了她，这是对她敬业精神的肯定。因为校长的包容、理解和肯定，新教师产生了工作热情，所以只休息了一天，第二天就来上班了。之后，校长在全体教职工大会上对其进行表扬，进一步点燃了新教师的工作激情。新教师得到了理解、支持、肯定、称赞，就更加努力，更加自信，这样的工作状态助推她快速成长，也就出现了期末家长送锦旗的一幕。

（北京市密云区第七小学校长　王思明）

校长之问 34

在值周过程中，教师摆样子、走形式的现象较普遍，校长该怎么办？

▶挑战描述 🖊

校园安全是学校工作的重要组成部分。在摄像头全覆盖的防护基础上，大多数学校仍然在易拥堵的校门口、各楼道口安排了值周教师。然而，值周教师们除了按时到岗和简单地给问好的学生点个头，大多像木头人一样。对此，作为校长，你是见怪不怪，还是"一刀切"地取消呢？

▶案例分享 🖊

在我们地区，值周是各中小学教师的常态工作之一，一般为每学期一次（小规模学校可能两次）。值周时间是早上开校门时段、课间休息时段以及午餐后时段。值周地点一般包括校门口、各楼道口、大（小）操场等。值周教师的主要职责是维护该时段相应地点的安全、有效预防事故发生或及时解决问题。

大多数的学校值周教师的工作主动性较强，唯独楼道值周教师犹如木头人一样眼神空洞地立在那儿，除了给问好的学生点个头外，对拥挤的楼梯口、漆黑的未开灯的楼道大厅仿佛视而不见。

我琢磨着，如何能提醒老师呢？

习惯使然，我每天早早地来到学校，早餐后就在校门口迎接孩子们——时而关心身体不舒服的孩子，时而帮助孩子们整理着装，然后再"蛇形"漫步每一层楼直至回到我的办公室。其间我跟每一位值周教师热情地打招呼，跟每间教室里早到的孩子聊上两句，示意楼道里高声说话的孩子要"轻轻地"，提醒着急奔跑的孩子要"慢慢地"……这是我的早课。

有时，我会主动请求参加当周的大队委会，不仅因为"与校长谈心"是孩子们喜欢的活动之一，还因为我有主题需要与孩子们一起讨论。比如我问："每天校门口与楼道口的值周教师是否可以取消，由队干部们来管理？"哪知大多数发言者都表示不能。理由包括：如果课间遇到紧急事情，自己的班主任恰好不在，就可以迅速到同楼层找值周教师帮忙解决；如果听到值周教师向自己问好，心情就特别好；等等。

事后，我在行政扩大会（年级组长列席参加）上再次提出："值周教师的效能虽不大，但不容忽视的是值周教师确实很辛苦，在值周那一周，课间都无法休息，加之学校已实现摄像头全覆盖，要不由学生干部来值周，如何？"话音刚落，安全管理干部及大队辅导员就表达了看法，同时大队辅导员还将队员们的意见反馈给参会人员。其中，"能在最短时间内避免安全事故的发生，而摄像头的意义大多体现在事故发生后""目前，学生文明休息的习惯还未养成，队干部自身的能力还不足"的呼声最大。讨论会还对"值周区域""巡视内容""点评形式"进行细化，同时挖掘出了"值周的教育价值"。

每周五，前后两周的值周教师都要交接工作。每个点位的总结既可以为下周一升旗仪式的值周总结提供素材，也可以为新一周的值周工作起到承上启下的作用。同时，校长可时不时地参与其中，引导广大值周教师发现校园的美、学生的进步，而发现的前提是主动去看、去听、去交流。

教育是慢的艺术、静的事业。一切从需要出发，只有看见、听见，才能更准、更好地预见！

▶方法萃取 🖊

1. 榜样示范法

我跟每一位值周教师热情地打招呼，跟每间教室里早到的孩子聊上两句，示意楼道里高声说话的孩子要"轻轻地"，提醒着急奔跑的孩子要"慢慢地"……这是我的早课。

2. 逆向讨论法

"每天校门口与楼道口的值周教师是否可以取消，由队干部们来管理？""值周教师的效能虽不大，但不容忽视的是值周教师确实很辛苦，在值周那一周，课间都无法休息，加之学校已实现摄像头全覆盖，要不由学生干部来值周，如何？"

3. 及时反馈法

每周五，前后两周的值周教师都要交接工作。每个点位的总结既可以为下周一升旗仪式的值周总结提供素材，也可以为新一周的值周工作起到承上启下的作用。

▶读懂教师 ✎

校长长期坐在办公室就无法真正获知师生的需求。校长要潜下心来，最大可能地看见、听见与预见师生的需求。关注人的需求，尊重事物发展的规律，当看到教师的普遍行为的时候，要率先思考行为背后的原因和需求。教师工作辛苦、工作标准不细化、职责意识不强是根本原因。以问题促发展，讨论即是研究。面对问题，要不回避、不教条，实事求是，解放思想，才有解决问题的可能。于是，从体谅教师出发，尝试逆向讨论，从中升华出教育的价值与细化的职责要求，此乃"顺势而为"。

注重自身的引导，尊重管理规律——"身正为范"是学校管理的真谛，因为"其身不正，虽令不从"。校长在校门口、楼道里的身教为全体教职员工树立了典范，校长用行动告诉大家"可以怎么做"胜过各种形式的言语要求。

诚然，一切事物都需要与时俱进。今天值周教师的尽心尽责，会加速大多数孩子养成文明休息、在楼道里轻声慢步的良好习惯，那时候值周教师就可以尝试退出，孩子们就可以进行自我管理了。

（四川省成都市迎宾路小学校长　蒋娅）

校长之问 35

新教师不断被家长投诉，专业能力急需提升，校长该如何应对？

▶ **挑战描述** ✎

小张，"985"名校研究生毕业后，满怀热情地走上讲台。然而，没多久，他便遭遇了教学生涯中的第一波挑战：课堂乱成一团，学生难以管教；作业收不上来，教学进度受阻；家长投诉接连不断，压力倍增。对这位初出茅庐的新教师来说，理想与现实的巨大落差无疑是一次沉重的打击。作为校长，你该如何应对？

▶ **案例分享** ✎

小张老师的故事，在我这位校长眼中，既是一次挑战，也是一次成长的契机。我深知，每一位优秀的老师都曾是新手，都需要在实践中摸索、在挫折中成长。

一天，我走进了小张老师的课堂。果然，如我之前所听所闻，学生们纪律松散，小张老师则有些手足无措。课后，我与他进行了一次深入的交谈。小张老师坦诚地向我诉说了他的困惑与无奈："校长，我真的尽力了，可是学生们就是不听我的，我该怎么办？"

我安慰他："小张，不要灰心。教学是一门艺术，需要时间和经验去积累。我相信你有能力克服这些困难。"接着，我与他分享了一些我自己的教学经验和课堂管理技巧，并鼓励他大胆尝试、勇于创新。

此后，我开始密切关注小张老师的成长进程。我组织了多次教学观摩活动，让他有机会向其他有经验的老师学习；我也鼓励他参加各种教学培训和研讨会，以拓宽视野、提升能力。

在我和其他老师的共同帮助下，小张老师逐渐找到了自己的教学节奏和方法。他开始尝试与学生建立更紧密的联系，了解他们的需求和兴趣；他改进了课堂管理方式，使得课堂纪律有了明显的改善；他优化了作业设计，激发了学生的学习热情。

▶ 方法萃取 ✎

1. 提供实践机会

让新教师在实际教学中积累经验、锻炼能力。可以通过组织教学观摩、参与课题研究等方式为他们提供实践平台。

2. 建立导师制度

为新教师配备有经验的导师，进行一对一的指导和帮助。导师可以为新教师解答疑惑、分享经验，帮助他们快速适应教学环境。

3. 加强教学培训

定期组织新教师参加教学培训和研讨会，提升他们的教学理念和教学技能。可以通过邀请专家开设讲座、组织参与校际交流等方式进行。

4. 鼓励创新尝试

鼓励新教师在教学中大胆创新、勇于尝试新的教学方法和手段。即使失败了，也要给予他们足够的包容和支持。

5. 注重心理关怀

新教师在面对挑战时往往会产生挫败感和焦虑情绪。校长和学校管理者要注重对新教师的心理关怀，帮助他们树立信心、积极面对困难。

▶ 读懂教师 ✎

在帮助新教师成长的过程中，我深刻地体会到了读懂教师的重要性。每位教师都有其独特的个性和教学风格，也有各自面临的挑战和困境。作为校长和学校管理者，我们要用心去观察、去理解每位教师的需求和期望，为他们提供有针对性的支持和帮助。

对小张老师来说，他需要的不仅仅是教学技巧和管理方法上的指导，还有信心和勇气。他在面对困难时感到迷茫和无助，需要有人为他指明方向、给予力量。因此，我在与他交流时注重倾听他的想法和感受，给予他充分的肯定和鼓励，也为他提供了具体的实践机会和资源支持，帮助他逐步走出困境、找到属于自己的教学之路。

总之，帮助新教师成长是一项长期而艰巨的任务。我们需要用心去理解他们、支持他们，陪伴他们走过每一个阶段。同时，我们也需要不断总结经验、提炼方法、完善机制，为更多新教师的成长提供有力保障。我相信，在我们共同的努力下，一定能够培养出更多优秀的人民教师，为教育事业的发展贡献力量。

（北京十一衢州实验中学执行校长　孙清亚）

校长之问 36

老师们不主动参加运动，身体素质下降，校长该怎么办？

▶挑战描述 🖉

学期中，人事主任反映最近生病的老师有些多，基本上都是缺少运动、抵抗力下降导致的。遇到这样的问题，作为校长，你该怎么应对呢？

▶案例分享 🖉

"最近老师们的运动社团还在开展吗？"我问负责老师运动社团的工会主席。"别提了，校长！我正打算跟您汇报这件事呢。"工会主席一脸无奈地看着我说，"咱们的社团一直都在开展，可是出勤率的确不够高。我也询问了老师们不参与的原因，回答基本上都是工作一忙就给忘了。您说这可咋办啊！咱也不能每天都追着老师们去参加运动啊！""嗯，这是个问题！别着急，咱们再想想办法，看看如何能够让老师们自觉地参与到运动中。"

工会主席走后，我便来到了老师们的办公室。因为正好是下课的时间，大部分老师都回到办公室或喝水或小憩或三三两两说着什么。大家看到我来了，纷纷围拢了过来，七嘴八舌地同我打招呼。"听说最近老师们生病的比较多，我过来看看大家。"我开门见山地向老师们表明来意。"是不少，不过没事，校长，都不是什么大问题，休息两天就好了。您放心吧！"一位中年老师说道。"嗯，我问了人事主任，大部分都是缺少运动造成免疫力下降而生病。大家为什么不去运动呢？是咱们的运动社团有什么问题吗？"我望着大家，追问道。"不是，不是，校长。咱们的社团都挺好的，不仅形式多样，而且还有咱们专业的体育老师进行指导。"一位老教师拉着我的手说。"那为什么大家报了社团，却不去参加活动呢？"很多老师被我这样一问，都红着脸低下了头。那位老教师看了看大家又看了看我后说出了原因："校长，这事也不能怪大家！咱们的社团虽然很好，但是就像我，上了一天班感觉有点累了，社团虽然记录老师们的出勤率，但是不去也没啥影响，大家就放松了。"其他老师听后也纷纷点头表示同意。

从老师们的办公室出来后，我又找来了工会主席。"看来咱们要在老师们参与运动的积极性上下点功夫了。不过，不能是简单粗暴的奖惩，而是既要真正让老师们参与其中，还要通过运动让老师们更有凝聚力！"看着一头雾水的工会主席，我继续说道："从下个月开始，咱们每个月组织一次运动活动。比如：下个月进行踢毽子比赛，年龄在45岁以下的老师都参与，有特殊情况的和45岁以上的老师参加健步走。再增设督促及奖励机制，将所有老师的成绩相加作为年级组的成绩，并将其作为期末优秀年级组评定的内容之一。你看行吗？"工会主席听了很赞同，马上落实下去。从第二天开始，附小的操场上每天都会有老师们自觉锻炼，或是跳绳，或是踢毽子，或是投篮，或是健步走……一个月后，工会主席兴奋地说："校长，您这个办法简直太棒了！老师们为了全组的荣誉努力锻炼，不仅提高了免疫力，还增强了组内老师的凝聚力！"从此，将体育锻炼成绩作为附小优秀年级组评选的标准成为我们的传统。

▶方法萃取 🖉

1.深入了解原因

"嗯，我问了人事主任，大部分都是缺少运动造成免疫力下降而生病。大家为什么不去运动呢？是咱们的运动社团有什么问题吗？"

2.针对问题进行解决

"从下个月开始，咱们每个月组织一次运动活动。比如：下个月进行踢毽子比赛，年龄在45岁以下的老师都参与，有特殊情况的和45岁以上的老师参加健步走。再增设督促及奖励机制，将所有老师的成绩相加作为年级组的成绩，并将其作为期末优秀年级组评定的内容之一。"

3.持续关注推进

从此，将体育锻炼成绩作为附小优秀年级组评选的标准成为我们的传统。

▶读懂教师 ✏

　　每个人都是有惰性的，老师们亦是如此。我们为鼓励老师们积极参加运动，创设了很多社团。但是由于工作繁忙，老师们产生了惰性心理，这时候我们首先要理解老师——平时工作忙，忽视体育锻炼是常事，加之也没有感受到运动的乐趣。此时，如果我们采用简单的惩罚或奖励措施，不仅很难调动老师们的运动热情，反而有可能会让老师们产生逆反情绪，从而与我们的初期目标背道而驰。但是，如果我们将每位老师的运动情况与集体建立联系，此时的激励效应就会被无限放大。老师们在集体荣誉感的驱使下势必会积极而主动地参与到运动中，这样不仅可以实现我们让老师们运动的目的，还可以提升老师的凝聚力。所以，我们的管理不仅要关注结果，还要考虑每位老师的内心情感。关注情感的制度因有温度而更加有力度。用集体的荣誉约束个人行为，"逼迫"老师们养成良好的运动习惯，不仅能够起到督促的作用，也增强了团队的凝聚力和荣誉感。

（北京市特级校长、中国人民大学附属小学原校长　郑瑞芳）

老师提出要根据自己的特长开展教学工作，校长该怎么办？

▶ 挑战描述 ✎

　　每承办一所学校，我都要首先通过听课了解每一位老师，以便对学校发展现状做分析诊断。2016年，海淀区教委又委托人大附小承办亮甲店小学。执行校长告诉我，一位科学老师不想上科学课，一定要上小提琴课。遇到这样的问题，作为校长，你该怎么应对呢？

▶ 案例分享 ✎

　　"郑校长，我想找您谈谈。"一位身材健硕、说话声音却很颤抖的大高个男老师走进我的办公室，红着脸对我说。看得出来，他一定是鼓足了勇气才来找我的。"是李老师吧？有什么事坐下说。"我边说边起身把他引到对面的椅子前。他愣愣地看着我，坐下说："您知道我姓什么？""我不仅知道你姓什么，还知道你是教科学的。李老师，咱们亮甲校区所有老师的名字、所授学科、个人特点我都做了一些了解。说吧，你找我什么事？"看着他虽然吃惊却明显感觉亲近的眼神，我知道我这些天做的功课没有白费。

　　"郑校长，我想教小提琴。"他紧握着双拳，认真地望着我说出了好像是酝酿了很久的一句话。"教小提琴？你不是教科学的吗？"我疑惑地问他。"是，我原来一直教科学，可小提琴才是我的最爱。"说到最爱，他已经完全放松了，开始向我侃侃而谈。"郑校长，您不知道，我从小就学习小提琴，小提琴已经成为我生命的一部分。我知道原来我们学校是不可能开设小提琴课的。现在附小来管理了，我知道附小是有这个实力的。我就大着胆子想请您让我去教小提琴。请您相信我，小提琴对学生艺术素养提升的帮助绝对是巨大的。"望着全身心投入介绍小提琴艺术的李老师，我不仅感受到了他对小提琴的热爱，也感受到了他期待将这份热爱传递给孩子们。

当他滔滔不绝地说了近 10 分钟后，我拉着他的手对他说："李老师，从你热情洋溢的介绍中，我感受到了你对艺术的热爱、对教育事业的热爱。不过，开设一门课不是我一个人就能决定的，我需要同其他领导开会商议并根据国家的课程开设规定才能最终决定。你不要着急，我会尽快和各位领导商议这件事。""谢谢您！我知道这件事不容易，但我感觉得出，您是理解老师的，谢谢您！"他拉着我的手深深地鞠了一躬，抬起头时我看到他的泪水已涌出眼眶。

几天后，我们召开了行政会议，并拿出专门的时间讨论了此事。"赵老师，你负责教学。咱们有可能开设小提琴课吗？"我把李老师找我的事跟各位领导介绍完，就询问负责教学的副校长。"校长，根据国家的课程设置要求，二年级可以开设艺术校本课程，每班每周一课时。小提琴课属于艺术课程，是可以开设的。"负责教学的副校长拿出课程设置文件找到相关条文后说。"好，现在我们解决了第一个问题——开设小提琴课是合规的。现在咱们讨论第二个问题——是否在我校二年级开设小提琴课，并由李老师任教。"我刚把问题抛给各位领导，他们就议论开了。"这要是谁想教什么就教什么，那以后还怎么安排工作？""是啊，那不就乱套了？""我觉得挺好，这样可以发挥老师们的主观能动性。"……各位领导七嘴八舌，讲得虽都有些道理，却无法说服众人。看着大家一时无法统一想法，我说出了自己的想法："各位领导，刚才我们研读了文件，开设小提琴课首先是合规的。大家现在担心的是如果满足了李老师的要求，后续可能会有更多的老师也提出相似的要求——根据自己的特长、喜好选择所教学科，影响工作安排。对吧？"几位领导望着我点了点头。"不过，这样的事情是个例。另外，我们也要想一想，如果老师们提出了这样的要求，是不是因为他一定在某一方面有十足的信心呢？当他有信心做好这件事，我们又给了他这样的平台，会带来什么结果呢？"我继续追问道。"那他的工作积极性一定特别高，孩子们一定能跟这位老师收获更多的知识，学校又多了一项特色教学活动。"科研主任激动地说。"对啊，一举三得的事咱们为什么不干啊？"于是，对于支持李老师开设小提琴课这件事，领导们取得了一致意见。

就这样，附小的小提琴课在二年级开设，至今已有近万名学生在学校学会了这门乐器，学校也成立了弦乐团。从此，彩虹门经常会有背着小提琴、中提琴琴盒，拖着大提琴琴盒的孩子进进出出。李老师也带着附小弦乐团的孩子们走进了电视台，登上了更广阔的舞台。

▶方法萃取 🖊

1. 肯定乐教意识

"李老师，从你热情洋溢的介绍中，我感受到了你对艺术的热爱、对教育事业的热爱。"

2. 依法依规执行

"校长，根据国家的课程设置要求，二年级可以开设艺术校本课程，每班每周一课时。小提琴课属于艺术课程，是可以开设的。"

3. 提供展示平台

就这样，附小的小提琴课在二年级开设。从此，彩虹门经常会有背着小提琴、中提琴琴盒，拖着大提琴琴盒的孩子进进出出。李老师也带着附小弦乐团的孩子们走进了电视台，登上了更广阔的舞台。

▶读懂教师 🖊

老师想要根据自身特长进行所教学科的调整，说明老师对自己的技能很自信，也表明老师对教育的热爱。学校要积极为老师创造条件，最终让孩子们有实际收获。当然，我们在支持老师发展特长的同时，也要依法依规地去执行国家的课程设置要求。如果老师所提要求不符合规定，即使其积极性再高，也不能越过规则红线。学校为这样的老师提供平台，不仅是为他打开了一扇展示及成就自我的大门，也是为所有的孩子铺设了一条更宽广的教育大道，让他们在校内就能获得更多的教育资源。

为老师提供展示平台，实现老师的自我价值，才能成就职业幸福的老师。

（北京市特级校长、中国人民大学附属小学原校长　郑瑞芳）

校长之问 38

名校承办薄弱校，校长该如何让被承办校老师尽快融入？

▶挑战描述 ✎

实践表明，名校承办薄弱校是优质教育资源共享、实现教育均衡的有效举措。但在承办的初期阶段，被承办校教师存在种种不适应。比如教师对新学校教育理念产生认同感、融入新团队往往需要一个循序渐进的过程。如果学校的引领不到位，则会出现"水土不服""消化不良"等症状。如何让被承办校教师尽快融入，进而喜欢上新的团队？作为校长，你会怎么做？

▶案例分享 ✎

2012 年 9 月的一天，我和一位新调入教师在餐厅相遇，我们边吃边聊天。交流中，我听出了他的困惑与焦虑。"走进附小这所'藏龙卧虎'的名校，教师们的教学水平都很高，我感觉自己的能力不足，好像一切都要从头学起，很是焦虑……"新教师的真情告白引发了我的思考。附小每年都会调入不少新教师，还在不断承办薄弱校，被承办校教师普遍存在教育理念落后、研究意识淡薄等问题，他们的焦虑情绪一定很大。我作为校长一定要高度关注这个问题，要想办法帮助新教师尽快融入附小这个大家庭。

我先与被承办校教师谈心谈话，了解他们的困惑，倾听他们的心声，让新教师充分感受到被尊重、被关爱。继而我召集行政领导班子召开专题行政会，聚焦问题，开展主题研讨活动。大家群策群力，确定了"教师发展一体化"的思路。

所谓"教师发展一体化"是指被承办校教师与承办校教师进行同样的校本培训，如每周五下午所有教师都要参加培训活动：走进七彩教师讲堂，观摩学科研究课，参与校本教研活动。同时，教师还会融入各个教研组、年级组，参加集体备课、课堂教学研讨、教师春晚、师德表彰会等各类教育教学活动，深度了解学校文化，感受和谐团队带给自己的成长。

为使被承办校教师尽快融入学校，第一年学校为每一位教师精心选择了"开心伙伴"。"开心伙伴"一对一帮助教师，在备课、上课、作业批改、与家长交流等方面都给予手把手的指导，同时在生活中给予关心帮助，以使及时地进行心理疏导。

第二年、第三年实现 50% 的教师轮岗，引领教师深度融合。以校区的特点为主，依托名校的资源优势进行主题校本教研，每学期就"专题"开展行动研究，围绕专题进行学习，开展专题研讨课活动，通过课堂磨砺来反思提升。

五年内，实现 95% 以上的教师轮岗，教师走向完全融合。学校组织各校区开展校区间同课异构、主题研究等校本教研活动及教学擂台赛活动，从学科的一个领域进行纵向深层次的研究，从而培养各学科骨干教师。

当然，各校区教师也会享受同样的人文关怀，如暑期各校区教师都可以来本校区游泳馆学游泳，教师子女都可以来主校区就读等，进而学校成为教师工作的乐园、生活的家园、成长的校园，每个人都能感到家的温暖与幸福。

▶ 方法萃取 ✏

1. 进行沉浸式培训，使教师融入新学校，感受幸福

为更新被承办校教师的教育理念，学校采用沉浸式培训的方式，以使其尽快融入新学校，开启幸福逐梦的旅程。学校组织教师每周五下午参加主校区的各类校本培训活动：走进七彩教师讲堂、誓师会、师德表彰会、读书会，观摩学科研究课，深入大教研组参加校本教研活动等各类教育教学活动。被承办校教师通过全方位参与、沉浸式学习，理解学校文化，感受职业幸福。

2. 结识开心伙伴，通过手把手帮助，分享幸福

被承办校教师在第一年处于适应期，无论是在班级管理上还是在课堂教学中，都会存在种种困惑与不适应。他们如果不能及时得到帮助，一定会出现焦虑情

绪。校长应该想教师之所想，急教师之所急。对被承办校教师的培训只有宏观引领是不够的，学校为他们安排开心伙伴，对他们进行一对一的帮扶——就从备课、上课、作业批改到与学生家长交流等大大小小的事情进行及时的指导与帮助。在这个过程中被承办校教师感受到了专业上成长的幸福，承办校教师则感受到了"赠人玫瑰，手有余香"的幸福，可谓双赢！

3. 通过教师轮岗，引领教师深度融合，进而创造幸福

相关文件指出教师轮岗交流是实现城乡义务教育资源均衡配置的一项战略举措，并做出推进教师轮岗的决策部署，突出了教师轮岗交流工作的重要性，增强了教师轮岗工作实施的紧迫感。2013 年 9 月起，我校正式实施教师轮岗制度——从骨干教师轮岗，到全员教师轮岗。教师轮岗促进了不同学校教师的深度融合，大家共享资源，一起研究，共同成长。

4. 给予教师人文关怀，满足教师需求，最终让教师品味幸福

名校承办薄弱校，在初期被承办校教师可能会有不适应感。校长应给予教师更多的人文关怀，在力所能及的情况下，为教师提供暖心的服务，帮助教师解决子女入学等问题，给予教师更多的温暖，增强教师走进名校的荣誉感与幸福感。

▶ 读懂教师 🖊

名校承办薄弱校，不是简单的合并。因工作环境的变化、学校文化的差异，教师会有很多的不适应感。校长首先要换位思考，读懂教师内心的困惑，耐心倾听教师的各种顾虑，帮助教师破解大大小小的难题，让教师放下心中的"包袱"，轻松融入新的团队。在这个过程中，教师的归属、爱和自尊的需求得到满足，成为教师融入新学校的重要基础。

融入一个新学校时，学校文化的差异、同伴教学能力的悬殊，往往会激发教师的学习与成长欲望。校长要抓住这个契机，引导教师做好成长规划，为教师搭建学习提升平台，如基于教育理念更新、课堂教学水平提升开展各类沉浸式培训，安排开心伙伴一对一指导等。每个人都有价值实现的需求，都渴望得到认可与赏识。校长还要为教师搭建展示交流的平台，如通过开展"我的师德故事""彩虹杯"课堂教学基本功大赛等活动为教师提供展示自我的平台，引领教师体验学习与思考带给自己的力量，体验成长带给自己的职业幸福感。

在教师轮岗的过程中，教师可能会遇到交通、住宿、孩子入学等方面的生活

困难。作为校长，我们要想教师之所想，主动为教师考虑可能遇到的问题，帮助教师解决生活困难，最大限度地为教师送上人文关怀。俗话说"以心换心，方得真心"，相信校长的真情一定会激发教师更大的工作热情与干劲，教师也一定会把满满的幸福感传递给更多的孩子！

（北京市特级教师、中国人民大学附属小学原校长　郑瑞芳）

校长之问 39

老师和教学干部产生矛盾，校长该怎么办？

教学干部为了督促老师们做好平日的作业批改工作，没有提前通知，突击检查作文本的批改情况，要求老师马上上交本班作文本。有的老师的作文本在家，只能打车回家去取。这件事在老师中产生了很大反响。老师们议论纷纷，谴责学校工作不人性化。面对这种情况，校长该怎么办？

记得 2008 年的一天，我走在校园里，看到老师们三个一伙儿、五个一群地在议论什么，表情都很气愤。我走上前去问："发生什么事儿了？"老师们的表情严肃，都很不高兴，互相看看犹豫着说不说。这时其中一位老师说："就跟校长说吧。"于是，老师们七嘴八舌，你一言我一语地就把事情跟我叙述了一遍。

原来是今天早晨一到校，教学干部就通知所有语文老师马上把本班的作文本上交到学校办公室，学校要抽查作文的批阅情况。张老师前一天把作文本带回家晚上批改，因没有全部改完，所以今天就没有带来，于是请示教学干部能不能明天再交。教学干部说不行，必须今天交。那怎么办？为不耽误第三节课，于是上完第一节课后来回打车，取回了学生的作文本。

老师们听说了这件事后都愤愤不平，对学校工作很有意见，认为：学校工作不够人性化，为什么不能提前通知？没有提前通知就应允许放在家里的老师第二天再交，非得让老师回家去取，费时费力又费钱。我认真听完了老师们的意见，安慰老师们别着急，我马上与教学干部沟通，一定会很好地解决这个问题。

我找到了教学干部，了解她的初衷和想法。她说家长反映有老师作文批阅不及时，她想通过突击检查了解一下哪位老师存在这种情况，同时督促老师们做好日常的作业批改工作。为什么没有提前一天通知老师呢？就怕有老师临时突击，那样就查不出来了，因而没带的就要回家去取，一视同仁。

听罢，我首先肯定教学干部对家长意见的重视、对本职工作的责任心，是校长放心的好干部。其次和她一起分析这项工作的利弊得失，使她认识到她的初衷是非常好的，也达到了督促老师们做好平日教学工作的目的，但是工作的方式方法需要探讨。如果她能够到班里、到办公室去亲自看看孩子们的作文本，遇到作文本没在学校的老师，等其判完了拿回来再查，就既不会造成突击压力，也能了解到一些真实问题。然后再针对问题，进行个别谈话或给老师们提要求。我们要相信附小的老师绝大多数是认真负责的，即使有个别老师拖沓了，也要了解是身体不舒服造成的，还是家里有什么事情，才没能及时批阅。所以，对于家长的意见我们要虚心接受，及时了解情况，在了解情况的过程中也要区别对待。管理工作要让老师心服口服。教学干部心悦诚服地说："校长，您说得对，我有点简单粗暴，给老师带来了不信任感，我马上纠正。"我从兜里掏出50元钱，塞到教学干部手里，让她给张老师送去报销的打车费，再向张老师道个歉，保证今后的工作会更加细致。教学干部立刻推让说："这钱应该我出，我应该为错误买单。"我马上纠正说："不是错误，是失误，工作中谁都难免。这是学校的管理问题，所以校长为你的成长买单。你只管大胆干！"教学干部听了，眼圈都红了，表示一定好好干。后来，张老师找到我："校长，真不好意思，我自己没有带作文本，就应该回去取，还给我报销真不合适。"老师们听说了以后，都特别感动，觉得校长体谅老师。老师们也理解了教学干部，都是为了学校工作，所以老师们纷纷表示以后一定要自觉做好平日工作，让学校放心！

▶ 方法萃取 ✐

1. 充分肯定初衷

我首先肯定教学干部对家长意见的重视、对本职工作的责任心，是校长放心的好干部。

2. 分析原因并跟进

其次和她一起分析这项工作的利弊得失，使她认识到她的初衷是非常好的，也达到了督促老师们做好平日教学工作的目的，但是工作的方式方法需要探讨。如果她能够到班里、到办公室去亲自看看孩子们的作文本，遇到作文本没在学校的老师，等其判完了拿回来再查，就既不会造成突击压力，也能了解到一些真实问题。然后再针对问题，进行个别谈话或给老师们提要求。

3. 勇于担责，出妙招

我从兜里掏出 50 元钱，塞到教学干部手里，让她给张老师送去报销的打车费，再向张老师道个歉，保证今后的工作会更加细致。教学干部立刻推让说："这钱应该我出，我应该为错误买单。"我马上纠正说："不是错误，是失误，工作中谁都难免。这是学校的管理问题，所以校长为你的成长买单。你只管大胆干！"

▶读懂教师 ✎

作为校长，这么多年来我一直被附小老师的敬业精神感动着，我相信绝大多数老师都愿意把工作做好，因为我们已经把职业做成了事业，每个人心中都有为附小培养人才的愿景。所以，我们对家长反映的问题要全面了解和分析，不能因为个别老师的个别原因而影响了老师的工作热情和责任心。老师不是管出来的，是感染带动出来的，要用信任培养诚信。同时，对于教学干部工作中出现的问题要理解并给予帮助。每一个人都在问题中成长，问题是干部成长的财富。校长要敢于为他们成长中的问题"买单"，并一起找出解决问题的妙招。

（北京市特级校长、中国人民大学附属小学原校长　郑瑞芳）

校长之问 40

老师对学校提出的教学要求产生抵触情绪，校长该怎么办？

▶ 挑战描述 ✏️

为了能让老师们静下心来仔细记录自己的教学行动和教学过程，养成梳理总结课堂教学的好习惯，通过积累与反思不断提升对教学的认识，学校要求老师写教学随笔。学校的初衷是好的，但学校发现有部分老师对写教学随笔产生了抵触情绪，一到期末就会出现集中摘抄"补作业"的现象。作为校长，你如何让老师们从被动做到主动呢？

▶ 案例分享 ✏️

"咱们这学期教学随笔要写几篇呀？""能上交电子版吗？""年长的老师可以少写几篇吗？……"虽然让老师们写教学随笔已经是常规工作了，可是每到期末教研组长总是带着老师们的一些问题不停地向教学研究中心询问，就像孩子写作业一样，总是希望能少写或者能用什么替代。

学校要求老师写教学随笔的初衷是记录老师们在课堂教学过程中的反思、经验、技巧，以及遇到的不容易解决的问题，也是想让老师们养成写作的好习惯。每学期写 10 篇，一年就是 20 篇，工作十年就是 200 篇。每学期末，我都认真学习老师们的教学随笔。对于教学随笔，绝大部分老师都认真对待，但也有老师应付了事。

对于被动完成的情况，有的老师说："其实这些工作我都做了，就是没有思路，无从下笔。"有的老师说："我可以把经验分享给大家，就是不想动笔。"还有的老师说："平时工作忙忘了，期末上交才想起来，只能先把数量凑上，质量确实有待提高。"听到老师们的想法，我陷入了沉思：学校的思路与老师的想法有偏差，如何让老师从被动接受变为主动承担呢？行政命令只能确保任务的完成，但任务并没有达到预期的效果，老师们还没有尝到写教学随笔的好处。改变这种现象的重要手段之一就是加强交流。于是我们就从交流开始，改期末上交检查为阶段性展示交流，平日利用教研活动时间让老师通过讲解来分享，取长补短。这样减轻了老师的书写负担，同时在分享中也能碰撞出火花。学校还特别规定，如果老师们有论文获奖或者发表，就可以不用写教学随笔，并对已经发表论文的老师给予稿费奖励。学校还对年长教师和骨干教师等从数量上减少要求。

面对这样的激励与认可，老师们的热情被重新点燃，老师们认识到了写教学随笔真是一举三得的好事。

▶方法萃取 ✎

1. 调研老师，了解想法

有的老师说："其实这些工作我都做了，就是没有思路，无从下笔。"有的老师说："我可以把经验分享给大家，就是不想动笔。"还有的老师说："平时工作忙忘了，期末上交才想起来，只能先把数量凑上，质量确实有待提高。"

2. 自我反思，寻找内因

学校的思路与老师的想法有偏差，如何让老师从被动接受变为主动承担呢？行政命令只能确保任务的完成，但任务并没有达到预期的效果，老师们还没有尝到写教学随笔的好处。

3. 鼓励分享，改变策略

于是我们就从交流开始，改期末上交检查为阶段性展示交流，平日利用教研活动时间让老师通过讲解来分享，取长补短。这样减轻了老师的书写负担，同时在分享中也能碰撞出火花。学校还对年长教师和骨干教师等从数量上减少要求。

▶读懂教师 ✎

老师们认为课比天大没有错，校长要对老师们的工作态度加以肯定，但也要让老师们明白对经验的积累与反思通过什么形式表达出来也很重要。特别是对于培养老师们的想法，学校要加强宣讲，要让老师们彻底明白学校的初衷，同时要结合老师们的实际需求做出调整及完善。

学校管理需要走进老师的内心，要和老师同频共振。校长面对老师出现的"补作业"现象没有批评，而是通过调研，从老师的角度思考，改变策略。通过老师间的分享交流、创设鼓励机制，让老师们变压力为动力，变被动为主动。此举不仅提升了老师们的自身素养，还使老师们感受到了成长的价值。

无论如何，外因是条件，内因是根本，学校只有了解老师、理解老师，才能最大限度发挥老师的潜能：能做、做好、多做、主动做、创新做。

（北京市特级校长、中国人民大学附属小学原校长　郑瑞芳）

校长之问 41

班主任不配合年轻的年级主任的工作，校长该怎么办？

▶挑战描述 🖋

　　新学期新年级成立，初一年级多数班主任都是刚毕业的大学生，年轻的年级主任也是第一次担任年级主任的工作。开学一周后，年级主任找到主管校长，哭诉老师们都是"慢节奏""慢反应"，年级主任批评迟到的老师，也再三提了要求，可是还是没大改变现状。遇到这样的问题，作为校长，你想怎么应对呢？

▶案例分享 🖋

　　"校长，我干不下去了。没有人把我的话当回事儿。"说这话的是初一的年级主任。虽然担任年级主任的工作，但是他自己也就刚工作了两年，其间担任了一年班主任，第三年就做年级主任负责一整个年级的工作。"咱们的老师都太自我了，都觉得自己做得挺好、挺对，我的要求根本没人听！"跟我说起年级工作时，这个大男孩竟然有些哽咽，眼睛也似乎有点湿润了。我让他坐下，把情况跟我详细描述一下。原来，他上任之后发现这个年级的学生到校普遍较早，因为是初一新生，还没形成良好的规矩，早上感觉各班有些乱。他希望开学初的一段时间班主任老师早上都要尽早到班组织学生。于是在观察了学生到校的时间后，他规定班主任要比平时学校要求的时间再早到 10 分钟。他这么一要求，老师们颇有微词，而且也没太响应他的要求。

　　老师们的"慢反应"让初次担任年级主任的年轻老师有些着急，于是就直接找我诉苦来了。听完他的倾诉，我首先肯定了他的工作热情和制定规定的初衷，同时指出，年级主任不仅要思想认识到位，还要善于组织领导，而在组织领导中，他可以以身作则、主动补位，发挥主任的引领和带头作用。据我所知，提前10分钟并不过分，因为有些有经验的班主任不是提前10分钟，而是提前半小时就已经到校做课前准备了。我建议他不要着急，既然已经说了大家要提前10分钟，那就按照规定执行，并且我作为主管校长也要和年级主任率先带头执行。同时也要给老师们一些调整状态的时间。万一有老师不能按时到岗，不要批评，而是要主动帮忙照顾学生，指导学生养成一些好习惯。之后，我又带着他把学生早上到校后应该做的事情，按顺序一一罗列，让他在班主任会上讲给班主任们听。同时，我提醒他在班主任群里要主动表达，请老师们早上从容应对，确实有事赶不及的，他会在岗并可以帮助指导学生，好让班主任们放心。

第二天，我来到他们年级楼道时，发现他早已到岗，正在巡视各班。有班主任还没到的班级，他会走进去，提醒学生交作业、做好课前准备。那几位晚到的老师，看到年级主任早已到岗并在帮着指导本班学生，特别不好意思，主动解释了没有准点到岗的原因。而他也不再用批评的口吻，而是再次提醒班主任刚才观察到的小问题，请班主任想办法纠正。

从班级里出来，他指着楼道里的一套课桌椅对我说："这就是我在楼道里的临时办公桌了，以后早上到校，我就在这一站，学生看到楼道里有年级主任在，进班也能安静很多。"这样一段时间后，年级主任再次找到我，说老师们对早上提前10分钟到班已经没有意见了，年级早上的秩序好了很多，孩子们的好习惯也已经初步养成。

▶方法萃取 ✎

1. 身先士卒带头做

年级主任不仅要思想认识到位，还要善于组织领导，而在组织领导中，他可以以身作则、主动补位，发挥主任的引领和带头作用。

2. 言行如一榜样行

第二天，我来到他们年级楼道时，发现他早已到岗，正在巡视各班。有班主任还没到的班级，他会走进去，提醒学生交作业、做好课前准备。

3. 合理措施智慧帮

从班级里出来，他指着楼道里的一套课桌椅对我说："这就是我在楼道里的临时办公桌了，以后早上到校，我就在这一站，学生看到楼道里有年级主任在，进班也能安静很多。"

▶读懂教师 ✐

在一所刚刚成立的学校，老师最大的特点就是年轻、缺乏工作经验。别说普通任课老师了，就是学校里的中层干部，例如德育主任、教学主任及年级主任，也都是刚工作没几年的年轻人。

老师普遍年轻，做事往往容易着急并以自我为中心。年级主任为了管理年级在合理范围内提出了管理要求，校长首先要大力支持，因为这样才能让中层干部产生被认可的满足感，才会乐于开展工作。对于年龄、资历都相仿的管理者和被管理者，最好的方式就是大家一起做，领导带头做。要求别人做到的，管理者自己更要按要求做。说和做一致，管理者才能得到他人的认可与尊重。虽然制度要求班主任老师要按时到岗，但是老师万一遇到生病、交通堵塞等问题而迟到，管理者应该予以理解，更应以身作则、主动补位，发挥引领和带头作用。用这种方式代替对老师的指责和批评，更容易让老师接受，感动老师，收获老师的积极配合。

（中国人民大学附属中学丰台学校副校长　景晶）

校长之问 42

年轻教师爱打扮、造型夸张且过于新潮，校长该怎么办？

▶ 挑战描述 🖊

新建学校里年轻教师特别多，我们学校就招聘了一批青春洋溢、怀揣梦想的年轻教师。其中不乏"00 后"，他们为我们的队伍注入了新活力。这些教师多毕业于"985""211"名校，才能高超、学识渊博。但是，这些年轻教师相对个性突出、爱美爱玩能玩，日常爱打扮，甚至造型夸张且过于新潮，引发家长和学生热议。遇到这样的问题，作为校长，你想怎么应对呢？

▶ 案例分享 🖊

时间飞逝，在大家都还感觉"00 后"还是小孩子的时候，有部分"00 后"竟然已经踏入社会成了我们教育界的同行。我们这所新学校也来了几名"00 后"的小老师。为了让他们更快进入角色，从确定他们入职的那时起，教委、学校就相继对他们进行了系统的入职培训——从一名人民教师的师德修养、人文素养，到培养现代化的教学方法、教学技术，当然也包括教师仪容仪表的培训。但是，开学后不久，德育主任还是找到我向我反映了几名新入职年轻老师的问题。"哎呀，那位男老师的破洞牛仔裤，我都说他两次了，他说他没穿整条都是洞洞、露肉的牛仔裤就很好了。可是他现在穿的这条也是带着好几个洞呀！还有那个女老师，染着红彤彤的长指甲来上班。我让她擦掉，她先是说这个得去美甲店找专业人士才能卸掉。后来，她直接跟我说，她觉得好看，不影响教学。昨天那位小梦老师竟然穿着一身洛丽塔就进班上课了，搞得全班学生大呼小叫。哎，这些小老师怎么这样啊！""什么叫洛丽塔呀？"我问道。"就是一种日本动漫中经常出现的裙装。"听完德育主任的抱怨，我也有些犯愁。因为，教师的着装问题我们在全校大大小小的会上反复强调过很多遍了，没想到这些年轻人对美的理解竟然如此不同。但是他们再追求美，也要符合自己教师的职业身份。

我和德育主任商量了半天，发现之前一味地培训和说教目前来看对这些年轻人效果甚微，于是决定试试其他方法。既然这些老师都是爱美的老师，那咱就将美丽进行到底。当时恰逢教师节前夕，我灵机一动打算就从教师节文艺演出着手，再次对老师的着装进行提醒、教育。我们找来艺术中心主任，请她设计一个教师节由老师表演仪容仪表的节目，按照场景划分出几个场合，例如课堂上课、带学生外出活动、参加学生的毕业典礼、周末和闺蜜逛街、参加同事婚礼等，并按照适合这几个场景的着装要求安排年轻教师做模特进行教师仪容仪表的表演。我提出，一定要让那几个平日着装不太符合规范的老师参与这个节目的排练。在确定好参演人员正式排练前，我们还请来了一位形象礼仪培训师，给老师们讲授怎样才能让自己的形象更符合职业身份。用了几天时间，培训师教授老师们如何化职业妆和如何进行不同场合的服装搭配。节目一开始，我们特意设计了当老师身穿洛丽塔及其他夸张服饰进入班级时，全班同学大呼小叫，整节课学生都在对老师着装议论纷纷的场景，并附上了老师穿此类衣服时对家长、学生和其他老教师采访的视频。在视频中大家都认为老师的仪容仪表和其他职业的不同，也让老师们意识到：老师是学生的"引路人"，严于律己很重要。

教师节当天，这个节目隆重登场。没有说教，没有批评，而是通过对真实场景的再现，通过教师们自己的演绎，让老师们感受校园里老师的着装到底应该怎样才能符合身份，也通过这个节目再次提醒老师们：既然选择了这份职业，就要有相应的觉悟和站位，在着装上要体现职业特点——美观大方，有时代感，受学生欢迎，符合老师身份。

该节目的出现，再现了老师着装对学生及课堂的影响，从而生动地提醒了这些年轻老师应该在平日工作时注意自己的着装。节目产生的效果比单纯地对年轻教师不合适的装扮进行批评和指责好多了。那几位之前造型夸张、着装不符合老师身份的"00后"小老师，也在亲自参与了仪容仪表表演后改变了自己的着装。从此，校园里再无穿夸张衣服的老师。

▶方法萃取

1. 节目表演，加深印象

我们找来艺术中心主任，请她设计一个教师节由教师表演仪容仪表的节目，按照场景划分出几个场合，例如课堂上课、带学生外出活动、参加学生的毕业典礼、周末和闺蜜逛街、参加同事婚礼等，并按照适合这几个场景的着装要求安排年轻教师做模特进行教师仪容仪表的表演。

2. 正面引导，加强管理

我们还请来了一位形象礼仪培训师，给老师们讲授怎样才能让自己的形象更符合职业身份。用了几天时间，培训师教授老师们如何化职业妆和如何进行不同场合的服装搭配。

3. 生动有趣，不厌其烦

教师节当天，这个节目隆重登场。没有说教，没有批评，而是通过对真实场景的再现，通过老师们自己的演绎，让老师们感受校园里老师的着装到底应该怎样才能符合身份，也通过这个节目再次提醒老师们：既然选择了这份职业，就要有相应的觉悟和站位，在着装上要体现职业特点——美观大方，有时代感，受学生欢迎，符合老师身份。

▶读懂教师

当发现常规培训对教师的约束作用不大时，可以换种思路开展工作，尤其是对"95后""00后"这样的年轻人。他们更加注重自主学习和多元化的知识获取方式，也更加开放，能够包容一些新的观念和价值观，所以可以采用一些能让年轻教师更容易接受的方式去影响他们。例如，这个有关仪容仪表节目的表演比举办讲座培训显然更受年轻人欢迎，对他们的影响也就更大，起到的作用也就更理想。

同时，要进行正面引导，加强管理。爱美之心，人皆有之。爱美没有错，关键问题是尺度和方式。教师是一个特殊的职业，教师职业道德规范要求教师的衣着要得体，要美，但不能过分。

对于年轻教师占多数的学校，教师培训切勿古板教条，应该寻找生动有趣、教师更乐于接受的方式来进行。对于教师队伍，也要像教育学生一样，不厌其烦，反复提醒与督促。

（中国人民大学附属中学丰台学校副校长　景晶）

校长之问 43

老师面临"工学矛盾"时很纠结，校长该如何最优化处理这一矛盾？

▶挑战描述 ✎

老师的成长不是一劳永逸的，需要不断学习，提升专业能力，但日常琐碎的事情和繁重的教育教学工作占据了老师们所有的时间，老师们渴望学习但静不下心来，又找不出大块的时间专门学习。作为校长，你该如何最优化处理老师的"工学矛盾"？

▶案例分享 ✎

"校长，课比天大，咱能不能不让老师们参加培训了？课表都排不开了。"教学副校长一脸愁容，骨干教师培训、青年教师培训等各种各样的培训都要给相应老师留出时间空档，排课表成了一件烦心事。

"别着急，先解决紧急问题，看看学校现有的培训时间有没有可能整合，再把所有培训重新梳理，看看有没有可能删减、优化，毕竟老师们的时间和精力也很有限。"

"可以把骨干教师培训、青年教师培训和全体教师培训进行整合，不再单独占用时间。有些外出培训也可以精简，可以分批次派代表参加，强化校内的分享交流。"

"解决完紧急问题，我们再看重要问题，教师培训和教育教学工作究竟是什么关系？"

"我一直认为教师培训是一项常规工作，如果和教育教学工作冲突了，那当然要优先保证教育教学工作。"

"其实教师培训也是一项系统工程，要和教育教学工作有机融合，进行整体设计。教师的学习有着鲜明的特点，要在实践中学，要在集体中学，要为解决问题而学。不把教师的学习和日常教育教学工作有机结合起来，反而会增加老师们的负担，让学习的效果大打折扣，甚至学习也变成了走过场。"

"看似是两件事，其实是一件事。"

"对，这是解决'工学矛盾'的关键，教师培训如果设计得好，就不是负累，而是增量。"

"那怎么设计教师培训呢？"

"基于实践，基于问题，基于需求。让教师的专业发展从个体行为走向集体行动，其实就是最好的学习和培训。"

之后，年会、论坛、沙龙、工作坊、分享会等这些多场景的教师专业发展平台被搭建起来，我们发现其实学习随处都在发生。

▶方法萃取 🖊

1.在实践中学习

"其实教师培训也是一项系统工程，要和教育教学工作有机融合，进行整体设计。教师的学习有着鲜明的特点，要在实践中学，要在集体中学，要为解决问题而学。不把教师的学习和日常教育教学工作有机结合起来，反而会增加老师们的负担，让学习的效果大打折扣，甚至学习也变成了走过场。"

2.精心设计培训

"基于实践，基于问题，基于需求。让教师的专业发展从个体行为走向集体行动，其实就是最好的学习和培训。"

3.建设支持平台

年会、论坛、沙龙、工作坊、分享会等这些多场景的教师专业发展平台被搭建起来，我们发现其实学习随处都在发生。

▶读懂教师 🖊

如果我们认为学习只是锦上添花的工作，那么就会有培训为排课表让步的情况出现。看似是排课表的条件冲突问题，其实是"工学矛盾"：让学习为工作让步，看似有短期的合理性，实则忽视了长远。

教师的成长不是一劳永逸的，而是一个不断寻找第二曲线的连续性创新过程。从这个意义上说，教师的学习应该是一个持续不间断的过程。如果我们经常把培训当作学习，培训就成了脱离教育教学的额外工作，而不是教师职业成长所需的营养和能量。于是"工学矛盾"自然产生，教师没有时间学习，静不下心学习，学习总是被各种琐事挤占，工作反而成了影响学习的借口。那么如何解决这个矛盾呢？

首先，把教师的学习和日常的教育教学工作紧密结合，让教师的学习不再是一个单独的工作，而是变成日常教育教学工作的一部分，研究即工作，学习即工作，在做中学，在做中研，从而让教师从日复一日的重复性、经验性工作中解脱出来，获得专业发展的持续进阶。

其次，设计有质量的培训和学习。外出培训并不一定能解决问题，所有学习的东西还是要带回教育现场，那直接把教育现场变成研究现场是不是更有针对性和实操性？教师的学习不仅是散点式的自发行为，也是一个集体行动。集体学习和研究能够让个体的实践性知识更加有效地转化为集体智慧。在这方面下功夫，其实是创设了一个学习的"场"，让学习成为自觉的行动，成为解决问题的工具。

最后，要建设支持性的环境，创建多样化的教师专业发展平台。实践中，不仅要关注教师具体教育教学技能的提高，也要关注教师在学校生活的整体生存状态，以及学校的文化生态。真正的学习带来的应该是教师个体生命状态的提升，进而引起教育智慧的激发与回归。这既依赖于教师持之以恒的自我成长、自我打磨，更依赖于学校为教师创造高质量的学校生活，并通过这一场域激活教师专业发展的新赛道。

（北京市第十一中学校长　王萌）

校长之问 44

骨干教师培养好就想调走，学校留不住人，校长该怎么做？

▶**挑战描述** 🖊

　　学校教师不断减少，甚至有些学科靠其他学科教师兼课，好不容易培养的骨干教师很快就想调走，学校很难留住优秀教师。遇到这样的问题，作为校长，你想怎么应对呢？

▶**案例分享** 🖊

　　"校长，小学部在排课上实在有困难，有些重要年级、重点学科理应安排经验丰富的教师，但优秀的骨干教师近年调走较多，剩下的多是工作了 25 年以上的中老年教师，或是工作未满 3 年的新教师，排课实在太难了。"在新学期开学前，我突然收到了教务主任这样的信息。

　　同时，教科室主任也向我反映，每学年都需要给新教师安排学科导师和德育导师，但由于优秀的骨干教师实在不多，当导师的教师总是那几个人。甚至有些学科组已出现断层，要么是老教师，要么是新教师，中间层已经没有人了，安排教研组长也很困难。

　　怎么解决这一问题呢？正当我为此事发愁的时候，突然想到前段时间"教师说"（"教师说"是学校开辟的交流平台，以线上留言为载体，每月发布一次，教师们可以线上写下自己想对校长说的所见所闻、所思所悟，校长可以在线及时答复）上一外地教师向我提出建议：食堂中餐能否每月提供一次家乡菜肴。俗话说

"民以食为天"，要让教师们尽心尽力地工作，先要抓住他们的胃。

以前，学校教师的中餐是统一配置的，教师对自己吃的菜品和菜量没有办法选择。经多方讨论，学校决定优化伙食，将其升级为自助餐，并在一些传统的节日里配置和节日相呼应的食物：如端午节，食堂为教师准备粽子；元宵节，食堂供应多种口味的汤圆；腊八节，食堂供应热气腾腾的腊八粥。平时，工会也会不定期组织教师参加工会活动或是团建活动等。这给教师的教学工作增添了趣味，同事间也增进了感情，笑声更多了！

要留住教师，也要提升学校的影响力，增强教师对学校的自豪感和归属感。我首先思考的是如何创建学校特色品牌。我以"数字校园"为契机，借助信息化教学平台，创建信息化教学特色品牌。学校多次承办国家级、省级信息化教学研究培训活动，教师也多次受邀参加国际、国家级会议并发言。在品牌的引领下，教师更加认同学校的发展。随着学校知名度的提升，教师自豪感不断增强。

同时，学校还要给教师创造专业的成长机会和平台，要让教师意识到即使在农村学校也有机会展示自己。学校组织开展多级别展示活动和教学改革，开展听课与评课活动，引领教师成长。在学校信息化品牌的辐射下，校内承办的各级各类活动越来越丰富，教师承担展示课和进行经验分享的机会也越来越多，教师扎根学校的归属感越来越强。一切都朝着良性的循环发展。

近两年，教师想调走的现象逐渐减少，教师队伍日渐稳定。

▶方法萃取

1. 提升教师对工作的幸福感

经多方讨论，学校决定优化伙食，将其升级为自助餐，并在一些传统的节日里配置和节日相呼应的食物：如端午节，食堂为教师准备粽子；元宵节，食堂供应多种口味的汤圆；腊八节，食堂供应热气腾腾的腊八粥。

2. 激发教师对学校的自豪感

我以"数字校园"为契机，借助信息化教学平台，创建信息化教学特色品牌。学校多次承办国家级、省级信息化教学研究培训活动，教师也多次受邀参加国际、国家级会议并发言。在品牌的引领下，教师更加认同学校的发展。随着学校知名度的提升，教师自豪感不断增强。

3.增强教师对成长的收获感

学校组织开展多级别展示活动和教学改革，开展听课与评课活动，引领老师成长。在学校信息化品牌的辐射下，校内承办的各级各类活动越来越丰富，教师承担展示课和进行经验分享的机会也越来越多，教师扎根学校的归属感越来越强。一切都朝着良性的循环发展。

▶读懂教师 🖉

教师离开自己工作多年的单位，大多是不舍的。想把优秀教师留下，要充分发挥学校的特点。

第一，提升教师对工作的幸福感。身处农村学校的年轻教师，由于各种原因有离开农村学校调去城镇学校的想法，是情理之中的，也是很正常的。要想留得住教师，先要增强教师工作的幸福感，让教师觉得在这样的环境中工作是幸福的。

第二，激发教师对学校的自豪感。学校是教师工作的地方，就像家一样。每个人都想让自己的家变得更美好，教师也一样，也希望自己的学校是一个有好品牌、有好口碑的学校，希望学校能成为自己坚强的后盾。当学校的整体影响力和知名度不断提升时，教师的归属感和自豪感也就会不断提升。

第三，增强教师对成长的收获感。教师的成长需要个人在专业上有所发展，这就需要有机会和平台。尤其是优秀的教师，如果学校一直没有机会让自己发展得更好，一定会萌生想要调走的想法。相反，如果在学校中发展机会多，教师就很有成就感，就不太会有调走的想法。

（浙江省桐乡市濮院桐星学校校长　吴冠男）

面对家长的不合理要求，班主任怯于沟通，校长该怎么办？

▶ 挑战描述 ✎

　　一位家长给班主任老师打电话，谈到平时自己为班级做了很多贡献，自己的孩子在班级中学习也很好，希望老师能够在三好生评选时推荐自己的孩子。老师觉得家长的要求不合理，但又怯于与家长沟通，有些困惑。遇到这样的问题，作为校长，你想怎么应对呢？

▶ 案例分享 ✎

　　"校长，我们班有个家长给我打电话，说希望我推荐他的孩子当三好生。"在一次和青年老师开展的班主任工作研讨沙龙活动中，一位刚刚参加工作不久的班主任说出了自己的困惑。

　　听到这个困惑，我心里暗自点头："这个问题确实是目前家校矛盾中的一个突出问题。"接着我让老师具体说说是什么情况。原来这位家长从一年级开始，就主动申请成为家委会成员，在班级活动策划、班级物资筹备等许多方面都表现得非常积极，给班级做了不少贡献。班主任老师本来对这位家长的热心很感动，没想到在评选三好生之际家长提出了这样的要求。

　　听了老师的描述后，我对老师说："别着急，我们先一起来分析一下家长的心理。家长所做的这些工作是实际存在的，该感谢咱们还是要感谢。这件事的关键点是，我们认为家长所做的这些工作是为班级、为孩子们做的，应该是发自内心、不求回报的。但是家长觉得自己所做的这些是为班主任老师做的，在关键时刻应该有所回报。这其实是一种信息不对称，也是一种认识上的偏差。我们现在要解决的问题，就是如何和家长实现认知对等。"老师们听了都默默点头，觉得确实是这么回事。但是怎么和家长具体沟通呢？

看着老师们求知的目光，我对大家说："首先要对家长的诉求进行分析，为什么他们会有这样的想法？在当今社会，教育竞争日益激烈，家长们面临着巨大的社会压力和竞争焦虑。这种压力有可能导致家长对学校有过高的期望，并希望通过提出一些不合理的要求来确保孩子在竞争中占据优势。另外，家长和学校之间的信息不对称也可能导致家长提出不合理的要求。比如此次家长并不明确三好生的评选要求和政策，这会导致家长的认知存在偏差，从而提出一些不切实际的要求。

"在此基础上，首先我们要充分表扬和肯定家长为班级和孩子们做的工作。比如可以说，您看从一年级到现在，您为咱们班做了很多工作，比如咱们班的外出实践活动，您提前联系实践基地，费心费力；班里需要湿纸巾，第二天您孩子就拿来几大包……平时也特别支持老师的工作。有了您的支持，咱们班才能越来越好。真的要谢谢您的支持！一定要让家长感受到老师记得家长所做的每一项工作。但是要突出这些工作都是为班级、为孩子们做的，班级中的每个学生都受益。

"随后，就可以聚焦到这个孩子：咱家孩子基本的条件还是挺好的，有很多优点，对老师有礼貌，还积极参加班里的各项活动。但也有自己的不足，比如学习上还需要多努力，要更加团结同学。上次跟同学因为一点小事就不依不饶，与同学关系紧张，同学们都不敢和他做朋友。分析之后，要跟家长明确三好生评选的相关规定和方法——三好生的评选条件、评选范围、评选数量、评选原则和程序等，这些内容都是完全公开的。班主任老师要根据规定和要求来执行此项工作，没有任何特权。借此跟家长强调，孩子想参评三好生是好事，有了目标只要努力就会有成长，但是需要自己付出努力。参评三好生最重要的不是结果，而是追求目标过程中的成长和进步。同时，没评上三好生不代表孩子不好。作为家长，我们可以关心此事，但是不要干预，只需要祝福孩子就可以了。

"最后，老师可以给这位家长一些建议和提示。比如可以说，您关注三好生的评选，是希望孩子有更多的竞争优势。但我觉得父母更应希望孩子能健康成长，三好生只是短期目标，但人生的路还很长。您可以对孩子进行积极引导，帮助孩子做好心理建设。您和孩子爸爸可以跟孩子就三好生这件事做一次正式的家庭谈话，可以围绕为什么要参评、应该在哪些方面做得更好、如果评上了应该怎么做、如果没有评上应该以什么样的心态面对等方面进行。这样既可以帮助孩子正确看待这件事，也可以很好地增进亲子关系。我作为孩子的老师，也希望看到他通过自己的努力收获真正属于他的果实。咱们要和家长一起，鼓励和支持孩子。"

在我说的过程中，老师们一直在不断地点头，看得出来他们理解了我的意思，那就是站在家长的角度，站在孩子成长的角度，帮助和引导家长形成正确的育儿观念。当家长感受到了老师是发自内心的，是真正站在有利于孩子成长的立场上看待问题，他们会乐于接受老师的建议，同时也会更加支持老师的工作。

▶方法萃取 ✐

1. 充分肯定、客观分析是基础

"您看从一年级到现在，您为咱们班做了很多工作，比如咱们班的外出实践活动，您提前联系实践基地，费心费力；班里需要湿纸巾，第二天您孩子就拿来几大包……平时也特别支持老师的工作。有了您的支持，咱们班才能越来越好。真的要谢谢您的支持！"

"咱家孩子基本的条件还是挺好的，有很多优点，对老师有礼貌，还积极参加班里的各项活动。但也有自己的不足，比如学习上还需要多努力，要更加团结同学。上次跟同学因为一点小事就不依不饶，与同学关系紧张，同学们都不敢和他做朋友。"

2. 表达观点是关键

"三好生的评选条件、评选范围、评选数量、评选原则和程序等，这些内容都是完全公开的。班主任老师要根据规定和要求来执行此项工作，没有任何特权。"

3. 寻求共识是目标

"您关注三好生的评选，是希望孩子有更多的竞争优势。但我觉得父母更应希望孩子能健康成长，三好生只是短期目标，但人生的路还很长。您可以对孩子进行积极引导，帮助孩子做好心理建设。您和孩子爸爸可以跟孩子就三好生这件事做一次正式的家庭谈话，可以围绕为什么要参评、应该在哪些方面做得更好、如果评上了应该怎么做、如果没有评上应该以什么样的心态面对等方面进行。这样既可以帮助孩子正确看待这件事，也可以很好地增进亲子关系。我作为孩子的老师，也希望看到他通过自己的努力收获真正属于他的果实。"

▶读懂教师 🖊

　　家长提出不合理的要求，看似不合理，但很大程度上反映了家长对孩子的关心和对教育的期望。因此，学校和老师应该通过与家长进行良好的沟通、解释和协商，理解家长的诉求，并寻求合理的解决方案，共同促进孩子的成长和发展。有的班主任，特别是年轻的班主任在与家长沟通时缺乏自信，担心被"教育"、批评和指责。校长要站在不同的角度帮助老师分析，给老师支招。

　　第一步：对学生家长的行为做充分的了解，给予充分的肯定，并进行客观分析。班主任是最了解孩子的，对孩子的情况是最有发言权的，对家长的行为也是很清楚的，所以掌握的信息也是最全面和充分的。班主任的充分肯定展现了老师对家长的关注和态度，让家长能够平心静气地进行沟通。

　　第二步：在客观分析的基础上，明确表达自己的观点和立场。在理解家长需求、客观分析情况的基础上，使用简单明了的语言，清晰地向家长传达自己的观点和立场。同时，提前准备相关的解释和依据，如评价方法、制度等，通过合理的解释，帮助家长理解班主任的立场，让家长心服口服。

　　第三步：寻求共识是目标。在与家长的沟通中，班主任应该积极寻求共识和妥协，通过与家长协商，尝试找到一个双方都能接受的解决方案，让家长和自己达成共识。

　　老师们听了后心悦诚服，纷纷表示以后再遇到这样的问题就按校长的办法做，认真分析，积极沟通，让家长心服口服。

（北京市特级校长、北京市朝阳区实验小学校长　陈立华）

年龄不同、个性十足的新一代年轻教师之间常发生小矛盾，校长该怎么办？

▶挑战描述 ✎

新学年学校招了一些年轻教师。为了促进年轻教师进步，学校精心筹备，在暑期就从校园文化、教育教学、班级管理等方面对新入职教师进行了全面的专业培训。同时，为了给新教师的快速成长保驾护航，学校还精心挑选，为每个新教师配备了导师，以便在日常工作中对新教师进行一对一指导，并在每年的 9 月 28 日孔子诞辰日，举行隆重的以"因为有你，心存感激"为主题的拜师仪式。一直以来，这种师徒结对的新教师培养模式都取得了很好的效果。不想这学期，听说好几位导师都被徒弟气着了，甚至找校领导说不想当某某的导师了。遇到这样的问题，作为校长，你想怎么应对呢？

▶案例分享 ✎

"校长，向您汇报个事儿。今天小张老师找我，说自己能力有限，不能胜任导师这份工作，申请不当导师，请学校给小李老师另派导师。而且听别的老师说，小张老师最近一段时间已经不止一次在办公室悄悄哭呢……"一天中午，教师发展中心的负责老师找我来反映学校这对师徒之间发生的矛盾。

经过进一步询问，我了解到具体情况是这样的：

小李老师是刚毕业的"00 后"新教师，性格内向，有主见。小张老师是学校新培养起来的区级骨干教师，踏实能干，不惜力，年纪轻轻就能独当一面。正因为相信她的能力，学校才敢把一个新教师和同样年轻的她进行师徒结对。入职两个月后，出于对新教师的培养、考察，学校在每周三行政领导集体听课时间安排了听小李老师的课。作为导师，小张老师深知这节课的重要性。为了让小李老师能够上好这节课，她放弃自己的休息时间，不辞辛苦地帮徒弟备课、听评课，结果发现小李老师压根不领情。她觉得自己的备课思路挺好的，凭什么要按小张老师的思路来改，有时还不客气地怼小张老师几句。这样一来二去，小张老师就郁闷了，觉得自己又不欠小李老师的，出力不讨好，凭啥当个导师还得受这窝囊气，一气之下向学校提出不当导师的请求。

弄清事情的来龙去脉后，作为校长，我决定自己先不介入，而是先让教师发展中心的负责老师去搭把手，目的是给两位老师建起良性沟通的桥梁，以便巧妙化解二人之间的矛盾。在小李老师再次试讲的时候，教师发展中心的负责老师和小张老师一同走进她的课堂，在小李老师面临教学困境时，教师发展中心的负责老师顺势让小张老师上场帮一帮，课堂也由小李老师的单师课堂变成双师教学，师徒关系也转化为教学共同体。

一周后的周三，小李老师的课如期上完，课后行政领导评课。平时评课，我会侧重对当节课的设计进行重点讲评，但这一次，为了能悄无声息地化解师徒二人的小矛盾，我把重点放在了教师如何成长这个方面。我说："首先感谢小李老师今天上的这节课，给我们提供了一个极好的课堂教学研究资源；同样要感谢小张老师当导师以来对小李老师的无私帮助与精心指导。我相信这节课是你们师徒二人的智慧结晶，也相信你们从这节课中都获得了不同程度的成长。看到新教师小李上课，我不由得想起了我初登讲台的一些往事……"于是，我讲了我的导师在我新入职时指导、帮助我的两件小事，并叮嘱小李，作为新教师，要虚心向身边的老师学习，多向导师请教，争取早日成为一名优秀的人民教师。也许是我分享的故事唤起了其他老师在专业成长之路上的记忆，起到了抛砖引玉的作用，后来其他领导和老师在评课时，也分享了自己在专业成长之路上的点滴故事。其中小张老师的导师刚好也在，还特意分享了小张的成长故事，表扬了小张的勤奋和懂事。所以，这次评课和这些故事的分享对新教师小李而言不仅是专业上的引领，也是对其做人做事的一种浸润。

评课结束时，我语重心长地对小李和小张说："教学随笔能帮助我们成长，每次做公开课对新教师来说都是一次极宝贵的成长经历，对导师也是一次巨大的考验。如果可以，我建议你们把这次做课的心路历程和这次评课的收获写成随笔，有机会还能发表。相信你们定会有更大的收获。"

学期末，新教师进行成长展示分享时，小李老师分享了她一学期以来的成长历程，并在台上郑重地向小张老师表达了自己对导师最诚挚的谢意。那一刻，我看到台下小张老师激动的泪光中闪烁着自豪。

▶方法萃取 🖊

1. 搭把手，尊重差异

在小李老师再次试讲的时候，教师发展中心的负责老师和小张老师一同走进她的课堂，在小李老师面临教学困境时，教师发展中心的负责老师顺势让小张老师上场帮一帮，课堂也由小李老师的单师课堂变成双师教学，师徒关系也转化为教学共同体。

2. 搭台子，抛砖引玉

"首先感谢小李老师今天上的这节课，给我们提供了一个极好的课堂教学研究资源；同样要感谢小张老师当导师以来对小李老师的无私帮助与精心指导。我相信这节课是你们师徒二人的智慧结晶，也相信你们从这节课中都获得了不同程度的成长。看到新教师小李上课，我不由得想起了我初登讲台的一些往事……"

3. 搭梯子，激励成长

"教学随笔能帮助我们成长，每次做公开课对新教师来说都是一次极宝贵的成长经历，对导师也是一次巨大的考验。如果可以，我建议你们把这次做课的心路历程和这次评课的收获写成随笔，有机会还能发表。相信你们定会有更大的收获。"

▶读懂教师 🖊

师徒结对是一种比较常见且效果显著的教师培养模式。很多时候师徒结对是由学校根据学校实际而安排的。但由于老师们的性格存在差异，师徒在结对过程中，有一些隐形的矛盾。一般情况下，年长些的导师都会默默消化徒弟带给自己的一些不快，但随着时代的发展，独生子女一代的教师普遍性格多元、个性十足，此时师徒矛盾就会时不时浮出水面。

对于新时代背景下的师徒矛盾这个挑战，学校不应回避，因为这是时代的必然，是很正常的。让教师发展中心的干部先过去搭把手，会缓解导师的不满情绪，表明学校看到了导师的付出，导师感受到自己的真心没有被辜负。同时让导师适时介入徒弟的试讲课堂，用事实说话，让新教师在实际课堂中切身感受导师的教学魅力和教学能力。

培养学生时我们讲"成才先成人"，实际上教师的成长也是一样。面对性格多元、个性十足的"00后"教师，语重心长的说教也许未必有效，但通过评课这一平台，通过故事分享的方式，用教师成长的真实故事润物细无声地教育新教师如何做人做事，效果显著。

评课后让师徒二人都写一写教学随笔，一则是给她们一个纾解压力的通道，二则是给她们搭建一架激励成长的梯子，因为写教学随笔的过程就是登梯成长的过程。每学期末我校组织的"感动我的人与事""新教师成长交流分享"等活动，素材往往就来源于这些生动的教学随笔。在彼此的分享交流中，老师们常常流下感动的泪水，那些过往的不快也就烟消云散了。慢慢地，"因为有你，心存感激"的理念就根植于附小人的心中，也成了"懂得感恩，一生幸福"的学校文化。

（北京市特级校长、中国人民大学附属小学原校长　郑瑞芳）

第三章

教学指导

在教研活动中，教师群体里的"激进派"和"保守派"产生严重分歧，校长该如何调和？

▶ 挑战描述 ✎

　　学校开展同课异构教研活动，数学学科选的内容是"三角形的内角和"，两位老师展示了完全不同的教学设计：一位老师通过丰富的课堂操作让学生自己发现结论，另一位老师直接揭示"三角形内角和是 180°"。围绕两种设计，教师群体形成了"激进派"和"保守派"两大派别，双方坚持自己的主张不退让。对此，校长该如何调和观点，引导课改的正确方向？

▶ 案例分享 ✎

　　今天是例行的教研活动，我照例选择一个年级参加活动。这次选择了四年级的数学课，老师要用"三角形的内角和"一节课开展同课异构教研活动。

　　A 老师的课逻辑严谨，具有很强的过程进阶感。老师让学生们准备了丰富的学具：各种类型的三角形、剪刀、直尺等。在老师的启发、引导下，学生们动手操作，剪开、折叠、拼接……终于，学生发现三角形的内角和等于 180°。

　　B 老师的教学可谓"倒叙"，她上来就问："同学们，谁知道三角形三个内角度数的和是多少？"看起来多数学生都知道，大家几乎齐声回答"180°"。老师说："三角形虽然都是有三条边、三个角，但形状差别看起来还是挺大的，它们的内角和怎么会是同一个数呢？你能找出内角和不是 180° 的三角形吗？"

　　在析课、研课环节，出现了少有的激烈争论。争论的焦点在于 B 老师的教学，即把需要学生探索得出的结论直接揭示出来，显得怪怪的。大家让 B 老师自己谈谈这样做的原因。B 老师只是简单地说："我就是不想再假装学生不知道结论了。"这一句话引来了激烈讨论。可不是吗？我们一直鼓励学生做好预习，事实上大多数学生已经知道"三角形的内角和等于 180°"这个结论了，甚至也知道怎么证明，课上的探索其实只是师生一起演出一场戏剧。经过一番思考，一部分人支持 B 老师的思路，认为这是基于学生实际的创新之举，是"激进派"。当然也有一部分人支持 A 老师的设计，认为即便学生已经知道了结论，在课堂上完整地再现一遍过程也有必要，是稳稳当当的"保守派"。

和多数同课异构的细节讨论不同，这节数学课引发了很不一样的争执，不能由校长一锤定音。我建议给大家一点时间，再深入地分析一下两节课的不同点、共同点各是什么，所代表的教学思考又是什么。

接下来的几天，我又分别听了 A、B 老师的常态教学课，还促成了他们之间的交叉听课。总的来看，A 老师的课"顺当"，B 老师的课"多元"。出乎我意料的是，A 老师转而支持 B 老师的思路，B 老师也表示 A 老师对学生的调动值得学习。

于是，讨论复会。经过思想的沉淀，"激进派"和"保守派"的冲突不那么尖锐了，大家发现两节课都让学生充分动了起来，无论是证明结论还是试图寻找反例，活动的内核是统一的。A 老师的发言引发大家的深思，他说："我相信，放在过去二三十年间，我的设计思路符合所有'优秀课'的评价标准，但 B 老师的一句话打动了我——'我们都在假装学生不知道，其实他们都知道'。"

▶ 方法萃取 🖉

1. 锁定典型设计

所谓教无定法，校长应以包容的心态看待所有的教学设计，但同时要以敏锐的业务眼光发现那些具有突破性的探索，并且发挥好这种探索的引领和催化作用。所以，我建议大家让思想"飞一会儿"，给讨论更多的时间。

2. 深挖设计思想

B 老师的一句"我就是不想再假装学生不知道结论了"不仅打动了 A 老师，也打动了我，这背后的基于学情、以生为本的思想十分可贵。要让更多的老师看到表象下面更深层次的思考。

3. 达成基本共识

"激进"也罢，"保守"也罢，两位老师都让学生充分活动、参与进来，这是基本共识。今天的"保守"是曾经的"激进"，而今天的"激进"也可能成为明天的"保守"，我们都是教学发展进程中的接力者。

4. 引导校本生成

从以上分析中大家能清晰地感受到我的倾向，但我还是回避了明确表态。这不是和稀泥，而是期待老师们自己感悟、自己选择。

▶读懂教师

多年以来，我们的老师对什么是优秀课已经达成了非常稳定的共识：课上呈现完整的认知过程，从不知道到知道再到会用；学生要充分参与到探索实践过程中，学具使用、资料查找、互动讨论等环节一应俱全；课堂教学过程必须引人入胜，既好听又好看，动感十足。这种课堂教学导向让众多老师的教学从规范走向精彩，从老师讲授为主走向学生实践为主，有很强的生命力。

看惯了这样的优秀课，老师们看到 B 老师的"倒叙"，难免觉得有些别扭：把结论先抛出来，是不是比"一言堂"还"落后"？B 老师的"不再假装"背后是尖锐的反问："你不说，学生就不知道吗？""落后"一下子成为"激进"，并且迅速"圈粉"。反对者也有充分的理由：先抛结论，看似尊重学情，但学生知道结论并不代表学得扎实，这样一来，教学程序被搅乱，如何保证效果？

事实上，两种设计思路都有其存在的合理性，其关于学生自主探索的坚守也是相通的。在课程范式、学习范式大变革的今天，成熟思路能确保上好课，新颖思路则有探索价值，这就是能包容全体的教研生态。

（辽宁省沈阳市铁西区启工二校建北教育集团校长　李欣欣）

校长之问 48

在课程改革实践中，很多教学新样态与传统的学校教学管理发生冲突，校长该如何顺势推动？

▶ **挑战描述** 🖊

在一次大型教研活动中，老师们观摩了基于大单元的教学，许多人感到实现了从理解概念到看清操作的飞跃。看到老师们热情高涨，学校正式开始推进大单元教学的初步实践。一个月以后，我们进行跟踪研究，却发现热情高涨已变成老师们的各种吐槽。课程改革实践中会出现很多教学新样态，这些新样态会与传统的学校教学管理发生冲突，其积极意义是新样态可以倒逼管理的升级。那么，校长该如何顺势而为，推动这种升级？

▶ **案例分享** 🖊

我校举办了一次大型教研活动，以大单元、大概念教学为主题，安排了高水平的专家报告和精彩的教学展示。这差不多是老师们第一次现场集中观摩新课标所倡导的教学新样态。活动期间，老师们热烈讨论如何把新课标落在实处，尤其对大单元教学充满兴趣。看到大家热情高涨，我们觉得时机成熟了，就顺势而为，决定正式进入大单元教学等课改新领域。

到了期中，学校就教学新样态搞了一次跟踪研究，虽然也收获了一些不错的实践案例和初步经验，但听到的更多是老师们关于在探索实践中的种种不顺利。三把火似乎还没烧起来，就要降温甚至熄灭。吐槽声集中在以下方面：

一是缺少学校的统一协调。老师们对大单元的认识虽然一致，但到了具体操作层面，却难以统一意见。特别是对到底如何构建大单元这一问题，大家觉得谁说的都有道理，难以取舍。

二是教学资源不配套。大单元教学往往意味着大跨度、多学科、反季节地组织教学，老师们想用的资源要靠自己打破常规去组织，常常有精疲力尽之感。

三是在包括学业监测在内的常规管理与大单元教学的节奏不相符。学校根据教科书的布局进行学业状况采样，而实际教学可能因为大单元的运行而做了调整，这让师生有点晕。

四是家长不太理解大单元。很多家长很关心孩子的学习，但大单元颠覆了他们的经验，家长的越位作为与老师的安排出现错位，可能让大单元煮成"夹生饭"。

由于付诸实践的时间短，收获不多也在意料之中，但短时间里就暴露了这么多问题确实出乎意料。

经过认真梳理，我们得出了结论：以大单元为代表的教学新样态遇到的瓶颈并不在于教研业务本身，而是集中在学校课程管理方面，是课程管理没有能力提供与新样态相配套的资源供给。我们进而反思，有时我们将在专门教研活动中特事特办扶上位的新事物转为教学常态，难免四处碰壁。

于是，大单元教学经历了二次启动，与大单元教学相配套的大格局管理升级工程正式实施，包括建立团队、打通资源、放开监测、跟踪提炼、协同家长等系列工程。一线老师的反应是，终于可以把心思都用到教学研究上去了。

▶ 方法萃取 ✏

1. 抓住主要矛盾

新课标的颁布给教研工作提出了诸多新挑战，大家自然会认为课改的主要矛盾集中在教研领域。但通过对实践的深度研究，我得出了不一样的结论：在课改发展的特殊阶段，主要矛盾可能会转换，管理不能为教研保驾护航，制约了教研的展开。

2. 适应课改需求

长期以来，学校教学管理、课程管理、教师管理等管理范畴的工作都形成了比较固定的套路，似乎与教学理念、教学模式等的改变关系不大。管理总在试图以不变应万变。实践表明，管理不变，课改就寸步难行，因此管理必须适应新课标，做系统重构。

3. 狠抓教育供给侧改革

以大单元为首的教学新样态，需要课程资源、教学常规、教学评价、教师配置、家校协同等方方面面的支持。这些可统称为教育供给侧改革。大格局的管理是课程与教学范式的配套工程，是课改领域的"粮草先行"。

▶读懂教师 ✏

教师的改革热情不可辜负。我常常想，一个学校最大的优势或者发展潜力并不是学校已有的地位和名望，而是这所学校教师身上所具有的改革热情与勇气。一个成功校长的首要任务就是激发、引导教师的改革热情与勇气。哪怕是偶然的灵光一现，也完全有可能助力课改呈燎原之势；哪怕是随口的工作吐槽，也或许能准确道出课改发展的瓶颈所在。

管理的能动作用不可削弱。无论是老师还是校长，都常常有这样的无奈：我们明明非常认同课改理念，可为什么总觉得它飘在天上，不容易落地？到底是专家倡导的理念不切实际，还是我们在一线的落实不够到位？我们发现：当我们紧跟专家为理念做注解时，或许我们偏离了自己的本分。我们要干的，就是用管理接住理念，为理念构建一个风调雨顺的校本生态。

教育的供给能力必须加强。所有的课改尝试都不应该建立在特事特办之上，否则注定不能走远。校长要为教学新样态提供足够的资源保障、让师生身心放松的评价导向、让新教学范式顺利运行的时空安排、能随时沉淀经验与集萃思想的业务机制等。

（辽宁省沈阳市铁西区启工二校建北教育集团校长　李欣欣）

校长之问 49

教师对学术研究没有动力和激情，校长该怎么办？

▶ **挑战描述** 🖊

我来到这所学校后，发现学校没有任何课题研究，也没有什么科研成果获奖，也未见教师发表有分量的论文，更不用说出版专著了。教师的教书育人职责，决定了教师必须实现专业化成长。若没有专业化成长，教师就达不到一定的职业高度，也就不会带来优质的教育教学成果。老师不愿意做学术研究，或者对学术研究持有不正确的态度，其专业发展就一定会受到限制。面对教师不愿意做学术研究的情况，校长应该怎么办？

▶ **案例分享** 🖊

发现老师不愿意做学术研究后，我调查了我们老师不愿意做课题研究的原因。

老师们的想法，归纳起来基本上是：我们的水平达不到，怎么做研究？把分配给自己的那门学科教好不就行了？天天看班、管孩子，哪里有时间做研究？做了又怎么样？不做又怎么样？……

这说明，教师对学术研究存在认识偏差，学校不仅对学术研究缺乏整体建构和强力引领，也缺乏学术评价和激励机制，于是教师对做学术研究失去了动力和热情。

我们经常用到"教师职业""教师专业"这两个概念。教师职业和教师专业有什么不同？按照学术说法，教师职业是已达到经证实的专业标准所要求的专业水平。

　　根据教师的专业结构，教师的专业发展可以有观念、知识、能力、态度、动机、自我专业发展需要等不同侧面；根据教师的专业结构发展水平，教师专业发展可以有不同的等级。

　　我们可以这样理解：教师职业是共性的、横向水平的基本要求，而教师专业是个性的、纵向深度的专业要求。两者紧密相关，但表述的内涵和结构不一样。

　　今天我们提到教师专业发展，指的是不同教师所具备的个性化的、具有纵深结构的专业发展水准，也就是教师的专业发展问题。

　　显然，一所学校的全体教师如果没有做学术研究的动力和激情，就不可能实现教师深度的专业发展和教师的个性化发展，也就不会出现优质的教育教学成果。

　　实际上，学校的现实也是这样的：没有省市级特级教师，没有省市级教学骨干，连区级学科带头人、骨干教师也没有几位，特别是语文、数学和英语等重要学科，几乎是全军覆没。记得在 2012 年全区教学质量检测中，我校语、数、英三科成绩在全区排在中游。在区里的教学优质校评选中，五棵松学区中唯有我校没有上榜。

　　如果教师没有做学术研究的动力和激情，就没有教师深度的专业发展，学校就不能建设一支高素质的教师队伍，就不会有优质的教育教学成果，也不会得到老百姓的认可——办学逻辑就这么简单！

　　难道这所学校的教师都是实力比较弱的教师？从入职起点和现实表现上看，确实如此。但是，我始终认为问题的根源不在教师这里，而是学校没有建立起引领教师进行学术研究的机制，没有激发出教师做学术研究的动力和热情。

　　一位教师的专业成长，受制于主观和客观两个方面。客观方面是学校提供的成长条件或机制，而主观方面是自己内心的发展动力。在两个方面中，主观方面是首要的、决定性的。

　　为此，如何设计一种做学术研究的动力系统，在客观上促进全体教师主观进入研究状态，从而实现专业成长，进而大幅提高教学质量，就成为当务之急。

▶方法萃取 ✎

1.建构机制

　　说实话，做学术研究是一件高难度的事情，教师必然要付出很多的时间和精力，还要贡献出很多的智慧和成果。如果学校硬性逼迫教师进行学术研究，我想这不会成为教师喜欢的方式，他们甚至会产生抵触情绪。因而把被动做学术研究变为主动做学术研究，就十分重要。我们建立了教师学术积分制度，从备课、上示范课、指导其他教师、分享教学经验、申报课题并做研究、撰写教学随笔和论文，到参与学校的课程和校本教材的研发，再到教学成果分析和评估，凡是老师参加的学术活动，一律计算学术积分。这个学术积分，不是外部力量逼着教师去积分，而是推动教师自己主动去积分。教师参加的学术活动越多，在其中发挥的作用越大，学术研究成果越显著，学术积分就会越多。从此，做学术研究不再是学校逼着做的事，而是教师个人自我选择的结果。

2. 做好评价

我们设计了学术积分项目，根据老师在项目中发挥的作用（如上示范课的教师和听示范课的教师都会获得积分，但是分值不一样）确定分数。以学科为主进行学术积分，其中学科学术委员会发挥了重大作用。根据年度工作计划，只要设计了学术项目，教师都会积极参加。每位教师学术积分的多寡，与本人参与的频次和发挥的作用紧密相关，积分的过程和最终结果就是对教师最为客观和公正的评价。

3. 奖励为主

一位教师学术积分的多寡，既与其所在学科的学术委员会有关，如学术活动组织得越多，则积分越高；也与自己的具体情况相关，如家里有病人就请假较多、参加学术活动较少，又如自己的孩子读高三就会多照顾家庭，自然减少了参加学术活动的频次，再如刚刚参加工作不久的青年教师，教学经验不足，发挥作用不大，则学术积分就会少。因此，我们开展学术积分项目的目的，不是惩戒教师、批评教师，而是激励教师积极地、主动地参加学术活动，并发挥学术骨干和引领作用。因此，到了学期结束，我们会算出每位教师的学术积分，在全体教师大会上表彰学术积分排名前50的教师，发放证书和奖品。而对于其他200多名教师则进行隐私性告知：人事部门向每位教师发一封信，写明其本学期的学术积分和在全校所处的位次，让每位教师知道自己的学术研究情况。

▶读懂教师 ✎

实际上，哪位教师不想进步？哪位教师不愿意实现专业成长？哪位教师不希望拥有较好的教学成绩从而得到学校和家长的尊重？一所学校，当教师的学术研究进入停滞状态时，一定是学校的学术发展机制出了问题。

按照马斯洛的需求层次理论，人最高的追求是自我实现，即人生价值的实现。价值实现体现在各个方面。对于教师而言，就体现在教育教学的质量上，因为教师只有受到同事、学生和家长的赞赏，其人生价值才会彰显出来，个人的幸福感才会油然而生。作为校长，我们要为教师实现自己的人生价值创造机制。

十几年的学术积分项目搞下来，学校里的省市级骨干教师涌现出来，大批区级带头教师和骨干教师涌现出来，学校的论文发表情况排在了全区的前列，人人拥有微型科研课题，学校连续八年获得了北京市课程建设成果一等奖……学校教育教学质量不断提升，语、数、英三科成绩走到了全区的前列。教学质量提高了，生源逐年增长，学生也由 2011 年的 1 400 人增加到 2022 年的 3 400 人！

（中国科学院附属玉泉小学原校长 高峰）

校长之问 50

学校"生命生存教育"校本课程推动迟缓，校长该怎么办？

　　学校"生命生存教育"课程开设十多年来，不仅被学校纳入"农·和"五育课程体系，还逐渐成为学校的特色课程。该课程不仅教会了学生基本的生存技能，如急救知识、自然灾害应对方法、野外生存、自救与救护等，还增强了他们的团队合作能力和心理承受力，更在无形中增强了他们对生命的敬重感。然而，进入2023 年，这门曾经风靡一时的课程似乎遭遇了推广的瓶颈，对此校长该怎么办？

　　周一例会时，分管学校特色教育工作的副校长在会上提出："校长，一个星期以来，二年级校园帐篷节的参与率还不到 25%，这个数据不足以支撑我们启动这个项目。"

　　由此，我联想到三至六年级的"一元钱城市生存"、三至五年级的"百望山山地徒步"、六年级的"25 千米'香八拉'野外穿越"，以及三至五年级的"圆明园定向越野"等课程，参与率都没有以前高。于是，我建议："根据每班的参与情况，做个数据分析，再逐班去找班主任了解情况，将两者结合找出原因来。"

　　经过数据分析以及与班主任和其他老师的调研和访谈，我们了解到了一手情况：学校原班主任所带的班级，参与率都在 70% 左右。但是，有三个班是轮岗交流的新班主任在带，这三个班的参与率分别是18%、23%和24%。另外，我们根据数据追踪到班主任都是利用班级微信群发布信息，而轮岗交流的班主任没有完整表达"生命生存教育"课程在学生成长阶段的必要性。二年级的班主任中，新教师和轮岗交流的教师较多，他们对学校"生命生存教育"课程了解得不够深入，基本只是知道有这样一套课程，至于好在哪里并不清楚，对如何推动更是缺乏工作方法。

新教师对"生命生存教育"的价值与内涵缺乏足够的认识是导致课程推动困难的一个重要原因。以张老师为例，作为一名刚进入教师行列的新成员，面对这一特色课程，张老师感到无从下手，无法将理论与实践有效结合，这直接影响了课程的质量和效果。

轮岗交流的教师同样面临着对课程了解不足的问题。李老师也发现自己对课程的理念、内容、教学方法等方面知之甚少。在这种情况下，李老师难以发挥其教学经验的优势，导致课程实施与组织工作成效不佳。

最终，我们统一了意见，决定：针对这个现象，对二年级教师给出统一的话术，说明该课程在学校的发展过程，强调"生命生存教育"的重要性，以引起教师和家长对生命教育的认知。另外，学校对班主任和其他教师进行统一的培训，以加强轮岗交流教师和新老师对学校"生命生存教育"的整体了解。

新入职的张老师、轮岗交流的李老师工作中出现的这种现象，已经成为小范围教师的共性。鉴于以上情况，我向大家提出以下建议："这个现象虽然发生在二年级，但是，课程是全校分年级实施的，同时，我们面对的是全校的新老师、轮岗交流的老师。所以，我们应该以此为鉴，开展一次全校教师培训，通过培训让全体教师充分理解课程的设置意图和教育意义。"同事们都认同这一建议。于是，学校对全体教师进行"生命生存教育"课程的专项培训，包括课程理念、教学内容、组织方法等，以及近十年来学校在"生命生存教育"课程上的开展轨迹与实施效果，以帮助他们快速理解该课程的内涵和对学生的教育价值。

▶方法萃取 ✎

1. 出现问题：据实查找问题，不妄下定论

"校长，一个星期以来，二年级校园帐篷节的参与率还不到25%，这个数据不足以支撑我们启动这个项目。"

于是，我建议："根据每班的参与情况，做个数据分析，再逐班去找班主任

了解情况，将两者结合找出原因来。"

2.找准核心：直面核心问题，要对症下药

经过数据分析以及与班主任和其他老师的调研和访谈，我们了解到了一手情况：学校原班主任所带的班级，参与率都在 70% 左右。但是，有三个班是轮岗交流的新班主任在带，这三个班的参与率分别是 18%、23% 和 24%。另外，我们根据数据追踪到班主任都是利用班级微信群发布信息，而交流轮岗的班主任没有完整表达"生命生存教育"课程在学生成长阶段的必要性。

3.给出方法：提供方法指导，需动作有效

最终，我们统一了意见，决定：针对这个现象，对二年级教师给出统一的话术，说明该课程在学校的发展过程，强调"生命生存教育"的重要性，以引起教师和家长对生命教育的认知。另外，学校对班主任和其他教师进行统一的培训，以加强轮岗交流教师和新教师对学校"生命生存教育"的整体了解。

4.全局实施：看似小范围，还需全体实施

鉴于以上情况，我向大家提出以下建议："这个现象虽然发生在二年级，但是，课程是全校分年级实施的，同时，我们面对的是全校的新老师、轮岗交流的老师。所以，我们应该以此为鉴，开展一次全校教师培训，通过培训让全体教师充分理解课程的设置意图和教育意义。"

▶读懂教师 ✎

在教学管理过程中，一个问题的出现往往是多方面原因综合作用的结果。因此，应该基于事实和现实场景，据实查找问题，再进行合理的分析和判断，找准核心问题所在，拿出科学、合理的解决方案。

在没有进行充分调查和收集足够信息的情况下，匆忙下结论很可能会导致误解和决策错误。这样的做法不仅不能解决问题，反而可能会加剧问题的复杂性，甚至带来新的问题。

（中国农业大学附属小学校长　赵建军）

校长之问 51

老师对"推门听课"很反感，校长该怎么办？

在科组集体备课中，几位年轻老师反映他们不大接受"推门听课"这种形式，领导要听课，最起码也要提前一点时间告诉上课老师，不能临时起意，让人毫无准备，而且只有领导推门听老师的课，没有老师敢推门听领导的课。作为校长，你该怎么办？

新学期行政会上，教学处主任提出来要加大"推门听课"的力度，加强常规教学管理。这个提议得到了所有行政人员的默认。

开学第二周后，分管学科组的行政人员没有提前跟老师打招呼，拿起凳子随机走进教室听课。

但问题来了：一是不少年轻老师上课很紧张，听课时明显感觉不是正常的教学水平；二是有的老师的课堂组织得很仓促，流程不够顺畅；三是有些课堂教学秩序不够好，学生显得懒散，学习积极性不高。

课后，授课老师都会找我来评课。一般来说，我会先听他们的教学设计意图、流程以及授课后的总体评价。在此基础上，我从教学目标的设定、教学内容的取舍、教学流程的设计、教学效果的呈现、学生参与学习的状态、课堂教学文化的营造等方面进行分析，阐述我的所思、所得、所悟。我虽然很少批评授课老师，但明显感觉到授课老师有点窘迫、有点尴尬。

有时候，年轻老师也跟我坦言，说最怕领导"推门听课"。至于原因，有的老师是因为紧张，设计好的流程乱了；有的老师看到领导来听课，就临时改为上新课，导致准备不足。

年轻老师的这些想法当然很正常，我安慰他们说，不要有太多的顾虑，按照平时的节奏和水平上即可。

"付校长，您什么时候可以给我上一节示范课啊？"有一次，评课结束后，一个刚参加工作两年的女孩子怯怯地问我。

"好啊，你点课吧！"我爽快答应了。毕竟，不是每个老师都有这个胆量问我，而且我也需要了解他们的发展需求。

"对文言文我和备课组的老师都拿不准，您给我们上一节吧！"女老师说。

"好的，一周后的周四上午第二节。"我翻开桌上四年级上册的语文课本，说，"就讲《王戎不取道旁李》吧。"

一周后的周四，我如期讲授《王戎不取道旁李》，全体语义老师到场听课。"名师就在我们身边。""这样的课扎实，既有深度又接地气。"课后，老师们给予我的评价很高。

这件事后，我思考了一个问题：既然可以"推门听课"，为何不能"因需点课"呢？

"推门听课"好理解，"因需点课"怎么说？我所理解的"因需点课"是指一线教师遇到课堂教学堵点或难点，请专家领导，包括中层干部、校级领导以及名优教师上示范课。因此，"因需点课"类似于专业发展的菜单式选择。

"因需点课"从理论上讲是可行的，也是必要的，但在现实中往往难以实现。一方面，一线教师不敢向领导开口，虽然有些学校有名优教师示范课，但往往是学校的统筹安排，而非一线教师的"点课"；另一方面，一般情况下领导也不敢轻易讲，平时"指点江山""激扬文字"尚可，可要示范操作就难免心虚，常以忙碌为借口推却。

有了这样的思考后，我在后面的教学工作会议上提出了"课堂为王"的观点，希望老师们深耕课堂，并提出几个创新点：

第一，"随机抽取""提前告知"两者兼顾。站在学校教学管理的角度，"推门听课"有一定的合理性，但站在老师的角度，"推门听课"不能打无准备之仗，不能搞临时突击。因此，在后面的"推门听课"中，我让教学部门的同志头一天晚上随机抽取一个班级的一节课，并提前告知老师。这样既能看到老师真实的课堂教学水平，也能诊断出老师课堂教学的不足，还杜绝了老师们的抵触情绪。

第二，既要"推门听课"，又要"因需点课"。"推门听课"主要是学校管理层推开教室门去听课，对于这种"被动"的监督、考查、诊断手段，从内心讲老师们不大情愿，因此，科组、备课组可以将共性的问题、教学的难点等集中向教学部门反馈，申请"点课"。当然，如果学校的名优教师、行政干部能亲自示范、引领，问题就在校内解决了。如果校内解决不了，就要借助省市专家的力量，来促进老师们的专业发展。

第三，自下而上征集教师专业发展"菜单"。如果说前面两点是从"点"上解决老师们专业发展的问题和困惑，那么自下而上征集教师专业发展"菜单"就是从"面"上给所有老师提供帮助：一是让老师们制订"个人三年专业发展规划"，明晰自身发展的方向，剖析自身的优势和劣势，列出需要帮助的项目；二是以学校为单位，构筑"1+X"教师专业发展体系，其中"1"是指学校的通识教育、共性培训，需要全体老师参加，"X"是指以科组为单位，结合科组人员结构，提出发展需求和专家助力需求；三是以教师梯队为依托，以"职初教师""成熟教师""骨干教师""名优教师"为划分阶段，征集个性化的培训需求，对老师们进行有针对性的培养。

有了这样明晰的思路后，学校教研活动盘活了，教研氛围浓厚了，科组纷纷上报老师的培训需求、听课需求，老师也对"推门听课"不再恐惧，甚至不少老师都主动要求我去听他们的课，进行把脉问诊。一年内，我相继给语文科组讲授《二十年后回故乡》的作文课、《夜书所见》的古诗课、《为中华之崛起而读书》的革命题材阅读课等。数学教学处主任跟科组每个老师进行同课异构，极大提升了数学科组老师的课堂教学水平，而且通过整合运用学校和个人的资源，邀请了一大批学科专家走进学校，给老师们提供"菜单式"主题讲座。

▶ 方法萃取 ✏

1. 改变听课思维：让"突击"变为"期待"

"推门听课"是很多学校的一项常规工作，也是日常教学管理的方式之一。其目的是检验、监督、评价老师的常规教学工作，但如果"推门听课"这种方式让老师们"风声鹤唳""草木皆兵"，甚至心生怨恨，那就与管理者的初衷大相径庭了。如果稍微提前一点告诉老师"推门听课"的决定，让老师有所准备，老师就能真实、充分地展现教学水平，并能得到领导的认可、帮助，从而提升教学能力和水平。让"突击"变为"期待"才是一种良性的听课机制、教研机制。

2. 尊重老师需求：既可"推门"，又可"点课"

"推门听课"固然可以发现常规教学中的一些不好的现象，但管理者的目的不应仅仅停留在发现问题上，更要聚焦在解决问题上——提高老师的教学水平，提高学校的教学质量，才是管理的最终目的。在实施"推门听课"的同时，要尊重老师的需求，要允许老师听领导的课、名师的课，老师可以任意"点课"。再者，学校里往往是"教而优则仕"，走上管理岗位的大多是教学中的翘楚，因而管理者在工作中也需要引领其他老师，在被老师"点课"时也要有底气和勇气。

3. 构建发展体系：从"自上"变成"自下"

严格来说，绝大多数学校都会将教师专业发展摆在学校工作的首位，但在具体实施过程中缺乏全局思维、长线思维和靶向思维。很多校长站在管理者的角度，对教育教学政策"生搬硬套"，而忽视教师的群体状态，忽视教师的共性和个性的需求，不能构建适合自己学校、适合教师实际的教师专业发展体系。我所在的学校在实际操作过程中，充分尊重教师，改变以往"自上而下"且随意性很强的培训方式，了解并满足来自教师的"自下而上"的发展需求，进而构建了"1+X"教师专业发展体系。在实践的积累中，一大批优秀教师脱颖而出。

▶读懂教师 ✎

客观地讲，没有哪位老师希望自己的课堂被人"推门打扰"。站在老师的立场，换位思考，老师们对"推门听课"反感情有可原。

一是老师没有拒绝的权力本身就是悖论。正如前文所言，对于"推门听课"，一般只有领导才推老师的门，没有老师敢推领导的门，也没有老师敢对领导的"推门听课"说"不"。从平等的角度来讲，这本身就不公平。在营造良好的学校生态过程中，管理层的领导权力要转变为服务力，管理层要为每个老师的教学服务和专业成长助力。

二是管理者要发现老师专业发展上的需求。一个学校每个年龄层的老师都有，每个人的发展期待、客观需求不一样，评价标准不能"一刀切"，教师培训不能"一锅端"，而是要充分了解、熟悉老师。有些老师是竞赛型选手，有些老师是勤勤恳恳的"老黄牛"，有些老师在班级管理、家校沟通等方面有优势，有些老师在提高学生成绩、推动后进生转化等方面有手段，职初教师、名优教师、骨干教师的发展目标也不尽相同，所以管理者要站在老师的角度来考量，要看见教师。

三是教师希望构建专业发展体系。教育是一项重复性事业，时间久了，往往会让人懈怠，甚至躺平。而一些发展势头强劲的学校，或者一些名校，往往是因为有学校文化的传承，既有固定的培训路径，也有代代传承的传统，自然教学质量优异、名师辈出。往深处讲，就是它们已经构建了一个相对比较完善的教师发展场域，能让一代一代的教师接续发展。

（广东省深圳市新秀小学原副校长　付步雄）

校长之问 52

老师们在课程教学研讨中婉拒校长的建议，校长该怎么办？

▶ 挑战描述 🖊

在一次语文学科的集体教研活动中，刘老师执教六年级课文《金色的脚印》。在课后研讨环节，我提出了不一样的想法，并建议马上换一位老师换一个班级现场同课异构。老师们都谦虚地推让，并表示六年级所有班级都已经学习过这篇课文了。这个时候，作为校长，你该怎么办呢？

▶ 案例分享 🖊

那一天是语文大教研，全校 100 多位语文老师聚在录课室。教研活动安排了两个议程：刘老师执教六年级课文《金色的脚印》，互动研讨。

刘老师的课凝聚了语文组近期关于学习方式转变的很多新探索，努力改变过去老师一讲到底、孩子们一问一答被动倾听与记录的学习方式。刘老师上课结束后，我从语文教学对孩子们的概括、提炼、写作能力提升的角度，与大家交流了我的看法和主张。同时，我建议换一位语文老师带另外一个班级的孩子，用不同教学思路再讲一次这篇课文，提供两种教学思路供大家研讨如何才能让孩子们学得更加灵活、深刻、扎实。

但老师们表示很为难：学校所有六年级的班级都已经学习了《金色的脚印》，没有班级可以上课了；100 余位语文老师互相推让，都说没有准备同课异构，担心效果不好。

怎么办呢？此刻，如何推进教学研究，才能让老师们基于真实情境和现场案例有所启发？如何引领教研文化，才能让老师们心无杂念、求真求实、潜心研究？

于是，我随机安排五年级一个班的孩子们学习《金色的脚印》。和刘老师的执教思路不同的是，我没有框定性地要求孩子们在文中找关键词和相关内容，而是让孩子们先充分阅读，之后尝试用一两句话概括故事的主要内容，然后让孩子们带着不同的感受再读课文，并与伙伴交流对自己触动最深的场景。在第二遍阅读中，孩子们根据自己个性化的阅读速度和个体感受自然地形成了二次分组，用自己的方式阅读、思考、交流……随着阅读的深入，我分发给每个小组一张大白纸，请大家进行小组合作，采用自己喜欢的方式呈现课文中主要角色之间的关系、情感和情节。孩子们都进行了多样化的表达和汇报，他们的思维、情感、文采等方面令全场的老师格外惊喜。

上完课后，在研讨环节，老师们从学生的立场和收获的角度对两种教学思路进行了全面的对比分析，大家讨论得特别激烈和深入。我也特别提醒老师们，在语文教学中，一定不要仅仅重视字词句篇的积累，更要重视人文性、逻辑性和思想性的培养，要在孩子们充分理解和领会作者原意的同时，关注孩子们的个体经验、知识基础、观点和情感。

那天的研讨持续了很久，老师们久久不愿离去。此后，学校各学科组在开展教研活动的时候，也常常会采用不同老师同课异构的方式，让大家真诚地研讨，找问题，想办法，尝试不同策略，在孩子们的不同学习状态和效果中去理解怎样的方式方法更科学有效。老师们也常常邀请我一起参与，我也总是提出自己的想法，或者和老师们一起上课。每当这时，我总觉得特别有意义，特别幸福。

▶方法萃取 ✎

1. 真诚交流，提出课堂教学思路

我从语文教学对孩子们的概括、提炼、写作能力提升的角度，与大家交流了我的看法和主张。同时，我建议换一位语文老师带另外一个班级的孩子，用不同教学思路再讲一次这篇课文，提供两种教学思路供大家研讨如何才能让孩子们学得更加灵活、深刻、扎实。

2. 以身示范，提供现场研讨案例

于是，我随机安排五年级一个班的孩子们学习《金色的脚印》。

3. 及时总结，促进教师持续研究

在研讨环节，老师们从学生的立场和收获的角度对两种教学思路进行了全面的对比分析，大家讨论得特别激烈和深入。此后，学校各学科组在开展教研活动的时候，也常常会采用不同老师同课异构的方式，让大家真诚地研讨，找问题，想办法，尝试不同策略，在孩子们的不同学习状态和效果中去理解怎样的方式方法更科学有效。

▶读懂教师 ✎

教学研究是促进老师专业发展的重要方式。在实践中，老师们对教学研究有没有热情、在研究中能不能指出问题、敢不敢放下面子提供研究案例，这与学校的教研文化密切相关，与学校的校长密切相关。

校长要和老师们泡在课堂里一起研究。校长是一所学校里具有象征性意义的人物。校长在哪里，老师们的关注点就在哪里。我总喜欢走进各学科教研组，走进老师们的课堂，带着老师们一起听课、一起讨论，让老师们感受到校长对教学研究的关注和重视，从而形成人人扎根课堂、人人研究教学的研究氛围。

校长坦荡纯粹，老师们就阳光开放，学校就有直面问题的教研文化。老师们在评课议课时，往往碍于情面，对优点浓墨重彩，对问题轻描淡写，这样极不利于老师的专业发展，也使课例研讨失去意义。校长在教学研讨中，要带头破除世俗的迎合心态，敢于指出问题、剖析原因，带动老师们形成阳光坦荡、直面问题的教研文化。

校长摒弃功利，老师们就沉心静气，学校就有求真求实的教研精神。作为校长，给100多位语文老师临场上课，说实话，那一刻我也是十分忐忑的。但是就孩子们的发展而言，即便我上课中出点难堪的小状况，也是值得的。所以，参加教研的时候，我偶尔也会听着听着就上去讲一段，不是我讲得有多完美，而是想带头摒弃上课上得好不好的面子观，换一下思路，为老师们教学提供一个不同的课程课堂理解角度，供大家观摩研究，并带给大家一些启示和思考。多年下来，老师们也慢慢地放开自己，学校也形成了促进孩子发展是第一位的教研精神。

（重庆市谢家湾教育集团党委书记、总校长，谢家湾学校党委书记　刘希娅）

校长之问 53

期末教学内容检查方法陈旧，老师不认真对待，校长该怎么办？

▶ 挑战描述 🖊

学期末的一天，教学干部向我汇报，在教学工作检查中，发现有些老师写的随笔及听课笔记等内容一看就是为应付检查而完成的，质量不是很高。遇到这样的问题，作为校长，你想怎么应对呢？

▶ 案例分享 🖊

"校长，您看看，这几位老师的听课笔记一看就是这几天补的，这样的听课记录有什么用啊！"教学干部将厚厚一摞听课本放到我的办公桌上，抱怨道。我随手翻了几本，崭新的页面、清晰的笔迹，一看就是才"问世"不久。写随笔、记录听课笔记、撰写教学设计，这些都是老师提升教学水平的重要手段，老师们为什么这样做呢？我一边想，一边不经意地又翻开了两本听课本，发现两位老师所写的课堂记录及评课内容，细节虽有差异，大体意思却基本一致。"这些都是聚焦课堂教学的，是吧？"我抬头看了看教学干部。"是的，校长。"教学干部对我说，"咱们要求所写的内容都要跟课堂教学相关，这样更聚焦于教学，对老师们进行教学反思会有很大帮助。"听了教学干部的话，我似乎找到了问题的原因。规定撰写方向，虽然更加聚焦，但也限制了老师们的思维，限制了老师们的自由思考。"这样咱们下学期改一下试试。首先，不规定老师写什么，只要与工作有关就行。其次，每学期听课十节也可以不限制在本学科，这样老师听课的机会就会更多。最后，我们能不能改变一下方式，将期末检查改为期末展示。老师们将自己这一学期的随笔、听课本、教学设计以及所判的各项作业，在本学段内进行展示，让本学段的老师去参观学习。"教学干部听我这么一说，先是一愣，随后拍着手说："校长，我现在就开始期待期末的展示了！"

又一个学期的期末到了，我们根据不同学科、不同学段将老师们进行了分组，让老师们自己去展示这一学期的工作。在巡视的过程中，我发现老师们展示的除了学校规定的内容，也很有个人特点：教学设计标注出了自己的授后心得，教学随笔有了科研的味道。就连原本普通的作业也推出了创新内容：特色小练笔、流动日记、传统文化宣传册。而观展的老师更是带着笔记本一边看一边记录，将好的内容、形式记录下来，好为自己所用。

就这样，从 2015 年起，学校一改学期末老师们上交各种教育教学内容，由教学干部检查、汇报、总结的方式，而是以组为单位进行教育教学展示，老师们相互学习评价，由教学检查变成了教学展示。第二年，我们又细化了展示规则，从教 30 年以上的老教师和骨干教师不需要写随笔，只要在期末将自己的一个教育教学小妙招介绍给大家就可以。这一改变将小妙招介绍变成了一个小型学术研讨会，骨干老师和各位有经验的老教师纷纷利用这个机会将自己一学期甚至多年的经验、研究所得展示给大家。将检查变为展示，老师们不但不再抵触所要完成的工作，还激发了创新意识、研究意识。

从此，附小的期末展示成了老师们忙碌一学期后最期待的一项工作。

▶方法萃取 🖋

1. 找准问题症结

"咱们要求所写的内容都要跟课堂教学相关，这样更聚焦于教学，对老师们进行教学反思会有很大帮助。"听了教学干部的话，我似乎找到了问题的原因。规定撰写方向，虽然更加聚焦，但也限制了老师们的思维，限制了老师们的自由思考。

2. 检查变为展示

"这样咱们下学期改一下试试。首先，不规定老师们写什么，只要与工作有关就行。其次，每学期听课十节也可以不限制在本学科，这样老师听课的机会就会更多。最后，我们能不能改变一下方式，将期末检查改为期末展示。老师们将自己这一学期的随笔、听课本、教学设计以及所判的各项作业，在本学段内进行展示，让本学段的老师去参观学习。"

3.被动变为主动

从 2015 年起，学校一改学期末老师们上交各种教育教学内容，由教学干部检查、汇报、总结的方式，而是以组为单位进行教育教学展示，老师们相互学习评价，由教学检查变成了教学展示。将检查变为展示，老师们不但不再抵触所要完成的工作，还激发了创新意识、研究意识。

▶读懂教师 🖊

老师的工作其实重复性比较高，如果我们再将一些工作变得千篇一律，老师们的积极性一定会被削弱。所以，如何让老师们在重复性较高的工作中常教常新，就需要我们用创新的思维及方式方法去改变。

首先，我们不要先入为主地认为老师就是不认真工作，是态度问题。一定要深入、理智地分析产生问题的原因。作为校长，我们要善于调动老师们的工作热情，让老师们以积极的情绪去完成工作。

其次，发现问题后要先从管理的角度思考如何去改变。当发现老师们完成随笔是因为学校要求得比较多的时候，我们便放开了撰写方向。

最后，将检查变为展示。变被动检查为积极展示，这样不仅减轻了老师们被检查的心理压力，也激发了老师们展示自我的积极性，使老师们能够自觉向好地工作。

最初的改变让老师们获得了更广阔的展示平台，但如果想要更加持久地把这项工作推动下去，就需要不断完善。骨干教师以及从教时间达到 30 年的老师可以不写随笔，这一小小的改变既是对老师的肯定与信任，也成为老师们努力的方向。不少老师自创了很多方法，调动了学生的学习积极性，取得了很好的教育教学效果。

综上，校长要努力将管理老师变为引领老师，将教育老师变为感染老师。

（北京市特级校长、中国人民大学附属小学原校长　郑瑞芳）

校长之问 54

老师上公开课紧张，校长该怎么办？

▶ 挑战描述 ✎

老师要上区级展示课了，但特别怕在课堂上出现意外情况，自己应对不好，心里非常紧张。这样的现象每个学校都会有。遇到这种情况，校长能有什么办法改变吗？

▶ 案例分享 ✎

一天，我来到了门头沟京西分校，王老师见到我，很忐忑地说："校长，我太盼着您来了，这两天我心里特别紧张。"我问："遇到什么事了吗？"王老师犹豫了一下说："我这周五要上一节区里的公开课，领导希望我展示一节体现大量识字理念的课。您知道，自从 2015 年咱们学校进行语文课程改革，倡导低年级大量识字以后，孩子们的识字兴趣可大了，有时候孩子们说的一些字我都不会写。我怕公开课上出现这种情况，您说这可怎么办呢？所以我心里特别没底儿。"我听明白了老师的担忧，因为我曾经跟老师们说过，课堂上孩子们说到的字或词，一定要写到黑板上，一回生，两回熟，要利用孩子们记忆力最强的时候，让他们大量识字，大量识字有助于他们尽早进入阅读阶段。我想起有一次我在主校区听课，课堂上，我发现学生读课外资料时遇到了不认识的字，便询问老师，老师看后随即告诉了学生。这是一种普遍的教学现象，可能很多老师都会这样做，也并没有对此进一步思考过什么。在评课的时候，我建议，当学生不认识某个字时，老师是不是可以先问问孩子们：谁带字典了？如果大家都没带字典，老师可以说这次老师先当一次活字典。虽然课堂上老师可能还是告诉了孩子们那个字读什么，但是稍稍慢半拍，改变一下教学策略和方式，传递给孩子们的理念就不一样了。它潜移默化地告诉孩子们字典是无声的老师，应该学会自主学习，养成勤查字典的好习惯。想到这，我就把这个案例讲给了王老师。她听后恍然大悟，说："校长，我明白了。讲台上放一本字典，如果遇到不会写的字，我就跟孩子们说老师不会这个字，大家可以问问字典老师。这样无形中就教给了孩子们一个识字的方法，那就是不会的字可以找字典老师。太好了，还有别的方法吗？"我想了想说："老师是人不是神，也在不断成长，一时提笔忘字是很正常的，不是丢脸的事。方法二，孩子是不是也可以把手机带在身边，老师可以引导孩子用搜索引擎来查，这样孩子们就懂得了不会的字可以借助信息技术查找。方法三，平时你是一个人上课，但是现在后边坐着那么多老师，课前你可以让咱们学校的某位老师准备一个小黑板，当某个字你犹豫的时候，你可以给他暗示，他就写出来举给你看，问题不就解决了吗？所以遇到不会的字时，把球抛出去，可以邀请后面的老师帮你的忙。如果这位老师写出了这个字，你可以建议孩子们以后遇到不会的问题，可以向他人请教，所以我们感谢这位老师教会了我们这个字。"听到这些方法，王老师兴奋地说："谢谢校长！您的这些高招一定能够帮我应对课堂上可能出现的尴尬，我的心理负担没了。同时孩子们还学会了多种识字方法。我有信心上好这节课了。"是的，老师也需要不断学习，而且老师有时候还要向孩子们学习。此刻的王老师对这节课充满期待，甚至希望课堂上出现这样的小尴尬，这样的课堂才会更精彩。

其实，我知道有些老师常态课上得很好，但一上公开课就紧张，这种现象应该不是一两所学校老师的问题，也不是一两位老师的问题，作为校长，我该如何改变这种现象呢？

附小从 2000 年元旦开始就每年组织一次附小教师新年晚会，这被附小人称为"教师春晚"。这可不是一次演出联欢，而是对老师们的一种隐性培训，对教学非常有帮助，附小已连续举办了 24 届。所以有老师就对我说："校长，自从您让我上台去跳舞、演小品，我现在上公开课一点都不紧张了，太锻炼人了！"教师春晚既展示了老师的表演才华，也锻炼了老师的胆量。课堂其实也是舞台，表演增强了老师的胆量，改变了老师上课紧张的局面。

除此之外，从 2011 年开始，附小采取了多学科老师协同上课的教学模式，不同学科的老师共上一节课，也就是现在提倡的跨学科教学，这也是助力老师消除紧张情绪的好小法。

▶方法萃取

1.案例启发

我就把这个案例讲给了王老师。她听后恍然大悟，说："校长，我明白了。讲台上放一本字典，如果遇到不会写的字，我就跟孩子们说老师不会这个字，大家可以问问字典老师。这样无形中就教给了孩子们一个识字的方法，那就是不会的字可以找字典老师。"

2.摆正心态

"老师是人不是神，也在不断成长，一时提笔忘字是很正常的，不是丢脸的事。"

3.积极支招

方法一，借助字典解决；方法二，借助信息技术解决；方法三，借助在座的听课老师解决。

▶读懂教师

我主张：为了孩子，我们需要改变。好的教育不是只重视孩子的现阶段发展，而是为孩子一生的幸福着想。课堂上一个简单的提问、一句话，其实都反映出我们的教育理念、教学理念。老师的职责是教书育人。"育人"不是生硬的说教，它其实就融于我们的日常教学之中。只有心中真正装着学生，一切为了学生，我们的课堂教学才会如春风化雨般滋润学生的心田，达到润物无声的美好境界。

当了这么多年的校长，我一直深深铭记着一个道理：老师们需要的一定不是高高在上、不食教学烟火、只用空洞的理论指导学校千军万马的校长，而是注重实践，在无数个看似微不足道、实则举足轻重的细节里关注老师发展、学生成长的校长。所以我特别喜欢听课，喜欢和老师们一起研究课、评课，共同享受成长的幸福。

　　我曾不止一次地对我的老师们说：如果不是为了评职称、评骨干教师，各级的评优课你们都可以不参加。形式是为内容服务的，课堂是为学生成长服务的，我希望我们的课堂是开放的，老师们可以根据学生的实际需求、所授内容的特点去备课，从而实现高效授课，而不是花大把的时间打磨出充满匠气的、看似美丽的课。

（北京市特级校长、中国人民大学附属小学原校长　郑瑞芳）

按惯例"推门听课"却被老师婉拒，校长该怎么办？

▶挑战描述 ✐

每学期，校长都会被安排"推门听课"。新学期的某一天，在学校教科处的安排下，我应该听青年教师 A 老师的课。我到办公室拿好听课本和记录笔，做好了听课准备。在课前，A 老师在得知要被校长听课时婉拒这一安排了。细细数来，这样的情况在学校中时有发生，作为校长，你该如何应对呢？

▶案例分享 ✐

"田校长，您工作繁忙，而这节课我安排的是习题评讲，没有听的必要，也没有听的价值。"在 2020 年春季学期第一周，我循例"推门听课"，当 A 老师得知自己要被听课时，对我表达了以上内容。

被 A 老师婉拒后，我脸上仿佛写了一个大写的"尬"，随即头脑中迅速闪现出各种疑问：开学第一周教学进度慢，A 老师安排习题课的必要性是什么？A 老师上习题课是不是为了婉拒我听课？A 老师为这节课做了哪些准备？看到我没有回应，A 老师开始窘迫起来，脸也变得通红。

怎样缓解 A 老师的窘迫，也缓解我被婉拒的尴尬呢？我随即说道："经过你精心准备的习题课，也可以是一堂好课，我今天主要是带着任务来学习的。"听完我期许的话，A 老师的脸色逐渐恢复了自然。

我进入课堂，开始听课。在教学过程中，虽然 A 老师总想表现得镇定自若，但我也从 A 老师的教学设计和教学情境中发现了一些问题：一是对学生的习题错题情况没有进行充分的课前统计，习题评讲的针对性不强；二是对部分习题的知识挖掘、情境转换、知识迁徙及学生核心素养的培养等关注不够，与学生的互动也不够，学生的主体性体现得不充分。可以说，这节习题课并不算是一次精心设计的评讲课。

课后如何与 A 老师交流，这才是最重要的。听完课后，我随 A 老师回到了教师办公室，我们站着展开了平等的交流。对于 A 老师认为自己的习题课没有被听课的必要与价值，我首先表示了肯定和赞许："这节习题课首先考虑了学生的学情，对学科知识有较好的把握，教学设计整体上是比较好的，有不少亮点。"听到我的肯定，办公室的其他老师都抬头望向 A 老师，眼里充满羡慕。我随后说道："有一些教学的细节，等你有时间时，我们再一起商讨。"于是，我回到办公室，开始复盘今天推门课的全过程。

通过复盘，我大致猜到了 A 老师用习题课的说辞婉拒我听课的理由。第一是校长的推门课没有提前和老师沟通，老师没有做好心理准备，担心上课出现纰漏，所以 A 老师的第一个反应是逃避。第二是老师选择上习题课更多是教学上的不自信，认为习题课不好评价，归根结底是自信心和胜任力不够。大概半小时后，A 老师敲响了我办公室的门。为了交流充分且自然，我选择和他到校园中散步交流。随后，我们的交流对话完全印证了我的猜想。A 老师首先向我表达了歉意，他说："这节课本来安排的是正常教学进度的课程而非习题课。我没有做好被校长听课的心理准备，担心新课讲不好。"我接过话茬，也向 A 老师承认了"错误"："学校教学管理部门没有提前通知，让老师没有心理准备，这是学校没有考虑周全。今后校长听推门课至少提前 1~2 节课告知老师。"据 A 老师后来反映，学校的这项调整深受老师们的欢迎和赞同。紧接着，我和 A 老师交流了老师教学自信心与胜任力的问题。我真诚地说道："老师的教学自信心和胜任力来自对学科知识的熟练掌握、对教学的科学设计、对学生的充分尊重和理解。上述能力我们都可以通过学习和锻炼获得：我们可以在学校'青蓝结对'工程中，向结对师父学习；在学校举办的名师讲堂中，跟随名师学；在学校组织的各类教学技能比赛中自行领悟和修炼。当我们有了这些能力，我们的每一节课都能成为名实相符的'金课'。期待你的每一节课都能成为供同行交流、供领导学习的'金课'。"听完我的话，A 老师的眼里充满了光。自那以后，我经常会收到 A 老师的听课邀请。

▶方法萃取 🖉

1. 肯定表扬先行

"这节习题课首先考虑了学生的学情，对学科知识有较好的把握，教学设计整体上是比较好的，有不少亮点。"

2. 自我反思跟进

"学校教学管理部门没有提前通知，让老师没有心理准备，这是学校没有考虑周全。今后校长听推门课至少提前 1~2 节课告知老师。"

3. 提供方法妙招

"老师的教学自信心和胜任力来自对学科知识的熟练掌握、对教学的科学设计、对学生的充分尊重和理解。上述能力我们都可以通过学习和锻炼获得：我们可以在学校'青蓝结对'工程中，向结对师父学习；在学校举办的名师讲堂中，跟随名师学；在学校组织的各类教学技能比赛中自行领悟和修炼。当我们有了这些能力，我们的每一节课都能成为名实相符的'金课'。期待你的每一节课都能成为供同行交流、供领导学习的'金课'。"

▶读懂教师 🖉

课堂教学是老师一个人完成的，因而对课堂教学进行督导很有必要，这也是校长了解老师教学水平和课堂教学质量的重要环节。当我们听课被老师婉拒时，更需要看到老师婉拒的深层次原因。校长"推门听课"，老师作为上课者成为被评价的对象，难免焦虑和紧张。校长要抱着不是来对老师挑错而是诚恳学习的态度，和老师一起讨论如何进一步提高课堂效率，并让老师接受这一教学管理形式。

第一步：对老师进行"肯定和表扬"，缓解老师紧张的心理，使老师感觉自己获得了充分的肯定。和老师在校园漫步交流，让对话变得平等自然，老师感受到充分的尊重，内心自然觉得温暖。

第二步：自我反思跟进。从学校管理的角度看，要始终坚持系统观念和问题导向，找寻问题根源。被听课的老师以为校长和自己交流教学细节时会狠狠地、严肃地批评自己，没想到校长首先检讨自己，这是校长站在老师的角度思考问题并尊重老师、肯定老师，同时严于律己，从而从心理上拉近了两人的距离。同时，校长反思课前沟通问题，也为学校教育教学管理的制度化、柔性化做好了铺垫，让老师充分感受到被尊重，感受到学校管理的人性化，也让以老师为中心的理念落地生根。

第三步：提供方法妙招。青年教师得知自己将被校长听课、将成为被评价的对象时，感到焦虑和紧张实属正常，完全没有必要回避。和骨干教师与学科名师相比，青年教师的教学自信心与胜任力还不够。此时，校长不仅要用自然、幽默、深入人心的方式为青年教师描绘诗和远方，还要为青年教师的成长支实招，引导他们准备好走向诗和远方的各类工具。这样，被听课的老师心中才会觉得温暖，眼里才能充满光。

（重庆南开中学教育集团总校长　田祥平）

校长之问 56

面对多学科的课堂教学研讨，校长该如何指导？

▶挑战描述 🖊

　　校长能够与教师一起有效解决教师教学中遇到的问题，提供实用的解决方案，这是教师培训助力先进教育理念进课堂的最后一公里。而现实中，校长往往只是某一个专业的行家里手。面对经常性、多学科听课后的反馈与指导，不少校长确实感到了压力，这甚至成为一些校长回避评课环节的原因；而另一些校长大而全、空洞理念下的说教式评课又使教师感到隔靴搔痒，产生反感抵触情绪。久而久之，这些现象必然会影响整个学校的教育质量提升。面对这样的问题，作为校长，你该如何应对呢？

▶案例分享 🖊

　　为确保教育目标的实现，校长关于教育教学管理的核心工作之一是对教师进行专业培训，提升教师的教学能力和素养。这是一个包含多个方面的过程，涉及个人发展、组织支持以及持续的职业培训。在诸多提升教师教学能力和职业素养的有效途径中，最使教师感到收获大、心悦诚服的是校长的示范。

　　我曾经参加过一次历史学科组内教学研究课，内容是讲中国的抗日战争。老师进行了精心的准备，课前也进行了集体备课。课堂教学结束后，教研组进行评课。老师们对这节课给予了很高的评价，几乎没提出什么问题，近乎完美。最后教研组长请我做总结发言。我说："做总结发言我可没资格，一会儿请教研组长做。现在已经是下午六点了，大家毫无倦意，静心研讨，我首先为大家的钻研精神点赞。刚才大家对老师的教学内容、工作态度、教学语言等方面给予了热情肯定，我完全同意。但我有一个问题，希望我们一起再讨论下。虽然都一致认为这是节好课，但整个课堂气氛始终死气沉沉，估计大家也有所感受，这是什么原因？我们的问题出在哪儿了呢？"一个老师立刻脱口而出："这个问题简单——校长听课来了，同学们紧张。"我笑着回复说："哦，原来是我造成的。可是咱们的学生什么世面没见过？何况校长又不是外人，怎么还能把同学们吓得都说不出话了？这不太可能，这个责任我是不承担的。"大家都笑了。我接着说："大家再想想看，究竟是什么原因呢？"又有两个人发言，但还是没达成共识。我接着老师们的发言说了自己的想法："日本帝国主义侵略中国，给中国人民带来了深重的灾难。其中最为人所熟知的是 1937 年 12 月至 1938 年 1 月间发生的南京大屠杀，据估计有 30 万以上中国平民和战俘被杀害。日本帝国主义侵略中国，给中国人民带来了深重的民族创伤。战争期间，中国人民饱受屈辱，民族自尊心和自信心受到严重打击。战后，中国人民为追求民族独立付出了艰苦努力。然而，只有在中国共产党的领导下，中国人民经过艰苦努力，才最终赢得了抗日战争的胜利，为民族独立和解放奠定了基础。可是，无论是今天讲课的老师还是听课的学生，他们就像在讲、在听别人家的苦难事一样静坐局外，难以产生共鸣。"

　　我继续说道："学校一直倡导大家要用心教书，教材、学生、教师不能彼此分隔。我们不能把鲜活的历史事件仅仅看成时间、地点、人物、现实意义、历史意义等需要记忆的干巴巴的文字，我们要与学生心灵相通，使教材、学生、教师形成一个有机的整体。教师在教学过程中，要深入学科本质，要对教材内容有深刻的理解和把握，能够引导学生探索学科知识的深层次意义，而不只是停留在记忆和重复的层面，也只有这样才能有高质量的课堂教学，才能完成学校立德树人的使命。"随后老师们从改进教学方法、激发学生主动学习意愿方面提出了许多想法，如使用多媒体工具，利用视频、图形、动画等帮助学生更直观地理解史料；采取项目式学习方式，走进博物馆，在校内定期举办学生讲坛、教师及文博史学专家讲座；成立读书俱乐部，一起交流读书感想；撰写与评选历史小论文；围绕历史文化遗产，进行一系列主题研究。可贵的是，历史教研组的老师们想到就做，在追求高质量教学的路上持续发力，开发并开设了学历史文博特色选修课和博通社社团课程。

▶ 方法萃取 🖊

1. 组建专业的听课团队

组建一个由不同学科老师组成的听课团队，他们可以提供更为专业和具体的反馈。这样，校长不必成为每个领域的专家，而是依靠团队的专业意见来指导教师。但校长要关注团队的师风师德建设，坚持民主平等、鼓励先行、严谨执教等原则。同时校长要加强业务学习，如研读国家课程标准、学科课程标准等。

2.实施同伴评价

促进开放沟通，鼓励教师之间进行同伴评价，这样教师可以从同事那里获得反馈，而不是只从管理层获得指导。校长、听课团队也是教师研究教学的合作伙伴，合作伙伴放下架子平等而专注地聚焦问题讨论，就是在鼓励教师与校长和听课团队之间开放沟通，以便教师可以表达他们的观点和担忧并及时得到相应的反馈，从而有利于教师的后续改进。

3.关注学生的学习过程

评课时，表扬也好，批评也罢，都要根据课堂的学生学习过程、互动反馈，特别是学生思考的深度与积极性等具体客观事实和收集的数据来进行，而不仅仅是单纯研讨教师的教学方式。

4.明确目标和期望

"学校一直倡导大家要用心教书，教材、学生、教师不能彼此分隔。我们不能把鲜活的历史事件仅仅看成时间、地点、人物、现实意义、历史意义等需要记忆的干巴巴的文字，我们要与学生心灵相通，使教材、学生、教师形成一个有机的整体。教师在教学过程中，要深入学科本质，要对教材内容有深刻的理解和把握，能够引导学生探索学科知识的深层次意义，而不只是停留在记忆和重复的层面，也只有这样才能有高质量的课堂教学，才能完成学校立德树人的使命。"

5.持续跟进和支持

学校应提供持续的支持和跟进，以确保教师能够实施反馈中的建议。此外，学校还应在必要时提供额外的资源或指导。

通过这些策略，校长可以减轻自己的压力，更有效地管理听课和反馈过程，并减少教师的抵触情绪，提高教师的接受度和参与度，从而促进学校教育质量的整体提升。

▶读懂教师 ✎

该节课课堂气氛死气沉沉的原因，是教师备课中对教学难点的研究不足。从单纯传授知识看，完成教学任务并不难，但从情感态度及价值观看，完成教学任务并不轻松。这些学生、他们的父母及我们教师自己，均生在新中国、长在红旗下，对半封建半殖民地人民的生活境遇、亡国奴的屈辱，多数只是停留在文字记忆层面，缺少深层次认知，难以产生情感共鸣和调动起那种有着家国情怀的责任感。因此，学生需要通过多种手段对背景史料有更多了解。教学方法单一、缺乏互动性和参与性，过于依赖教师个人讲授，显然不足以吸引学生的注意力，因此也就不能很好地实现教学目标。评课阶段教师们积极讨论，提出了很多好办法，这无疑是卓有成效的解决方式。只有这样才能有高质量的课堂教学，才能完成立德树人的使命。

校长在进行评课时应该采取更加具体、个性化和具有建设性的方式，与教师进行有效沟通，鼓励他们反思和改进教学实践，并提供实际的支持和资源。过于抽象和理论化的评课可能导致教师感到不被理解或不被尊重，从而产生抵触情绪，不愿意接受校长的评价和建议。评课多数时间都在探讨教学内容与方式，而教法却又是"教无定法"，但能使学生产生学习积极性，便于学生学会，教师用起来得心应手的就是好方法。因此，评课过程中校长要尊重教师的辛勤劳动和独立思考，促进教研组开放沟通和尝试新的教学方法与技术。同样，缺乏操作性、说教式的评课，仅有空洞的理念，而难以把理念转化为具体的教学策略和行动，教师可能会感到困惑，不知道如何在实际教学中应用这些理念，从而降低士气，尤其是当他们付出努力却得不到具体、积极的反馈时。校长的正面评价会增强他们的自信心和教学热情，而具有建设性的批评则可以帮助教师认识到改进的空间，所以校长永远要激励和鼓励教师。

（北京市特级校长、北京市第八十中学原校长、国家督学、
教育部基础教育生物教学指导委员会委员　田树林）

青年教师在初中教学中遇到困惑时，校长该如何支招？

▶挑战描述 🖊

初中学生正处于从小学到中学的过渡期，又遇上了个人发育的青春期，既要面对陡增的学业压力，又要面对很多的成长困惑。层出不穷的管理问题不断消解着初中教师的教学热情，传统的控制型课堂也不断消解着孩子们的好奇心与兴趣。面对这种情况，校长该如何引导教师改变教学方式呢？

▶案例分享 🖊

"校长，我能不能不教初中了？"青年教师王老师找到我，一脸委屈地问道。

王老师刚刚大学毕业，怀揣着美好的教师梦走上了工作岗位，任教初中生物。可是，让她没想到的是她一站上讲台就开始遭遇各种始料未及的考验。不断拉大的现实与梦想的距离让她的教师之路看起来不那么顺畅。这是青年教师工作初始普遍会遇到的问题。一开始我也以为王老师遇到的是适应不良的问题。针对青年教师的培训，学校也特意安排多增加一些问题解决类和经验分享类的内容，希望能够帮助青年教师顺利度过适应期。可是王老师的问题又让我感觉好像不仅仅是适应的问题。她的困难出在哪里呢？

王老师向我倾诉了她的苦恼："初中的小孩子太难教了，上课管纪律成了主业，教学反而成了副业；学生听课一会儿就走神，一放手让学生讨论课堂就失控；听明白的孩子没兴趣，听不明白的孩子直接选择不听了；孩子上课特别爱问问题，解答一个孩子的问题，其他孩子就大撒把了。"

思考片刻，我说："初中的孩子确实有他们这个年龄的特殊性。你说的这些与其说是他们的问题，不如说是他们独有的特点。这就更需要我们因材施教、量体裁衣，寻找适切的教学方式。"

"您的意思是用教学方式的改变来推动问题的解决？"王老师疑惑地问道。

我语重心长地说："初中阶段的学习，兴趣比成绩重要，育人比完成教学任务重要。要寻找符合学生成长规律和认知特点的学习方式，让学习自带动力。不论是任务驱动还是问题解决，都要给学生多创造动手实践的机会。生物学科具有很强的实践性，多带孩子们走向大自然，设计有意思的活动，把你对学科的热爱传递给他们。当你和孩子们都聚焦在了学习上，我想很多问题就迎刃而解了。让你自己和孩子们在一起，这是最重要的。"

不久后，我受邀参加了王老师所教班级举办的叶脉书签展示活动，还有生物小课题探究展示活动。看着学生们献宝似的介绍自己的作品和研究成果，王老师笑容灿烂，偷偷跟我说："校长，其实初中学生最喜欢的是拥有老师的信任与陪伴——信任他们能够完成各种挑战，陪伴他们努力完成各种探险活动。"

▶方法萃取 ✎

1. 向内反思求改变

"初中的孩子确实有他们这个年龄的特殊性。你说的这些与其说是他们的问题，不如说是他们独有的特点。这就更需要我们因材施教、量体裁衣，寻找适切的教学方式。"

2. 面对问题找方法

"初中阶段的学习，兴趣比成绩重要，育人比完成教学任务重要。要寻找符合学生成长规律和认知特点的学习方式，让学习自带动力。不论是任务驱动还是问题解决，都要给学生多创造动手实践的机会。生物学科具有很强的实践性，多带孩子们走向大自然，设计有意思的活动，把你对学科的热爱传递给他们。"

3. 学科育人觅真谛

"其实初中学生最喜欢的是拥有老师的信任与陪伴——信任他们能够完成各种挑战，陪伴他们努力完成各种探险活动。"

▶读懂教师 ✐

　　青年教师也需要一个不断历练的成长过程，我们要帮助老师了解学生，了解自己的教育对象，如此才能知己知彼、因材施教。

　　初中阶段在孩子的成长中具有重要的意义，既是人格、价值观不断形成与稳定的成长期，也是孩子们在身心发展不平衡的矛盾中形塑自我发展的关键期，充满着发展的不确定性。初中学业压力增大，孩子们的好奇心与兴趣不断被消磨，规训管理也拉远了老师们和孩子们内心的距离。于是老师们看到的除了一个个个性不同的鲜活个体，还有复杂、问题和矛盾。

　　首先，要向内思考。站在初中学生的成长特点和发展规律的角度看问题，会发现其实解决问题的关键在于我们自己。我们要做的不是让孩子变成我们希望的样子，而是要通过我们的努力让孩子变成更好的样子。这就需要不断调整自己的教育理念，不断顺应孩子的成长规律，不断创造可能性去激发和引导孩子成长。

　　其次，把问题变成方法。孩子们最喜欢的学习方式究竟是什么样子的？这个问题的出题者是孩子，评价者也是孩子，答案当然要符合他们的认知特点。孩子们喜欢游戏类、活动类、参与类的学习方式，那么我们能不能设计一些真实的、有挑战的和需要合作的任务或者问题给他们，让他们在释放天性中一点点地成长？

　　最后，要尊重学科的育人价值。教学不是简单地传授知识，而是要通过育人方式的转变，让课堂教学更生动、更立体、更鲜活，同时让学习从课堂拓展到课外，从校园走入生活。我们要相信和鼓励老师们的探索与创造。

（北京市第十一中学校长　王萌）

校长之问 58

对于如何改变初中教学方式、调动学生的学习积极性，老师很困惑，校长该如何应对？

▶ 挑战描述 🖊

有些初中老师的课堂虽然内容充实，但是教学方式却有些单调，除了板书和提问，似乎并没有其他的教学方法和手段来激发学生的学习兴趣和积极性。遇到这样的问题，作为校长，你该如何应对？

▶ 案例分享 🖊

在一次初中数学公开课上，张老师手拿粉笔熟练地写下"勾股定理"，并在黑板上疾书数学公式和证明步骤。随着他的认真讲解，板书内容逐渐丰富起来，但学生们并没有随之变得活跃。偶尔，老师会停下来提问，但举手回答的学生寥寥无几，大多数学生似乎沉浸在自己的世界里，或是低头躲避，或是与同桌窃窃私语。教室里弥漫着一股沉闷的气息，学生们的注意力难以集中。他们对这节课的教学内容并不感兴趣，甚至有人开始打哈欠，显露出对数学课堂的不耐烦。

与此同时，我坐在教室的后排，注意到了学生们的消极反应，也感受到了该老师教学方式的单调。在这堂初中数学课中，该老师使用了传统的教学方式：板书讲解、提问回答。这种教学方式对于传递基础知识和培养学生的应试能力确实有一定效果，但在现代教育的背景下，显得相对单调和缺乏创新。

课后我到他办公室，和他聊了起来。我说："'勾股定理'这节课虽然有点难上，但你把相关知识点讲解得还是很透彻的，可见你的数学专业知识还是很扎实的，备课也应该花了不少时间吧！这认真的劲头值得肯定！"张老师开心地笑了。我接着说："你自己对这节课还有什么想法不？"他说："数学知识点应该都讲到了，但可能我的教学方式过于单调，缺乏吸引学生的元素，导致学生们的学习积极性好像不是很高。我一直在努力寻找更好的教学方法，但似乎并没有太大的进展。"

我轻轻点头，表示理解他的困惑。我说："在信息化教学发展的时代，利用现代教育技术手段是一个不错的选择。你可以把信息化教学融入课堂中呀！比如多媒体教学工具和在线学习平台等，我找几个教学软件给你试试。"我在他的电脑上演示给他看，他不时地点头表示赞同。我微笑着鼓励他："你的课堂融入信息化工具后一定会更精彩，你一定能为学生们创造更加生动有趣的课堂。"

不久，张老师的数学课就成为学生们喜爱的具有时代气息的信息化课堂。

▶方法萃取 ✎

1. 表示正面肯定

"'勾股定理'这节课虽然有点难上，但你把相关知识点讲解得还是很透彻的，可见你的数学专业知识还是很扎实的，备课也应该花了不少时间吧！这认真的劲头值得肯定！"

2. 引导自我分析

"数学知识点应该都讲到了，但可能我的教学方式过于单调，缺乏吸引学生的元素，导致学生们的学习积极性好像不是很高。我一直在努力寻找更好的教学方法，但似乎并没有太大的进展。"

3. 提出改进方法

"在信息化教学发展的时代，利用现代教育技术手段是一个不错的选择。你可以把信息化教学融入课堂中呀！比如多媒体教学工具和在线学习平台等，我找几个教学软件给你试试。"

▶读懂教师 ✎

每一位老师都有成长进步的过程，我们需要注意到老师成长道路上的困惑和需求。

第一步：表示正面肯定。每个人都有自我实现的渴望和得到他人认可的需求。当老师在教学上受到肯定时，他会感到自己的努力得到了认可，这会激发他继续在教学上投入更多的热情和精力。虽然教学方式在某些方面可能存在不足，但这并不意味着他的所有工作都没有价值。通过肯定他的部分工作，可以鼓励他更加客观地看待自己的教学方式，从而使他更容易接受改进建议。

第二步：引导自我分析。引导老师从课堂学生的反应中看出自己的问题，这是发现问题的方法。用这样的方法来帮助授课老师学会自我反思，是我们在老师成长路上拉他们一把的方式。当问题由自己提出时，授课老师会有更深的自我觉察和反思。这有助于他更加清楚地认识到自己的教学方法是否确实存在问题，以及这些问题可能带来的后果，并且可以增加他在解决问题上的自主性。当我们鼓励老师自己指出问题时，这实际上是在建立一种信任与合作关系。这种关系基于相互的尊重和信任，有助于促进更加开放和真诚的沟通。

第三步：提出改进方法。改进教学方式的方法多种多样，包括增加互动和参与、使用多种教学方法、引入信息化教学技术、注重培养学生的批判性思维、关注学生的个体差异以及持续反思和改进等。这些方法可以根据实际情况灵活运用，以提高教学效果和促进学生的全面发展。要提出适合授课老师的改进方法，帮助他们形成个人的教学特色。

（浙江省桐乡市濮院桐星学校校长　吴冠男）

学生没有学习兴趣，老师们不知如何开展工作，校长该怎么办？

▶ 挑战描述 🖉

学校总有学生对学习没有兴趣，比如：上课不想听、注意力不集中、课堂上不愿意参与互动、对作业等学习任务产生抵触情绪、漠视成绩……老师们对此也很苦恼。对于引导老师提升学生的学习兴趣，作为校长，你想怎么做？

▶ 案例分享 🖉

"校长，我实在是没招了！"八年级李老师直接摊牌了，"要不您退了这个学生，要不您撤了我这个班主任！"李老师手上有一堆材料，全是小刘同学的检讨书等。李老师反映，不管自己怎么引导，小刘就是不想学，还花了她巨大的精力，她每天都心力交瘁。

我先沏了一杯茶，放在李老师手上，说道："李老师，你辛苦了！我也听说过，这孩子是比较难带，你也付出了很多。你先缓缓，把这孩子的情况好好给我说一下，好吗？"首先要肯定老师的付出，承认学生存在的问题，通过这种带入方式来寻求后面继续共同努力的可能。

原来，小刘同学的家庭环境在这两年发生了比较大的变化，由于疫情，再加上行业不景气，他父母公司的经营情况不太乐观，父母也经常因为琐事争吵，导致他的情绪十分低落，无心向学。

班主任李老师和其他任课老师分别找了小刘很多次，但他总是好不了几天，没多久就又不交作业了，或是课堂上无精打采，有两次甚至顶撞老师说不要管他了……李老师感觉老师们该做的都做了，似乎大家再也没有办法让他重新有学习状态了。

"那你觉得这孩子厌学是因为父母，还是因为他自己呢？"

"当然是因为他父母，现在家里氛围不好，孩子也是看得见的，哪有心情学习。"

"既然是父母的问题，解铃还需系铃人。"

"是这个理儿！但我也觉得有时这孩子是以这个为借口，他有些畏惧学习，不想去面对，甚至怕学不好有失面子。"

"那就一边要求父母有所改变，一边要求孩子有所改变。不管是家里的问题，还是孩子自己学习中存在困难，都是正常的。可以抓住他要面子这一点来突破。现在的孩子一般都是比较讲道理的。如果孩子自己想明白了，就好从根本上改变他，但如果只是一味强调努力，孩子没有真正的动力。"

…………

经过一系列的对话，我和班主任李老师确定了一个行动方案。

李老师是一位优秀的老师，说干就干。

她联系了小刘的父母，首先告诉小刘的父母，孩子的心理健康很重要，他们应该尽量营造和谐的家庭氛围，避免在孩子面前争吵，并建议小刘的父母给自己的孩子写一封信，把自己的想法坦诚地告诉小刘，包括自己在经济上的困难、对孩子的期望等。很多中国父母总不习惯把对孩子的爱说出口，但是这一次纸笔交流给了小刘父母一次敞开心扉的机会，也让小刘更懂得站在父母的角度思考未来。

之后，李老师再次找到小刘，希望小刘要换个角度去理解父母——父母也是有情绪的，他们遇到了困难也需要发泄，所以大人争吵也很正常。其实现在家庭要和谐，更需要他的付出，这样这个家才会更快地好起来。与其埋怨父母争争吵吵，不如自己主动明确向他们表示，家里的争吵已经严重影响到了自己的学习和心情，这样可以和父母共同面对家庭和谐问题与自己的学习问题。这时小刘眼睛瞪大了，似乎一下子长大了，觉得自己要很正式地告诉父母，也要为这个家努力一次。

同时，李老师向小刘表示，作为学生，你的任务就是学习，你越是想要自己父母关系好、家庭和睦，就越要在这个时候努力做好自己，通过做好自己来减轻父母的压力，让父母少一些牵挂，多一些精力来管理公司。当家庭出现了矛盾，要多站在家人的角度去理解，甚至是站出来主动去协调、帮助他们，而不是埋怨家人，这才是真正爱护家人。小刘似乎豁然开朗，不住地点头。

接下来的日子，李老师帮助小刘制订了合理的学习计划，让他逐步找回学习的信心。她告诉小刘，真正有面子的人都是面对困难不退缩，敢于去改变自己。同时，李老师还发现班上的一个同学小周与小刘的家庭情况有些类似，但是小周就有更多积极的思考和想法。李老师便制造机会让他们多交流，让小周把正能量传递给小刘。同龄人的自身故事比老师和长辈的说教更有说服力。

在老师和父母的共同努力下，小刘逐渐走出了阴影。他开始重新找回对学习的热情，每天都按时完成作业，还主动参加课外活动。他的成绩有了明显的提升，父母也看到了他的进步，家庭氛围也因此变得和谐了许多。

面对困难和压力时，我们不应该轻易放弃，而应该勇敢面对，寻求帮助，努力找到解决问题的方法。

▶方法萃取 🖉

1. 明确主体，找到造成困难的主因

应该说，父母的争吵是起源，孩子心情不好，无心向学，久而久之，孩子也就有借口不想学了。这是比较常见的情况。很明显本例中父母和孩子都是主因，所以我们在归因时，一定要找到主因，有时主因是多元的或总是在不断变化。

2. 多管齐下，形成主动改变的内驱动力

既要使父母知道原因，寻求家校合作，要父母帮助孩子敞开心扉，为孩子消除担忧，又要从孩子的角度来鼓励孩子要有担当，要让孩子懂得如何才是真正地为家庭负责、为父母着想，还要从孩子爱面子这一点出发，找到解决问题的着手点。这样才能最终使孩子形成想学、要努力向上的动力，从而从根本上解决孩子的学习兴趣问题。

3. 持续努力，紧握不离不弃的制胜法宝

说，都是问题；做，才是答案。解决孩子的学习兴趣问题，不是三言两语的事儿，也不是一天两天的事儿，要为孩子制定行动方案，并持续跟进。要让孩子感受到父母、老师非常关注他的改变，他的每一次努力我们都共同见证、每一次失败我们都一起面对、所有的收获我们都一起分享，让他觉得我们在共同战斗、一起努

力、不离不弃。

▶读懂教师 ✎

当老师来找校长求助的时候，我们首先要肯定老师的努力和付出，要听他们宣泄，允许他们还原事情的来龙去脉，相信老师曾经也想方设法，毕竟一般情况下老师很少一摊上事就不理不问直接甩手给校长。这种同理心会让老师瞬间感受到"有冤有地可伸，有苦水有地可倒""有难还有领导"。切忌直接反驳老师，那样只会让事情更加糟糕。一定要明白，校长是不可能解决所有问题的，就算是你有好办法，更多的时候还是需要他们去做；切不可高高在上，忽视一线老师的无奈。

要引导父母教育孩子的时候不能只是说教，更不可埋怨孩子。从一定意义上来说，孩子作为被教育人，他的一切言行都是可以理解的。父母与孩子的沟通，方式上可以多一些，如本案例中的书信方式；同时要真诚，不要一味只是要求孩子做什么，可以把自己的情况如实地表达给孩子，特别是很多孩子在明白了自己的角色、自己应该有怎样的担当和责任时，通常就有了改变的动力。

教育孩子的时候，需要抓住孩子的心理，比如案例中的小刘其实也担心学不好而没有面子，刚好父母吵架就借机找个理由不学。其实孩子要的是面子，而不是不想学习，这种对学习的畏难情绪是中学生的常见现象。后来李老师就是弄清了两者的不同，努力帮学生把责任分清，把要有面子的动机转化为关注学习，才有了小刘后面的改变。显然这比之前的说教有效多了。

帮助老师也好，帮助学生也好，校长不但要有想法，而且要给出具体的行动指导意见。站在不同的角度有不同的视野，我们要多从不同的人、不同的地点、不同的时间段去思考，给出可操作的甚至是可以量化的措施，切不可泛泛而谈、华而不实。

（广东省佛山市南海区加美实验学校校长　杨鹏）

第四章

家校共育

校长之问 60

学校和家长在课程价值、实施手段等方面出现认识差异，校长该如何通过有效沟通实现家校协同？

▶ 挑战描述 ✏

　　老师和家长当然都希望学生身体健康、快乐成长，也都知道体育的重要性，但面对具体问题时，不统一、不接洽的状况也常有发生。随着冬季长跑的到来，老师收到了一堆假条、一串微信消息，左右为难。作为校长，你该怎样帮家长梳理思想、打消顾虑，为老师创造良好的工作环境呢？

▶ 案例分享 ✏

　　长跑季如约而至。这是冬天独有的大课间锻炼形式，也是经实践检验的性价比最高的锻炼形式。如约而至的还有一部分家长的新一波担心：担心孩子出汗多，担心孩子呛冷风，担心孩子摔倒……老师会收到各色理由的请假条和微信消息，无非就是不想让孩子跑步。

　　我们没有强制参加一说，不能跑的就在操场中间做其他项目。于是，有的学生就来"举报"了："老师，张涛（化名，下同）下课的时候比谁跑得都快，他是装的。"还有的说："老师，李建不参加跑步，就是想玩新买的玩具。"还有更离谱的："老师，王爽在大课间背题，他妈妈嫌大课间太耽误时间……"

　　班主任和体育老师表示担心：学生因为个人原因不能参加长跑而请假，这没问题，我们还准备了其他活动项目，但如果身体没问题，却要虚构理由，这就有问题了。我问计于大家："有什么好办法？"有的说："直接揭穿，教育本人，也教育大家。"有的说："干脆来点儿小小的惩罚。你不是不能跑吗？就让大家看着你，不许你跑；你不是想背题吗？就多给你派任务，让你背个够。"

我反问大家："我们去春游也挺累的，为什么没有人编造理由请假？上数学课有时候也会遇到困难，为什么大家不请假？"老师们开始从自己身上找原因，比如方法简单、长跑的趣味性不够等。我说："这不是大家的错，也基本上不是学生的错，问题八成出在家长身上。"我进一步分析："教育不一定非要用兴趣来包装，体育本身就是自然美。孩子们怕累贪玩也可以理解，长跑和跑着玩毕竟不一样。是家长对体育的认识出问题了，是家长对体育的信念不强，对长跑的认识有偏差。"

于是，我们专门安排了一次大课间开放活动，主题就是"哪有不皮实的健康"。我提供了真实的数据：坚持长跑的学生人群与没有长跑习惯的学生人群的身体发育指数。我们进行了现场观摩，让大家看看跑步的孩子的活动强度怎么样。我们开展了讨论：孩子在长身体时，除非体质不允许，冬天出点汗怎么了？呛点风怎么了？即便是摔一下、磕一下，又怎么了？皮实一点不好吗？

从那以后，怕长跑的人越来越少了。我们观察到不参加长跑的同学确实都有些具体的原因，老师专门为他们设计了更适合的项目，并提供了器材保证。

家长建立了真正的体育信念后，家长的心就变得皮实了，学生的身体也越来越皮实。

▶ 方法萃取 ✏

1. 坚持科学态度

在家校协同过程中，教育工作者要有坚定的专业自信，坚持科学态度。就拿体育来说，谁也不敢保证体育课不出安全事故。仅仅是怕承担责任、怕家长纠缠，就在体育教学中缺斤少两，这是教育的失职。长跑也是这样，不能因为家长担心就一味迁就，而是应站稳专业立场，科学有效沟通。

2. 提供专业引领

我常常想：什么是人民满意的教育？应该不是事事都简单地遂了家长的心愿，而是在传达正确的教育价值观的基础上，让家长真正理解教育。眼前简单的一致容易达成，但丧失专业立场的一致是责任的缺失，要不得！我们的开放活动就是让家长想一想：如果我们的孩子连长跑都怕，他们会经得起未来的竞争考验吗？

3.建立共同信念

"学好数理化，走遍天下都不怕"，这是一句曾经流行的口号，传达了人们对学科的一种信念，甚至左右过很多人的学习。这句口号虽有些偏颇，倒也给了我们启发：我们搞教育，就是要基于正确的教育理念营造学校、社会、家庭都认同的教育信念、学科信念。健康第一，家长是认同的，但怎样能达成健康第一的共识？我认为最爱孩子的家长和最懂专业的教育人相向而行最重要。

▶ 读懂教师 🖊

每一位老师都希望遇到可以共情的家长，但对实践中家长由于缺少方法而做得不妥的地方，老师必须给予科学指导，这是我们的责任。

首先，关爱学生，我们是专业的。冬季长跑能增强心血管系统和呼吸系统的功能，促进肌肉、骨骼、神经和各个脏器的健康工作，从而提高机体的抗病能力。最明显的效果就是能预防感冒。

其次，对话家长，我们有耐心。在这个案例中其实三类相关人员都处在两难之中：老师想给学生最适宜的锻炼，却被拒绝；学生夹在老师和家长中间，滋味并不好受；家长看着别人家的孩子顶着一团热气在跑步，也难免自我怀疑。专门安排一次大课间开放活动就是我们有耐心的表现。

最后，协同共进，我们一起做好。协同不是靠讲道理就能实现的，我们和家长一起见证了孩子的变化：长跑让孩子不那么怕冷了，精神头也好多了，并没有那样容易感冒，似乎抵抗力增强了……总之，真的是更皮实了。

（辽宁省沈阳市铁西区启工二校建北教育集团校长　李欣欣）

校长之问 61

家长与教师之间产生分歧，校长该如何建立良好的家校合作关系？

▶挑战描述 🖊

关于"是否应每日布置一定量的作业"，老师与家长的观点存在分歧。在学校管理过程中，与家长的沟通是至关重要的环节。然而，由于家长的背景、教育观念及期望各异，老师在与家长沟通时往往面临多种挑战。当家长对老师的安排持有不同看法、家校之间形成意见分歧时，校长应该怎样应对呢？

▶案例分享 🖊

教四年级数学的王老师刚刚接手一个新班。在家长会上，他站在讲台上，严肃地向家长们宣布了自己的教学要求：要求学生每天完成一定的作业量，家长要给予督促。他认为，通过这种方式，学生可以更好地巩固所学知识，提高学习效果。然而，他万万没有想到，这个决定引发了部分家长的不满。

有的家长认为，老师过于重视作业量，忽视了学生的兴趣和发展。他们担心，过多的作业会让孩子们失去对学习的热情，甚至影响到他们的身心健康。还有一些家长表示，他们希望学校和老师能够更加注重培养学生的创造力和实践能力，而不仅仅是追求成绩。个别家长还对王老师的教学水平持观望态度。

家长们的态度让王老师感到很心寒，自己满腔热情，希望把孩子们教好，与家长形成合力，却招来一些家长的质疑。他觉得压力很大。王老师找到我，一脸愁容地表示接手这个班有困难，寻求我的帮助。

作为学校的领导者，我深知需要寻找一种恰当方法来解决这个问题，从而既能够满足家长们的期望，又能够维护老师的工作热情，还能够保证学生的学习效果。于是，我与老师进行了深入的交流，分析了这个班的基础情况，从多维度剖析了家长的诉求；同时也对老师自身的教育教学优势与不足进行了分析，对老师就他与家长、学生的沟通方法与技巧进行了切磋，让老师摆正心态，正面积极地面对这个情况。之后，我们组织了一次专门的讨论会，邀请家长代表、老师和学生代表一起参与。在这次讨论会上，大家畅所欲言，提出了各自的意见和建议。家长们希望老师能够更加关注学生的兴趣和发展，提供更多的选择性作业，让学生能够根据自己的兴趣选择适合自己的学习内容。老师则认为，多年的教学经验证明必须打牢基础，同时强调可以通过改变作业的形式和方式，让学生更加主动地参与其中，提高学习的积极性和主动性。学生代表们则提出，希望老师能够更加注重培养他们的实践能力，通过实践活动来提高他们的综合素质。我认真倾听了每个人的意见，向家长和孩子承诺，会与老师一起研究如何合理安排作业，让学生既能够完成一定的作业量，又能够有足够的时间去发展自己的兴趣和特长。

通过这次讨论会，老师与家长们建立了更加紧密的联系，家长们对老师的做法有了更深入的了解。双方认为只有保持良好的沟通和合作，才能够更好地解决问题，为学生提供更好的教育环境。

▶ 方法萃取 ✏

1. 倾听与掌握各方意见

倾听是解决问题的关键。通过认真倾听家长、老师和学生的意见，我们可以更好地了解他们的需求和期望，从而找到解决问题的关键点。首先，家长是孩子成长过程中最重要的支持者和教育者之一。他们的意见和建议可以帮助我们更好地了解孩子的学习状况和成长需求，从而制订出更符合孩子实际情况的教学计划。其次，老师是教育过程中的核心力量。他们的意见和建议可以帮助我们更好地了解学生的学习状况和教学需求，从而优化教学方法和手段，提高教学质量。最后，学生是教育的主体。他们的意见和建议可以帮助我们更好地了解他们的学习需求和感受，从而更好地满足他们的学习需求，提高他们的学习效果。因此，认真倾听各方意见是解决问题的关键。只有通过倾听，我们才能更好地理解问题，找到解决问题的关键点，最终实现教育目标。

2. 建立有效的沟通渠道

组织讨论会，邀请家长代表、老师和学生代表一起参与，让大家畅所欲言，提出各自的意见和建议，这有助于增进各方之间的理解和沟通，找到解决问题的方法。当家长对老师的决定存在疑问时，校长、老师可以主动解释决定的理由和背景，让家长了解学校、老师的考虑和目标。同时，校长还可以邀请家长参与决策过程，增加家长的参与感和满意度。

3.搭建和谐的家校平台

与家长、孩子、老师一起研究如何合理安排作业，让学生既能够完成一定的作业量，又能够有足够的时间去发展自己的兴趣和特长，这有助于建立家长和老师之间的信任关系，使双方共同为学生提供更好的教育环境。校长、老师可以通过建立家长微信群、开设家长信箱等方式，与家长保持及时的沟通。

▶读懂教师 ✎

教育是一个复杂而多元的过程，涉及学生、老师、家长乃至整个社会。在这个过程中，沟通和理解显得尤为重要。王老师在设定教学要求时，主要从提高学生掌握知识的方面考虑，这一点是值得肯定的。然而，他的做法忽视了家长和学生的感受和需求，从而引发了一场不必要的争议。

作为教育工作者，老师在家校共育中扮演着举足轻重的角色。他们不仅是知识的传授者，也是学生、家长和学校之间的桥梁。因此，校长应该与老师密切合作，共同制定家校沟通的策略和方法。这不仅有助于增强家校之间的互动和了解，还能提高教育教学的效果。

为了更好地与家长沟通，老师需要具备一定的沟通技巧和家庭教育知识。校长应该关注老师的需求和困难，为他们提供必要的支持和培训。通过系统的培训和实践经验的积累，老师可以更好地理解家长的期望和担忧，从而在教育教学中做到因材施教。

除了老师的努力，家长也是家校共育中不可或缺的一环。校长在解决问题时，不能一味迎合家长的想法，要从学生的学习认知规律、全面发展的角度与家长交流，努力达成教育观念上的共识。还要让家长积极参与孩子的教育过程，与老师保持良好的沟通，共同关注孩子的成长和发展。同时，要引导家长帮孩子树立正确的价值观，培养他们的独立思考能力和责任感。

　　综上所述，教育是一项需要多方共同参与和协作的事业。为了真正实现因材施教、促进学生的全面发展，我们必须深入了解家长和学生的需求及顾虑。在这个过程中，老师、家长、学校和社会都承担着各自的责任，彼此不可或缺。只有各方密切配合、齐心协力，才能确保每一个学生都能获得充分且全面的发展。

（北京市石景山外语实验小学校长　　刘世彬）

校长之问 62

在"双减"政策背景下，校长该如何实现家校共育、因材施教的美好愿景？

▶ 挑战描述 ✎

国家"双减"政策的出台，无疑给教育界带来了前所未有的挑战与机遇。这一政策旨在减轻学生的课业负担和校外培训负担，让孩子们能够拥有更多自由发展的时间和空间。然而，政策的实施却引起了家长们截然不同的反应。

作为校长，我深感责任重大。如何在保障教育质量的前提下，减轻学生的学业负担？如何平衡家长的不同诉求，实现家校共育？这些问题一直困扰着我。

▶ 案例分享 ✎

对于国家的"双减"政策，一些家长表示欢迎，认为孩子们终于可以从繁重的学业中解脱出来，拥有更多休息和娱乐的时间。而另一些家长则担忧不已，他们担心孩子缺乏管理和压力，学习成绩会受到影响。于是，这些家长纷纷向学校施压，要求增加作业量，甚至对不布置作业的老师发难。

为了寻找解决之道，我们组织了一场老师和家长共同参与的沙龙活动。活动伊始，家长们各抒己见，气氛一度十分紧张。有的家长坚持认为应该增加作业量，以确保孩子的学习成绩；而有的家长则希望学校能够减少作业量，让孩子有更多自由发展的空间。

面对这一局面，我引导大家冷静思考："我们的教育目的是什么？是培养只会应试的机器，还是培养有思想、有创造力的人？"经过一番讨论，家长们逐渐达成了共识：教育应该因人而异、因材施教。每个孩子都有自己的兴趣和特长，我们应该尊重他们的个性差异，为他们提供个性化的教育服务。

于是，我们决定对作业进行分层分类。根据学生的学习情况和兴趣爱好，我们将作业分为基础层、提高层和拓展层三个层次：基础层作业注重巩固基础知识，提高层作业适当增加难度，拓展层作业则鼓励学生进行跨学科的学习和探索。这样一来，每个学生都能根据自己的实际情况选择合适的作业，既不会感到压力过大，也不会因为作业过于简单而失去兴趣。

同时，我们还提出了"态度决定行为，过程决定结果"的理念。我们鼓励学生认真对待每一次作业，注重过程体验和对学习方法的掌握。只要学生尽力而为、量力而行，无论结果如何，我们都会给予积极的评价和反馈。

▶方法萃取 ✐

1. 定期召开家长会

向家长介绍学校的教育理念和教学计划，征求家长的意见和建议。

2. 建立家长微信群等线上交流平台

方便家长随时与老师沟通孩子的学习情况和生活状况。

3. 开展家长进校园活动

邀请家长参与学校的课堂教学和课外活动，增进彼此的了解和信任。

4. 注重提升老师的专业素养和教育教学能力

我们鼓励老师不断学习新知识、掌握新技能，创新教学方法和手段；我们建立了老师互助成长机制，鼓励老师之间互相学习、互相借鉴、共同进步。

▶读懂教师 ✐

在"双减"政策的实施过程中，老师们承受着巨大的压力。他们不仅要应对家长的不同诉求和期望，还要努力提升课堂教学质量、设计个性化的作业方案。但他们的付出和努力往往会被忽视和误解。

因此，作为校长，我要更加关注老师的成长和发展。我要深入了解他们的思想动态和工作状况，为他们提供必要的支持和帮助。我要努力营造一个和谐、宽松的工作环境，让老师们能够安心从教、热心从教。

同时，我也要引导老师们正确看待"双减"政策。这一政策并不是要削弱老师的地位和作用，而是要转变老师的角色和职能。老师们要从知识的传授者转变为学生学习的引导者和合作者；他们要关注学生的全面发展，要注重培养学生的创新精神和实践能力。只要我们共同努力、携手前行，"双减"政策一定能够落地生根、开花结果。

（北京十一衢州实验中学执行校长　孙清亚）

家长不理解老师的教学安排，干预无果后向校长告状，校长该怎么办？

▶ 挑战描述 ✎

进入初三第二学期，必然要经历一定强度的复习阶段，因此包括学生家长在内的各方都高度关注复习质量。就在这个关键阶段，几位家委会委员针对孩子的任课老师向学校表达了不满，原因是老师没有采用家委会为孩子们统一购买的复习资料。遇到这样的问题，校长该怎么办？

▶ 案例分享 ✎

"校长，我们班的几位家委会委员想去您办公室坐坐，不知道您哪天方便？"新学期开学一个多月，我接到了 909 班一家长的短信。我随即回复："周六上午十点，在学校图书阅览中心见面可以吗？"

"校长，开学初，我们家委会就在考虑如何配合学校老师，提升学生中考复习阶段的效率，也从上一届考上重点高中的学生家长那里打听到他们孩子使用的教辅资料。取经后，我们五位委员非常积极地捐款，给班里的孩子统一购买了两套数学教辅资料，并且跟任课老师沟通，希望老师能在课堂上统一使用。可是，数学老师基本不用，还跟我们说：'你们没有必要这样做，我有我的安排。'我们担心复习课的质量，请校长做做这位老师的工作，让优质的复习资料发挥作用。"

我将家长们的意见和建议认真记录到了笔记本上，同时也向各位委员了解了家长群体对这位数学老师的评价。除资料选择外，家长们对这位老师都非常肯定。

周一，我约了初三数学备课组长来我办公室交流复习计划，并嘱咐他带上没课的同一备课组的老师（约定的时间正好是 909 班数学老师没课的时候）。在听取了组长的介绍后，我也做了一定的肯定和补充，同时询问了两位老师在工作中有无其他什么困难。909 班的数学老师将自己遇到的来自家长的困扰像竹筒倒豆子一样倒了出来。我一样认认真真地记录在了笔记本上，并趁机询问："你准备如何回复各位家长呢？"

"他们是病急乱投医，瞎指挥。我班的复习计划是备课组一起商量决定的，包括复习资料的选择，说了他们不一定懂。况且他们七嘴八舌的，跟谁去沟通？"数学老师委屈中也有那么一点儿不屑一顾的情绪。

面对这位老师，我笑着说："我们从事教育工作，不只是谋一个职业，更是在从事一门专业工作；谁都可以对教育指手画脚，但不是谁都可以上得了讲台。"我语气坚定地说："在复习安排上，学校肯定尊重一线教师的专业安排。"

接着，我话锋一转："当然，教育关系到千家万户，广大家长对我们有这样那样的想法也是正常的，毕竟每一位父母都希望自己的孩子有一个更好的未来"。我又说道："其实，这是家长们焦虑的表现。这在一定程度上能促进家校合作。比起那些对自己孩子的成长不闻不问的家长，家委会委员的行为有一定的可取之处。毕竟，他们也是希望孩子们好。关键是我们如何做可以让家长们对我们更了解、更信任，配合得也更紧密。校、家、社协同育人，学校是处在引领位置上的。"

听到这里，909 班的数学老师开口了："校长，我知道了，我会主动和家委会沟通，将我们备课组的计划目标、分层要求、进度安排、资料选择等进行说明，争取家长们的理解和支持；针对他们捐赠给班级的教辅资料，我也会进行一定的参考吸纳。"

至这一届学生初中毕业，我再也没有收到 909 班家委会委员的任何投诉。

▶ 方法萃取 ✎

1. 倾听、记录，示尊重

909 班的数学老师将自己遇到的来自家长的困扰像竹筒倒豆子一样倒了出来。我一样认认真真地记录在了笔记本上，并趁机询问："你准备如何回复各位家长呢？"

2.明确立场，疏情绪

"我们从事教育工作，不只是谋一个职业，更是在从事一门专业工作；谁都可以对教育指手画脚，但不是谁都可以上得了讲台。""在复习安排上，学校肯定尊重一线教师的专业安排。"

3.动之以情，求同理

"当然，教育关系到千家万户，广大家长对我们有这样那样的想法也是正常的，毕竟每一位父母都希望自己的孩子有一个更好的未来。""其实，这是家长们焦虑的表现。这在一定程度上能促进家校合作。比起那些对自己孩子的成长不闻不问的家长，家委会委员的行为有一定的可取之处。毕竟，他们也是希望孩子们好。"

4.晓之以理，促合作

"关键是我们如何做可以让家长们对我们更了解、更信任，配合得也更紧密。校、家、社协同育人，学校是处在引领位置上的。"

▶读懂教师 🖊

当我们感受到老师有情绪的时候，无论是工作的原因还是生活的原因，校长首先要做的是认真倾听。而能够让老师感受到校长在认真倾听自己的困扰和委屈的方式，除了端正的态度和诚恳的表情以外，就是认真地做好笔记。倾听两个方面，一是事件的缘由，二是其处理事件的态度。

接下来就是从教育专业的角度表明校长个人或学校尊重其专业的态度，让老师有被认可、被保护的安全感、归属感和自豪感。这是对教师心灵的安慰，也是对教师情绪的疏导，更是校长与教师间相互信任的基础。

同时，我们不能仅限于教育人看教育，还要跳出教育圈看教育。教育除其专业性以外，还有公益性、普惠性，因为人人都应该享有优质、均衡、公平的教育，所以人人都关心教育，都可以对教育和教育者有期待、有要求。这是每一个人对教育的一种基本认知，包括我们的老师。所以这不仅是对教师的一种引导，更是对教育境界的一种提升。只有开阔眼界，才能提升境界。

最后，我们达成了共识：我们不仅要做得专业，也要做得卓越，这就需要教育合伙人共同努力。自然，每一位教师都要懂得争取家长的理解和支持，而彼此沟通是最好的通道。

（浙江省嘉兴市秀州中学初中部校长　李新浩）

老师对留守儿童的心理问题和家庭教育缺失问题很苦恼，校长该如何应对？

▶ 挑战描述 🖊

近年来，学校留守儿童的比例逐年上升，家长多数在外打工，且不少家庭为单亲家庭或离异家庭。孩子由于缺少父母陪伴，在学习、生活和行动上产生了一定的偏差。面对这类学生的问题，老师感到很苦恼。作为校长，你会怎么应对呢？

▶ 案例分享 🖊

在留守儿童关爱行动专题会议上，班主任陈老师说："我们班的小迪因为父母离异被判给爸爸，但他爸爸长年在外工作，每个月回家的次数屈指可数，小迪跟着不识几个字的爷爷奶奶生活。时间一久，原本学习成绩还处于班级前列的孩子，成绩开始下滑，并且很少与同学们交流，经常闷闷不乐。我很担心他出现心理问题。"

我想起了为促进学校与班级、学生与老师、老师与校长、家庭与学校之间的沟通，学校设立了"学生说""班长说""教师说""家长说"沟通机制。我和她说："陈老师，小迪可能缺少与父母等亲人交流的机会，你可以把学校的'学生说'用好，以此为载体加强和小迪的沟通，鼓励他多写多说。""学生说"就是每位学生用一个专门的本子向班主任诉说自己的想法、困难、情绪等，为学生提供倾诉的渠道，引导他们敞开心扉，这有助于他们内心消极情绪的释放。随后，班主任老师再根据学生所说的内容给予个性化的反馈与留言，化身为"知心姐姐"，跟他们进行一个有安全感的沟通。

出于对心理健康工作的重视，这学期我们还配备了专职心育导师，开放"解忧杂货店"（学生自取的心理辅导室名称），心育导师除对学生进行专业的辅导外，还与学生进行个性化的聊天。我们定期召开班级心理委员培训会，促使他们当好班级"侦察员"，引导他们从朋辈的角度关爱班级中的学生，加强生生交流，特别是对留守儿童，要在他们有需要的时候进行疏导和鼓励。我们开展"阳光童心"家校共育行动，邀请市内外心理健康教育领域的专家，在家长课堂上开展家庭教育的专题辅导与讲座，提升家长的心育能力。各班针对留守儿童建立"一生一档"，老师经常与家长进行沟通联系，通过给家长发送照片、视频等，让家长看到孩子的成长与进步，也让家长逐步意识到家长与孩子交流的重要性。

▶ 方法萃取 🖊

1. 完善沟通渠道，倾听内心诉求

"学生说"就是每位学生用一个专门的本子向班主任诉说自己的想法、困难、情绪等，为学生提供倾诉的渠道，引导他们敞开心扉，这有助于他们内心消极情绪的释放。随后，班主任老师再根据学生所说的内容给予个性化的反馈与留言，化身为"知心姐姐"，跟他们进行一个有安全感的沟通。

2. 整合多方资源，充实心育内容

出于对心理健康工作的重视，这学期我们还配备了专职心育导师，开放"解忧杂货店"（学生自取的心理辅导室名称），心育导师除对学生进行专业的辅导外，还与学生进行个性化的聊天。我们定期召开班级心理委员培训会，促使他们当好班级"侦察员"，引导他们从朋辈的角度关爱班级中的学生，加强生生交流，特别是对留守儿童，要在他们有需要的时候进行疏导和鼓励。

3. 搭建多样平台，形成家校合力

我们开展"阳光童心"家校共育行动，邀请市内外心理健康教育领域的专家，在家长课堂上开展家庭教育的专题辅导与讲座，提升家长的心育能力。各班针对留守儿童建立"一生一档"，老师经常与家长进行沟通联系，通过给家长发送照片、

视频等，让家长看到孩子的成长与进步，也让家长逐步意识到家长与孩子交流的重要性。

▷读懂教师 ✎

在农村学校，留守儿童很常见。留守儿童缺少爱和关怀，内心缺乏安全感，较为敏感和自卑。情况严重的会叛逆，甚至消极、堕落，沉迷游戏不能自拔。针对留守儿童的问题，一些老师会很着急。学校要帮助老师想办法，帮助他们解决问题。

第一步：完善沟通渠道，倾听内心诉求。学生愿意在"学生说"上与老师进行沟通，恰恰证明这个沟通方式是有效的。"学生说"是留守儿童的"树洞"，是他们的"冷静太空"，老师只要做倾听者，理解并共情孩子，让他们觉得自己是被认可、被理解的，就能建立良好的沟通关系。

第二步：整合多方资源，充实心育内容。除了把心理健康融入日常学科教学中，学校还聘请心理健康教育领域的专家进校开展主题讲座，为全体学生、老师、家长普及心理健康知识，从而促使老师重视学生心理健康、学生正确看待自己的"情绪感冒"、家长重视孩子的"折腾"行为，慢慢地，家、校、社形成合力，三方携手共进。

第三步：搭建多样平台，形成家校合力。除了老师多给予关心关爱外，学校还创造性地开展多样化的家校活动。对留守儿童家长来说，需要意识到孩子心理健康的重要性。让家长参与到学校的各类活动中，能帮助孩子在学习和生活中找到自我归属感，为他们的心理健康赋能。

（浙江省桐乡市濮院桐星学校校长 吴冠男）

校长之问 65

家长退出班级微信群，班主任联系不上家长，校长该怎么办？

▶ 挑战描述 🖊

2020 年新冠疫情肆虐，严重影响了学校的正常教学，从 2 月份开始学校进入了长时间的线上教学状态。受疫情影响，长时间居家学习，孩子们很容易焦虑、紧张。赵老师反映他们班刘某某退出了班级群，父亲手机关机，无法联系上，非常着急。遇到这样的问题，作为校长，你该怎么应对呢？

▶ 案例分享 🖊

5 月初的一天，五年级某班赵老师突然给我打电话，反映他们班刘某某退出了班级群，他父亲手机也关机，无法联系上。赵老师不知道发生了什么事，怕出什么大事，非常着急。接到电话后，我首先宽慰赵老师不要着急，不要往坏处想。我先跟赵老师了解了孩子的情况：这段时间，孩子思想上有没有波动？上课表现怎么样？学习情况怎么样？赵老师反馈，这是一个外地进城务工家长的孩子。上学期，孩子学习很用功，但近一段时间以来，作业完成情况不太好。经了解，他和家长没有发生过不愉快，因为是外地人，其他同学也没有他的联系方式。

放下电话后，经过多方打听，我通过这个孩子的房东联系到了他的家长。电话联系得知，刘某某因父母离异，跟着父亲生活。父亲复工后，无暇教育孩子。其间他出现了厌学情绪，父亲也无法管束。迫于生活压力，父亲每天得外出打工，无奈之下父子二人把老师的微信拉黑，退出班级群，使得老师无法与之取得联系。随后，我和班主任赵老师进行家访，对孩子父亲耐心地进行说服教育，并联系学校的心理老师对孩子进行心理疏导，最终孩子重回班集体。

从此以后，老师们认识到了家访的重要性，进行家访的老师越来越多。

▶ 方法萃取 🖊

1. 用语言宽慰老师

接到电话后，我首先宽慰赵老师不要着急，不要往坏处想。我先跟赵老师了解了孩子的情况：这段时间，孩子思想上有没有波动？上课表现怎么样？学习情况怎么样？

2. 了解具体情况

放下电话后，经过多方打听，我通过这个孩子的房东联系到了他的家长。电话联系得知，刘某某因父母离异，跟着父亲生活。父亲复工后，无暇教育孩子。其间他出现了厌学情绪，父亲也无法管束。迫于生活压力，父亲每天得外出打工，无奈之下父子二人把老师的微信拉黑，退出班级群，使得老师无法与之取得联系。

3. 主动登门拜访

随后，我和班主任赵老师进行家访，对孩子父亲耐心地进行说服教育，并联系学校的心理老师对孩子进行心理疏导，最终孩子重回班集体。

▶ 读懂教师 🖊

现在，产生心理问题的学生越来越多，尤其一些单亲家庭比例更高。对于这些学生，老师要多关心他们，经常和他们谈心谈话，经常家访。当班级遇到突发事件后，青年教师由于经验少，往往不知道怎么处理。校长要理解老师，不要指责和埋怨他们。首先，要嘱咐老师不要急，要先从学生的平时表现来分析，考虑到可能的各种因素，找出问题才能对症下药。其次，接手一个新班后，一定要对每个学生进行一次家访，了解学生家庭的实际情况，以便发生问题后能更有针对性地处理。最后，学校也要加强对班主任危机处理能力的培训，避免青年班主任一遇到问题就产生焦虑感。

（中国人民大学附属小学雄安校区校长　孙伟）

校长之问 66

遇到家长投诉、老师头疼的特殊学生，校长该怎么办？

▶挑战描述 ✎

我校一年级 3 班的熊同学是个有特殊需求的学生，存在孤独症谱系和注意缺陷多动等障碍，平时会出现情绪、语言、行为失控的情况。学校领导、老师发现孩子的一些特殊行为表现后，高度重视，一直持续密切关注。他在本学期开学初异常表现更加严重，且有一定的攻击性行为，出现踢打老师、剪同学的课本、往教室地上泼水等行为，多次遭到同学家长及任课老师的投诉，班主任畏难情绪严重。遇到这样的问题，作为校长，你该怎么应对呢？

▶案例分享 ✎

"校长，这个孩子我真的教不了。"一年级 3 班的班主任因该班的熊同学多次向我提出这样的诉求。当老师提出这样的诉求，作为校长，我应该保持开放的态度和同理心，站在老师的角度思考问题，第一时间协调学校内外资源，提供支持，帮助老师一起解决问题。

我校一年级 3 班的熊同学是个有特殊需求的学生，存在孤独症谱系和注意缺陷多动等障碍，加之他母亲生养二孩时将他托给姥姥养育，而他姥姥经常忽略他的个人感受。入学第一周之后，学校便发现他平时会出现情绪、语言、行为失控的情况。学校德育领导第一时间与他家长进行了沟通，告知家长孩子在语言、行为等方面存在的问题，希望引起家长重视。但家长因家中在生养二孩，对此事并不重视，认为只是孩子年龄小的一种淘气表现。随着时间的推移，他的情况不但没有得到好转，反而愈演愈烈，经常上课大吵大闹，影响其他同学听讲。学校德育领导及语文、数学、英语学科教师、班主任共同与其家长进行面对面沟通，反馈孩子的异常表现，给予专业建议，但是仍未获得家长的支持。

本学期返校后，他的行为更加失控，甚至出现了动手打同学和老师的情况。同时这也引起了班里其他家长的反感，他们强烈要求学校让这个孩子离开这个班。面对这个棘手问题，我首先想到的是"解铃还须系铃人"，他产生此类情况是家庭养育过程中出现的问题导致的，所以我专程约请家长到校面谈，就他存在的问题、应采取的支持策略等进行深入沟通。经过多次沟通，我终于与家长初步达成了共识：家长认可孩子存在一定的问题，接受了学校的建议。

为保证师生安全、保证正常的教育教学秩序，我还专门安排了心理教师、科研教师轮流贴身跟随、照管该同学，并请他们每日记录观察教育日记。同时熊同学被诊断为存在孤独症谱系障碍和注意缺陷多动障碍，这意味着他注意力不集中、活动过度、行为冲动、沟通能力有限等。这些特征会影响他的学习和与他人的交往。我们建议班主任为全体学生上一堂班会课"和好心情交朋友"，帮助孩子们学习如何与熊同学相处，为他提供一个友爱的学习环境。

此外，我分析他可能对常规的课堂教学方法不适应，需要更灵活和更具支持性的学习方式，于是专门为他制定适合的课程表，请语文、数学、英语、心理和科研教师为他上课。

为了给予更专业的指导，在征得家长同意后，我邀请了学区特教中心的专家先后四次到校观察他在校的表现，进行记录和分析。我、德育领导、特教中心的专家、班主任、心理教师和该同学的父母、奶奶一起到学区特教中心就该同学的情况进行会诊。特教中心的专家、老师针对孩子的特点进行分析，给出家校指导建议。

在此期间，我每天与该同学家长进行电话沟通，告知家长孩子在校的表现，就孩子出现的问题给予家长具体指导。孩子的奶奶也主动到校陪伴孩子学习生活，同时学校依旧请两位老师在校陪伴他。该班级的上课秩序也逐步恢复了正常。

有了专业的指导，有了同学的理解，有了家长的配合，通过上述努力，熊同学的情况有了明显的改善，他的学习和社交能力得到了提高。其他家长看到学校的努力，同时校长亲自参与问题的处理，也逐渐理解并接纳了他的情况。

▶方法萃取 🖊

1. 学生障碍特征分析

熊同学被诊断为存在孤独症谱系障碍和注意缺陷多动障碍，这意味着他注意力不集中、活动过度、行为冲动、沟通能力有限等。这些特征会影响他的学习和与他人的交往。

2. 识别与评估过程

为了给予更专业的指导，在征得家长同意后，我邀请了学区特教中心的专家先后四次到校观察他在校的表现，进行记录和分析。我、德育领导、特教中心的专家、班主任、心理教师和该同学的父母、奶奶一起到学区特教中心就该同学的情况进行会诊。特教中心的专家、老师针对孩子的特点进行分析，给出家校指导建议。

3. 制订个性化教育计划

我分析他可能对常规的课堂教学方法不适应，需要更灵活和更具支持性的学习方式，于是专门为他制定适合的课程表，请语文、数学、英语、心理和科研教师为他上课。

4. 家校合作与沟通

我专程约请家长到校面谈，就他存在的问题、应采取的支持策略等进行深入沟通。经过多次沟通，我终于与家长初步达成了共识：家长认可孩子存在一定的问题，接受了学校的建议。在此期间，我每天与该同学家长进行电话沟通，告知家长孩子在校的表现，就孩子出现的问题给予家长具体指导。

▶读懂教师 🖊

当老师遇到这样的学生，我们首先要帮助老师对学生的障碍特征进行分析，分析他可能存在的特点，并针对其特点提供更灵活的学习方式。为保证师生安全及正常的教学秩序，安排心理老师和科研老师照顾他，请他们记录他的日常行为，还积极与家长沟通，并寻求特教中心的专家的支持与帮助。

基于专家的评估结果，老师与家长及他本人一起制订了个性化教育计划。该计划旨在满足他的学习需求，提高他的注意力水平，并培养他的社交技能。计划中包括特定的学习策略、适应性设备和教学调整措施。

　　家庭是学生学习和成长的重要环境，老师要高度重视与家长的沟通和合作，定期与他们交流，了解学生在家的表现和学习情况，同时也要为家长提供必要的支持和资源。通过有效的沟通，老师与家长建立了稳固的合作关系，共同促进学生的进步。

（中国农业科学院附属小学校长　　刘芳）

校长之问 67

家长怒气冲冲来学校反映孩子被老师打了，校长该怎么办？

▶ **挑战描述** 🖊

　　刚开学不久，一位家长来学校大吵大闹，称自己的孩子因早读不认真被老师打了，孩子爸爸送给他的一支贵重钢笔也被摔坏了，向学校要说法，并扬言要去投诉学校。作为校长，遇到这种情况，你会怎么办呢？

▶ **案例分享** 🖊

　　"你们这是什么学校，都什么年代了，怎么还能有打学生这样的行为？打了我儿子，还推他，把他的钢笔都摔坏了。你们校长呢？把你们校长叫出来，我要问问他是怎么管理老师的，这种老师是怎么招进来的。说清楚就说，说不清楚我去教育局找局长说去！"

　　一位家长怒气冲冲地在学校门口大声叫嚷着，愤慨至极，恨不得把学校给"掀翻"！

　　我赶过去冷静地将她请到了我办公室，倒上茶水，先肯定了她遇到问题能及时找到校长沟通，这说明她对学校和校长是信任的，第一时间稳住她的情绪。耐心听她讲了事情的经过，了解了她的诉求后，我真诚地对她说："我也有孩子，我很理解您现在的心情，当母亲的听到孩子受到伤害心里肯定很难受。请您放心，我们一定调查清楚并及时给出答复。"

　　送走她后我立即展开全面调查。我首先请来当事老师，了解当时的情况，确定老师到底动没动手。这是个刚上任没多久的年轻女老师，她满脸委屈，哭着告诉我说自己绝不会做那样的事。她的眼神和表情不像是在说谎，我相信一般情况下老师们都不会动手，但我不能就这样草率地下定论，一定要充分地调查，给出能让大家都信服的结论。接着我又找到当事学生，询问具体情况，找了其他在场的人员，查看了监控录像，对事件经过进行了全面了解。

通过全面调查，老师果然没有动手打学生，学生对家长撒了谎，他自己把钢笔摔坏了，怕被家长骂，就说老师打他时把钢笔摔坏了。他认为家长也是怕老师的，不会去问，想着这事能蒙混过去。哪知家长一听到学生被打马上就怒了，跑到学校整出这么一场闹剧。

我把家长请来学校，平静地跟她说了调查的结果，告诉她老师并没有打学生。看我说得很坚定，底气十足，她意识到自己可能真错怪了老师，马上转头厉声问孩子。孩子涨红了脸，胆怯地说："我怕你打我，就说是老师摔坏的，就跟你说老师打我，我以为你听了老师打人就不会去找老师的麻烦。"家长也红了脸，当即就主动跟我和当事老师赔礼道歉："这事是我太冲动了！看着摔坏的钢笔，又听孩子被打了，瞬间我就炸毛了，失去了理智，没了解清楚就来学校闹。没承想是自己孩子撒了谎，给你们添麻烦了，不好意思。"

我看向当事老师，她当即表示原谅孩子和家长。我说道："信任是教育中的一种不可或缺的力量，生命只有在信任中才会开出灿烂的花，教育因为信任才能结出丰硕的果。《学记》里有'亲其师''信其道'。一个人只有在亲近、尊敬师长时，才会相信、学习师长所传授的知识和道理。孩子的成长离不开学校的循循善诱，也离不开家长的谆谆教诲。家长信任老师，信任学校，彼此之间坦诚、信任、尊重、沟通，这是孩子前行中最重要的力量。未来的路我们还要携手同行，希望您一如既往选择相信和支持我们！您有任何问题和建议都可以随时与我们沟通！"

听到我这样说，家长满意地领着孩子回去了，当事老师也如释重负地长舒了一口气。

▶方法萃取 ✎

1. 稳住情绪，谨慎表态

我赶过去冷静地将她请到了我办公室，倒上茶水，先肯定了她遇到问题能及时找到校长沟通，这说明她对学校和校长是信任的，第一时间稳住她的情绪。

耐心听她讲了事情的经过，了解了她的诉求后，我真诚地对她说："我也有孩子，我很理解您现在的心情，当母亲的听到孩子受到伤害心里肯定很难受。请您放心，我们一定调查清楚并及时给出答复。"

2. 客观了解，全面调查

我首先请来当事老师，了解当时的情况，确定老师到底动没动手。这是个刚上任没多久的年轻女老师，她满脸委屈，哭着告诉我说自己绝不会做那样的事。她的眼神和表情不像是在说谎，我相信一般情况下老师们都不会动手，但我不能就这样草率地下定论，一定要充分地调查，给出能让大家都信服的结论。接着我又找到当事学生，询问具体情况，找了其他在场的人员，查看了监控录像，对事件经过进行了全面了解。

3. 陈述事实，汇聚合力

我把家长请来学校，平静地跟她说了调查的结果。我说道："家长信任老师，信任学校，彼此之间坦诚、信任、尊重、沟通，这是孩子前行中最重要的力量。未来的路我们还要携手同行，希望您一如既往选择相信和支持我们！您有任何问题和建议都可以随时与我们沟通！"

▶读懂教师 ✎

近年来，家长对孩子的教育和日常的关注度越来越高，老师和孩子的一举一动都被关注着，一点风吹草动都能让家长有所反应：不关照自己的孩子、不给孩子安排职务要投诉，作业布置多了要投诉，作业布置少了也要投诉……一点小事就会导致老师与家长之间的关系十分紧张。"进亦忧，退亦忧"，老师上演现实版《步步惊心》。很多老师因害怕家长投诉，连正常批评学生都不敢了，"只能战战兢兢地教书，却不能有理有据地育人"。家长投诉老师成了相当棘手的问题，处理不好的话，一点小事就可能引发轩然大波，甚至给老师带来严重的后果。

遇到家长投诉事件，首先要注意安抚家长的情绪，避免情绪升级。在事情没调查清楚之前，一定不能匆忙下结论，既不能说要处理老师，也不能表现出对家长大惊小怪的不耐烦。这时候一定要记得调查。没有建立在充分调查基础上的话是有失公允、不负责任的话，仓促下结论极有可能对事件中的某一方造成伤害。但不管是老师还是学生，都不应承受随意附加的冤屈。

稳住家长的情绪后，要第一时间开展全面的调查，不能只听信某一方。对事情的调查一般有四个方面——当事老师、当事学生、其他在场的当事人、监控录像，这四个方面都有的情况下一个方面的调查都不能少。只有全面、准确地调查，才能确保调查结果的客观性、真实性，我们去回应家长时才能更有底气。通过多方面的了解和调查取证，这件事情的真相是学生对家长撒了谎，他把自己的贵重钢笔摔坏了，为了避免家长惩罚他，他就谎称老师打他时将钢笔摔坏了。学生从他自己的视角看问题，认为家长也怕老师，这件事就这样过去了。一个稚嫩孩子的一个稚嫩想法，就这样引发了一场闹剧。

找到事情真相后，在回复家长时，要冷静客观地陈述事实，不能因为这件事是孩子撒了谎，家长没搞清楚事实就来找学校麻烦而对家长盛气凌人。不对家长进行批评教育，因为最好的教育是自我教育，她自己意识到错误比别人指出错误的效果好得多。"以力服人者，非心服也，力不赡也；以德服人者，中心悦而诚服也。"这个时候我们的大度更能赢得家长的好感、尊重，我们不仅是在处理一个矛盾，也是在争取一份信任、一颗真心。投诉事件处理的最终落脚点是汇聚家校共育的向心力、凝聚力。

校长要保护老师，要明是非、讲正气。面对家长的不合理要求，要果断拒绝，要有技巧地处理矛盾，用智慧化解家长与老师之间的矛盾，帮助老师处理好与家长之间的关系。只有信任、理解老师的校长才能赢得老师的尊重，只有真正支持老师的领导才能让教育事业顺利进行，让学校形成尊师重教的氛围，这样才能保证教育的稳定发展和学生的健康成长。

（中国人民大学附属小学贵阳共建学校校长 杜鹃）

校长之问 68

校园发生突发事件，校长该如何妥善处理并促进老师成长？

▶ **挑战描述** 🖊

　　校园是孩子们求知、成长的乐园，但突发事件无疑是对学校管理能力的一大考验。某天课间，四年级的小明与抱着电脑的李老师在楼道拐角处意外相撞。小明的眼睛不慎撞到了电脑上，他立刻捂着眼睛蹲下，泪水夺眶而出。李老师因为要上课，只是简单安抚了小明几句便匆匆离开。这一幕正好被路过的班主任张老师看到，她立刻将小明送到校医务室⋯⋯

　　如何妥善处理这一事件，确保学生安全，同时促进老师成长呢？这一事件不仅考验了学校的应急处理能力，也暴露出学校在校园安全管理和老师应对突发事件方面存在的问题。作为校长，你将如何应对？

▶ **案例分享** 🖊

　　我得知此事后，立即赶往校医务室了解情况，并指导后续处理。当我赶到校医务室时，小明正躺在病床上，眼睛周围有些红肿。校医初步检查后表示，小明的眼睛并无大碍，但仍需要进一步观察。我悬着的心稍微放下了一些，但深知此事不能掉以轻心。

　　我立即指示班主任张老师第一时间联系小明的家长，告知孩子目前的情况，并询问是否需要送往医院进行进一步诊断治疗。同时，我也要求张老师了解事件的详细经过，并做好相关记录。

放学后，小明的家长来到学校。在张老师的陪同下，家长与李老师见了面。李老师诚恳地向家长道歉，并表示愿意承担相应责任。随后，我们一起陪同小明及其家长前往专科医院进行诊断治疗。医生经过仔细检查，确认小明的眼睛并无大碍。这时，大家才松了一口气。

在回学校的路上，我深刻反思了这次事件。虽然最终结果是好的，但整个处理过程中暴露出的问题不容忽视。我意识到，提升老师应对突发事件的能力、加强校园安全管理刻不容缓。

▶方法萃取 ✎

1. 快速反应

一旦发生突发事件，学校要立即启动应急预案，相关人员要第一时间赶到现场了解情况并妥善处理。

2. 确保学生安全

在处理突发事件时，要始终把学生的安全放在第一位，及时采取有效措施保障学生的生命安全。

3. 加强沟通协作

学校要建立健全沟通协作机制，确保部门、老师之间能够及时传递信息、协同应对突发事件。

4. 强化老师培训

学校要加强对老师的应急处理能力培训，提高老师应对突发事件的能力。

5. 做好家长工作

学校要及时与家长沟通，告知事件经过和处理结果，争取家长的理解和支持。同时，也要加强对家长的宣传教育，提高家长的安全意识和应对能力。

▶读懂教师 ✎

在这次事件中，我更加深入地了解了老师们的内心世界和成长需求。面对突发事件，老师们不仅需要具备扎实的专业知识和丰富的教育经验，还需要一颗冷静、沉着、有担当的心。

在处理这次事件的过程中，我看到了老师们的成长和进步。他们积极应对、勇于承担责任、关心学生的安全、注重与家长沟通……这些优秀品质让我深感欣慰和自豪。同时，我也看到了老师们在应对突发事件方面存在的不足和困惑。他们需要更多的培训和实践机会来提升自己的应急处理能力；他们需要更加完善的校园安全管理制度来保障学生的生命安全；他们需要更加完善的团队协作和沟通机制来共同应对各种挑战。

作为校长，我深知自己的责任和使命。我将继续努力提升学校的管理水平和服务质量，为老师们提供更好的成长平台和更广阔的发展空间。我相信，在大家的共同努力下，我们的学校一定能够成为孩子们快乐成长、全面发展的乐园。

（北京十一衢州实验中学执行校长　孙清亚）

班主任面对家校矛盾束手无策时，校长该如何指导？

在繁忙的教育工作中，家校矛盾是每位班主任都可能遇到的问题。近日，我校李老师便遇到了一个棘手的情况：A 同学家长多次投诉，称班里的 B 同学经常捣乱，不仅上课发出怪声，课下还对其他同学动手动脚、口出脏话，严重影响了 A 同学的学习。A 同学家长强烈要求学校开除 B 同学。李老师尝试与双方沟通，但效果不佳，无奈之下只好求助于我。

这一事件不仅考验着李老师的班级管理能力，也对我作为校长的领导力提出了挑战。如何在维护学校纪律的同时保障每位学生的受教育权、处理好家校关系，成为摆在我面前的一大难题。

▶案例分享 🖉

李老师是我校一位经验丰富的班主任，但面对 A 同学家长的连续投诉，她也显得有些力不从心。据我了解，B 同学确实存在一些问题行为，但直接开除并非解决问题的最佳方式。

在一次与家长的沟通中，我亲自出面，与李老师一同听取了 A 同学家长的诉求。家长情绪激动，表达了对 B 同学行为的不满和对自己孩子学习环境的担忧。我深表理解，并承诺会妥善处理此事。

随后，我组织了一次班会，邀请 B 同学及其家长参加。在会上，我鼓励 B

同学表达自己的想法，同时也听取了其他学生和 B 同学家长的意见。通过深入的交流，我发现 B 同学的行为背后隐藏着一些深层次的原因，如缺少家庭关爱、学习困难等。这使我意识到，单纯的惩罚并不能解决问题，我们需要给予其更多的理解和关爱。

▶ 方法萃取 🖉

1. 倾听与理解

要耐心倾听家长的诉求，理解他们的担忧和期望。同时也要深入了解学生的情况，包括家庭背景、学习状况等。

2. 沟通与协商

在充分了解情况的基础上，与家长进行深入的沟通，共同探讨解决问题的办法。要避免单方面做出决定，以免引起更大的矛盾。

3. 关注与关爱

学生存在问题行为时，要给予足够的关注和关爱。通过心理辅导、家访等方式，了解学生的真实需求，帮助他们解决问题。

4. 制定个性化方案

针对每个学生的不同情况，制定个性化的教育方案。例如，为 B 同学提供额外的辅导和支持，帮助他改正不良习惯。

5. 持续跟进与反馈

在实施教育方案的过程中，要保持与家长和学生的持续沟通，及时反馈进展情况，同时，也要根据实际情况调整方案，确保教育效果。

▶ 读懂教师 🖉

在处理家校矛盾的过程中，我更加深入地了解了李老师的困惑和挑战。她不仅承担着教书育人的重任，还要面对各种复杂的家校关系。这使她时常感到焦虑和有压力。

作为校长，我深知老师的成长和发展对于学校的重要性。因此，我决定采取一系列措施来帮助李老师提升处理家校矛盾的能力。首先，我组织了一次老师培训，邀请专家讲解家校沟通方面的技巧和方法。其次，我鼓励李老师参加学校组织的心理辅导活动，帮助她缓解工作压力。此外，我还与李老师一起制订了班级管理计划，明确了学生的行为规范和奖惩机制。

通过这些措施的实施，李老师的班级管理能力得到了显著提升。她能够更加自信地与家长沟通，能够有效地化解家校矛盾。同时，她也更加关注学生的个性化需求，能够为他们提供更有针对性的教育服务。这一切都让我深感欣慰和自豪。校长只有深入了解老师们的困惑和挑战，才能为他们提供有针对性的帮助和支持。

（北京十一衢州实验中学执行校长　孙清亚）

校长之问 70

学生一在学校遇到问题家长就要求看监控视频，校长该怎么办？

▶ 挑战描述 ✏️

　　新学期开学两个月，学校里一位低年级学生的家长多次因为孩子在校遇到的问题要求学校调取监控视频，还说如果不满足要求就要告到教委。新接班的是位经验丰富的老班主任，已经为此几天都睡不好觉了，德育副校长和安保主任一同来校长室向校长汇报。遇到这样的问题，作为校长，你该怎么应对呢？

▶ 案例分享 ✏️

　　新学期开学第二个月，德育副校长和安保主任急匆匆地来到校长室，德育副校长苦着脸首先开了口："校长，再这么下去陈老师可就要被逼疯了……"安保主任也一脸愤懑："校长，家长三天两头要看监控，咱们安保力量有限，为了保护师生安全真是没精力老陪着家长啊！"

　　原来，二年级某班的小可开学后在学校受了两次伤，虽然受的都是蹭破点皮儿的小伤，但学校本着负责的原则告知了家长。任课老师和班主任陈老师都非常认真负责地进行了处理。可第三次受伤后家长就崩溃了，无论陈老师如何解释当时的情况，家长只有一个诉求，就是必须要到学校看监控，如果不同意就要告到教委去，已经这么闹了三四回了。为此，陈老师已经好几天都睡不好觉了。

　　听完他们的讲述，我陷入了沉思。这件事背后隐藏的是家长对老师和学校的不信任。更深层次说，这个问题就是家校矛盾的映射。我决定找家长聊一聊。

　　家长来到接待室后就生气地质问我："校长，学校到底怎么回事，为什么受伤的总是我们家孩子？！"我先安抚家长的情绪："家长您好！我也有孩子，也是个家长。孩子受伤，您的心情我特别理解。宝贝现在怎么样了？还难受吗？"我能明显感觉到，家长听了这句话心里好受了一些，但依旧还带着情绪："孩子怎么样先放一边。从一年级开始孩子就不停受伤，那时候是个年轻班主任，我们以为是她没有经验，现在换了个老教师怎么还这样呢？是不是有人故意欺负我们家孩子？"原来，家长选择看监控还是个长期积累的问题。可为什么家长会得出"被欺负"这个结论呢？我想找到这个心结的根源。

"孩子在小区里会被别的孩子欺负吗？"

"在小区里和其他孩子玩的时候，大家经常你一拳我一拳地打，我家孩子不愿意这么玩，可是他又不愿吃亏，所以别人打他他就打回去，就这样很快就打起来了。"

"我们可以分情况来看待孩子受伤的问题：一是孩子在运动中的受伤，比如体育课上的受伤；二是日常活动中自己不小心受的伤，比如走在路上自己绊了一下。这些我们都能理解，对吗？"

"校长，这些都好说，咱们不是不通情达理的家长。小孩子嘛，磕磕碰碰免不了的。"

"您担忧的是同学之间由玩要变成打架，对吗？"

"对呀！学生这么多，被别人打伤或者打伤别人都很麻烦，对不对？"

原来家长担心的是孩子们不会玩儿，以后会发展成打架这件事。"我也认同您的说法，从增进感情的'玩儿'升级为'打架'，麻烦的不仅是家长和老师，也无益于小伙伴间友情的增进……"家长点点头表示同意。我继续说道："那咱们可以试试这样和小可说——以后别的同学再打到你的时候，你不愿意这样玩，就可以停在原地告诉同学自己不喜欢这样玩，建议换一种玩法。您也说过，都是孩子嘛，孩子在成长过程中，需要我们教会他们如何用嘴而不是用拳头沟通。当然家校协同育人很重要，学校也会和班主任老师沟通，通过系列班会教会孩子们如何和同学沟通，如何正确地'玩'。"家长表示愿意回家尝试一下。送走了家长，我又叫来陈老师，告知了家长要调取监控的真实原因并给了老师情绪上的安抚，又与德育干部和她一同准备了"我们怎样玩"的系列班会并付诸实践。从那以后，我们再也没有接到小可家长要调取监控视频的投诉了。

▶方法萃取 ✎

1. 一颗同理心

我先安抚家长的情绪："家长您好！我也有孩子，也是个家长。孩子受伤，您的心情我特别理解。宝贝现在怎么样了？还难受吗？"

2. 一张"八卦嘴"

"孩子在小区里会被别的孩子欺负吗？"

"我们可以分情况来看待孩子受伤的问题：一是孩子在运动中的受伤，比如体育课上的受伤；二是日常活动中自己不小心受的伤，比如走在路上自己绊了一下。这些我们都能理解，对吗？"

"您担忧的是同学之间由玩耍变成打架，对吗？"

"对呀！学生这么多，被别人打伤或者打伤别人都很麻烦，对不对？"

3. 一套"组合拳"

我继续说道："那咱们可以试试这样和小可说——以后别的同学再打到你的时候，你不愿意这样玩，就可以停在原地告诉同学自己不喜欢这样玩，建议换一种玩法。您也说过，都是孩子嘛，孩子在成长过程中，需要我们教会他们如何用嘴而不是用拳头沟通。当然家校协同育人很重要，学校也会和班主任老师沟通，通过系列班会教会孩子们如何和同学沟通，如何正确地'玩'。"

▶读懂教师 🖋

首先，要理解老师。每天学生到校上学，家长最担心的是孩子在学校玩耍时意外受伤。其实，老师也有同样的担心。但学生都是活泼好动的，人一多，加上年龄小，控制力又弱，玩起来常常会忘乎所以，忘了安全意识，磕磕碰碰的事难免就会发生。出现这样的事情，一旦处理不当，就会产生家校矛盾。这时候，老师是最焦虑的，学校一定不能给老师施加压力。其次，要助力老师。平日里要加强对老师的培训，分类做好各种安全预案，可印刷成小手册，便于老师随时携带，及时查找，对症下药。重要的是要站在家长和学生的角度来解决问题，将心比心。作为校长，该出手时就要出手，如果学生受伤严重，校长要及时出面看望，在感动家长的同时减轻老师的心理压力，助力老师解决问题。最后，要提升老师。要带着老师一起解决问题，这也是为老师学习解决问题提供方法，以提升老师解释问题与解决家校矛盾的能力。

（北京市特级校长、中国人民大学附属小学原校长　郑瑞芳）

家长对老师处理问题的方式强烈不满，坚持上告，校长该怎么办？

▶挑战描述 ✎

学校孩子间发生纠纷很正常，但老师在处理时不一定能让每一个人都满意。尤其是家长，家长很容易站在自己孩子的角度看问题，此时就有可能出现不满意的情况，如果多出现几次这样的事，家长就会对老师或学校产生不信任感，容易出现激动情绪，甚至越俎代庖要代学校来处理事情或是提出过分要求，如果学校不满足他的要求就要向上告状，乃至做出更多过激行为。此时校长该怎么办？

▶案例分享 ✎

"校长，家长和班主任吵起来了，"七年级的年级负责人罗老师冲进校长办公室，"家长太强势了，非要我们马上对另一个学生小张进行处分，甚至要求学校开除学生，不然他就要上告到教育局。"

原来是学生小李和小张在宿舍打架了。班主任了解到，小李和小张本来是同宿舍朋友，经常在宿舍相互开玩笑，这天小张拿着小李的小枕头逗小李，不小心把枕头弄到地上了。小李一下子生气了，就把小张的被子拖到地上。小张的脾气一下子就上来了，他和小李扭打在一起，还把小李按在地上。小李的脸碰到床沿边碰破了皮。关键是这两个孩子上次也是因开玩笑发展到打架，结果也是闹了纠纷，经班主任劝说，相互道了歉，算是"和平处理"了。

这一次，小李可不愿意"不了了之"，一个电话打给家长。家长听了后认为又是在"欺侮我家孩子"，就直接找上门来，质问班主任：这样的孩子为什么还要留在学校？为什么他家孩子老受欺负，学校都不处理？如果不处理、不开除小张同学，他就自己处理，要告到教育局去。年级负责人在办公室见家长"又急又凶"，就直接求援到校长室了。看着着急的年级负责人，我迅速想了想，告诉他要注意的事情。

首先，告诉年级负责人、班主任要先静下心来，不要太过于着急。学校是一个有组织的单位，我们作为其中一员，要有"管好自己不惹事，做好自己不怕事"的心。家长情绪激动，是因为班主任或学校没有处理好学生之间的矛盾，导致"受欺负"的现象在该家长的孩子身上一再发生，让家长不能接受。但家长一心为了孩子的目标与我们的工作目标是一致的，我们和家长没有根本的利益冲突，总会找到突破点共同努力的。有了这样的底线思考，我们是能处理好很多问题的。

其次，让家长先坐下来，让孩子先回避，安抚家长情绪，肯定我们工作中存在需要改进的方面——过去我们过于注重教育孩子，停留在说教上，缺少跟进深入教育；同时向家长委婉表示，这次是孩子们玩来玩去玩过火了。今天这事我们一定会抓住契机，坚决按学校规定，该怎么处理就怎么处理。同时，我们通过进一步沟通，发现两个孩子平时还是好朋友，现在对两个孩子来说都是教育他们的机会。我们不能让孩子受欺负，但当事情发生了的时候，也要借机教育孩子学会"宽容待人""得饶人处且饶人""原谅别人比处罚别人更难"，从而既给了对方机会，也教育了小李要大度。我建议不如让发生矛盾的两个学生来各自找自身的不足，各自找对方的优点，寻找一个"不打不相识"的更好结果。

后来家长回去了，学校进一步处理此事。有了这样的机会，班主任找来这两个孩子，特别要求他们互相找一找原来是朋友时对方的优点，引导他们要珍惜朋友，特别是给他们讲了道理："牙齿和舌头非常要好，没有牙齿吃不了东西，没有舌头就吞不了东西，但有时牙齿也会咬到舌头。朋友之间有点冲突很正常，我们一起去正确面对就可以了。"孩子们听明白了，相互谅解，又玩到一起了，很快又成了好朋友。

班主任及时向双方家长汇报了孩子关系改善成为好朋友的情况，家长也感受到老师在真心关爱自己的孩子，表示非常感谢学校和老师。

▶方法萃取 ✎

1.为家长设身处地，急其所急

家长一心为了孩子的目标与我们的工作目标是一致的，我们和家长没有根本的利益冲突，总会找到突破点共同努力的。让家长先坐下来，让孩子先回避，安抚家长情绪，肯定我们工作中存在需要改进的方面；同时向家长委婉表示，这次是孩子们玩来玩去玩过火了。今天这事我们一定会抓住契机，坚决按学校规定，该怎么处理就怎么处理。

2.为孩子换位思考，共同面对

我们通过进一步沟通，发现两个孩子平时还是好朋友，现在对两个孩子来说都是教育他们的机会。我们不能让孩子受欺负，但当事情发生了的时候，也要借机教育孩子学会"宽容待人""得饶人处且饶人""原谅别人比处罚别人更难"，从而既给了对方机会，也教育了小李要大度。

3.为管理转换角度，机不可失

有了这样的机会，班主任找来这两个孩子，特别要求他们互相找一找原来是朋友时对方的优点，引导他们要珍惜朋友。班主任及时向双方家长汇报了孩子关系改善成为好朋友的情况，家长也感受到老师在真心关爱自己的孩子，表示非常感谢学校和老师。

▶读懂教师 ✎

每一位老师都希望班中平安无事，也希望遇到友好合作的家长，但是，我们要看到遇到问题是常态，关键是如何能快速有效地处理好问题。首先要引导老师从家长的角度理解家长，急家长之所急，避免激发新矛盾、升级冲突。面对家长，要安抚理解他们，不要回避问题，而且一般情况下要表示一定会及时、公平处理，并要承认原来可能在处理事情时存在不足，同时表明会坚决整改，把家长拉到"公平、公正"的统一战线上，从而维护老师果断、坚持原则的形象，使家长重新产生信任感。这样家长才会有进一步理性解决问题的意向。同时，老师要引导家长换位思考，为孩子的成长留下深刻的故事。这样的引导，能引发很多家长的共鸣，从而接纳我们的建议。

在学校管理中，学生之间总会有问题，矛盾总会存在。从一定意义上讲，学生就是在解决问题中不断成长的。学生往往会从矛盾与冲突的化解过程中吸取教训，收获成长。老师需要教育智慧，抓住教育契机，化危为机。我们在处理学生之间的矛盾时，应该遵循人的成长与教育规律，抓住契机，不忘教育初心，从体谅、理解、帮助等不同角度不断地调整自己的教育行为，抓住一切可以切入的机会，做好学生成长的引路人。同时，要把遇到的每一件事情处理好，将其积累成一个个案例，它们也会成为教师化解危机、自我成长的财富。

（广东省佛山市南海区加美实验学校校长　杨鹏）

老师对转变特殊学生缺少办法，很苦恼，校长该怎么办？

▶挑战描述 ✎

小李正处于青春叛逆期，缺乏自我控制能力和解决问题的有效策略，导致在面对困难和挑战时采取了不适当的行为。老师们虽然对小李进行了思想教育，但可能缺乏针对性和有效性，同时存在方式过于严厉或缺乏灵活性等问题，措施并没有奏效。家长对孩子的娇纵溺爱，对学校教育方式的不配合，影响了家校合作的有效性。老师对此很烦恼，作为校长，你想如何应对？

▶案例分享 ✎

"这个孩子太不尊重老师了！您必须严肃处理他，给他处分！"年级主任带着班主任找到我，义愤填膺地说道。对于他的种种问题，两位老师滔滔不绝地讲了半天：给全班同学起外号，甚至还给老师起外号。班主任说："他不叫我陈老师，非要叫我娇娇姐，太无理了！"年级主任接着说："最气愤的是他今天给数学老师画了幅龇牙咧嘴的漫画，还往班群里发，把数学老师气坏了！"我请老师把漫画给我瞅了一眼，便忍不住地笑了起来：只见小李笔下的这位数学老师神采飞扬、惟妙惟肖，他真的抓住了这位数学老师的神韵。因为是漫画，他给正在上课的这位老师的嘴巴做了处理，画得夸张了些。这位数学老师觉得丑化了自己，就告知了年级主任。

我请两位老师详细给我介绍小李的情况，并请他们给我点时间，我准备亲自去观察观察他。之后，我连续几天去这个班听课，顺便观察小李。在这几天里，我发现这个孩子的确因为家里过于溺爱，存在一些问题。我发现他所有的问题都是因为家里太以他为中心，因此在学校，他总是希望通过做各种出格的事情来引起老师们对他的关注，于是就成了老师眼中的"问题学生"。我也发现了他的很多优点，比如他真的很擅长画画，简单几笔就能勾勒出生动的漫画形象；他热爱运动，课间操总是催着大家赶紧站队，组织大家活动。

几天后，班主任和年级主任再次找我要给小李处分。我没有表态，而是说："小李画漫画是很有天赋的。我侧面打听了，孩子会给喜欢的人画漫画。他是因为喜欢才叫班主任'娇娇姐'，也是因为喜欢数学老师才给他画漫画呀！"听我这么一说，两位老师面面相觑。我建议两位老师，根据他的美术特长帮助他增强自信心和成就感、改善人际关系。我们不仅不要给他处分，还应该通过表扬与赏识提升他的存在感和幸福感，否则他还会继续通过"淘气""捣乱"来吸引老师、同学的注意力，这样情况还是得不到改善。

听完我的分析，两位老师同意试试。刚好学校即将举办秋季运动会，我们决定让小李重点参与本次运动会的班级报名和准备工作，并让小李绘制运动会入场式中的班徽牌。当小李得知老师对他委以重任，让他在运动会上发挥特长，他高兴极了，做得特别认真，帮助班级拿到了入场式班徽牌展示一等奖，得到了来自各个方面的肯定和赞赏。班主任也逐渐看到了他的一些变化，又为他搭建了平台让他展现自己。一段时间后，班主任和年级主任提起时不再说他捣乱了，而是说他为了练习引体向上磨破了双手还在坚持，而这个年级也多了一个总是为年级绘制板报的小画家和组织活动的积极分子。

▶方法萃取 ✐

1. 深挖问题背后的原因

我请两位老师详细给我介绍小李的情况，并请他们给我点时间，我准备亲自去观察观察他。之后，我连续几天去这个班听课，顺便观察小李。

2. 搭建多元化的评价体系

我建议两位老师，根据他的美术特长帮助他增强自信心和成就感、改善人际关系。我们不仅不要给他处分，还应该通过表扬与赏识提升他的存在感和幸福感，否则他还会继续通过"淘气""捣乱"来吸引老师、同学的注意力，这样情况还是得不到改善。

3.发掘每个孩子身上的闪光点

他高兴极了，做得特别认真，帮助班级拿到了入场式班徽牌展示一等奖，得到了来自各个方面的肯定和赞赏。班主任也逐渐看到了他的一些变化，又为他搭建了平台让他展现自己。

▶读懂教师 🖉

相信每一位老师都希望班级里的学生是好学生，这样管理省心省力，但几乎所有的老师都会遇到让自己苦恼的学生，对此，无论老师是闹情绪还是发牢骚，校长心里一定不能堵，而是要成为老师情绪的"垃圾桶"，待老师冷静下来后，和老师共同探讨转变学生的方法。

第一步，深挖问题背后的原因。学生出现问题，不能简单处分了事，而需要深挖出现问题的真正原因。尤其对于低年龄段的学生，更不可轻易给处分，而是应进行深入心灵的教育。只有找到原因，才能解决学生的问题。面对处于青春叛逆期的学生，班主任需要深入了解其个性特点、家庭背景和成长经历等方面的信息，通过与学生、家长和其他老师交流，了解其行为背后的原因，以便更好地制定个性化的教育方案。

第二步，搭建多元化的评价体系。针对学生问题，简单的说教和惩罚往往难以达到预期效果。学校应搭建多元化的评价体系，关注学生的多方面发展和进步，通过正面激励和鼓励，激发学生的自信心，提高其自我认知和自我管理能力，同时还要鼓励学生发展多方面的兴趣和特长。

第三步，发掘每个孩子身上的闪光点。引导学生自觉遵守纪律，积极参与课堂活动，提高自我控制能力。同时，要善于看到每个孩子身上的闪光点并放大这些闪光点，还要为孩子创设平台展示闪光点。

我们要相信每一个学生都想成为最好的自己，教育就是要助力他们成为最好的自己。

（中国人民大学附属中学丰台学校副校长　景晶）

图书在版编目（CIP）数据

校长之问：如何读懂教师 / 郑瑞芳主编. -- 北京：
中国人民大学出版社，2024.10. -- ISBN 978-7-300
-33267-3

Ⅰ. G637.1

中国国家版本馆CIP数据核字第2024VT2870号

读懂青少年成长与发展系列丛书

总主编　陈如平

校长之问：如何读懂教师

主编　郑瑞芳

Xiaozhang Zhi Wen: Ruhe Dudong Jiaoshi

出版发行	中国人民大学出版社			
社　　址	北京中关村大街31号		邮政编码	100080
电　　话	010-62511242（总编室）		010-62511770（质管部）	
	010-82501766（邮购部）		010-62514148（门市部）	
	010-62515195（发行公司）		010-62515275（盗版举报）	
网　　址	http://www.crup.com.cn			
经　　销	新华书店			
印　　刷	北京七色印务有限公司			
开　　本	720 mm × 1000 mm　1/16		版　　次	2024 年 10 月第 1 版
印　　张	17.75 插页 1		印　　次	2024 年 10 月第 1 次印刷
字　　数	305 000		定　　价	68.00 元